预算能力

THE CAPACITY TO BUDGET

[美] Allen Schick 艾伦·希克——著
苟燕楠 杨娟——等译
苟燕楠 方慧——校

中国财经出版传媒集团
中国财政经济出版社

The Capacity To Budget
By Allen Schick
ISBN 0 - 87766 - 439 - 0

北京市版权局著作权合同登记号　图字：01 - 2021 - 0308

图书在版编目（CIP）数据

预算能力／（美）艾伦·希克著；荀燕楠等译．--北京：中国财政经济出版社，2021.4
书名原文：THE CAPACITY TO BUDGET
ISBN 978 - 7 - 5223 - 0382 - 6

Ⅰ.①预…　Ⅱ.①艾…　②荀…　Ⅲ.①国家预算－预算编制－研究－美国　Ⅳ.①F817.122

中国版本图书馆 CIP 数据核字（2021）第 035193 号

责任编辑：胡　博　张晓丽　　　责任印制：刘春年
封面设计：陈宇琰　　　　　　　责任校对：徐艳丽

预算能力
YUSUAN NENGLI
中国财政经济出版社 出版
URL：http：//www.cfeph.cn
E - mail：cfeph@cfeph.cn

社址：北京市海淀区阜成路甲 28 号　邮政编码：100142
营销中心电话：010 - 88191522
天猫网店：中国财政经济出版社旗舰店
网址：https：//zgczjjcbs.tmall.com
北京虎彩文化传播有限公司印刷　各地新华书店经销
成品尺寸：150mm × 230mm　16 开　17 印张　192 000 字
2021 年 4 月第 1 版　2021 年 8 月北京第 2 次印刷
定价：68.00 元
ISBN 978 - 7 - 5223 - 0382 - 6
（图书出现印装问题，本社负责调换，电话：010 - 88190548）
本社质量投诉电话：010 - 88190744
打击盗版举报热线：010 - 88191661　QQ：2242791300

译者序

“沈潜刚克，高明柔克”，预算在应对变化中发展。

预算危机反映出预算能力的不足或可能性。各种预算措施轮番上场，或成功、或失败，然后成为预算能力的某个基因或记忆。虽说以史为鉴，可以正衣冠；他山之石，可以攻玉，但适逢百年未有之变局，说似一物即不中，何去何从费思量。我曾向希克先生讨教中国当下的预算之道，他说中国的预算之道在中国治理者的脚下；我曾向希克先生讨教《预算能力》一书的现实意义，他说时过境迁，可借鉴，不可照搬照抄。“天命之谓性，率性之谓道”，中国的预算能力必须从中国实际出发，中国的预算问题还得中国人自己解决。历史发展的新阶段，要更好地统筹资源，规范运行，激发活力，创造价值，预算能力要有新内涵。

预算属于人民，必须体现人民意志，当人民的需要变为对美好生活的向往时，预算的结构和重点也随之而变。税收或收费要控制或降低，赋予人民更多的经济自主权，为经济发展赋能；支出要彰显公平正义，基本公共服务要更加完善，要着力解决地区差距、城乡差距、收入差距等问题，不断增强人民群众的获得感、幸福感、安全感。政府预算收支要公开透明，可理解，能问责。重大的政府预算收支安排和调整要充分听取民意，做到预算来自人民，预算服务人民。

要坚定应对宏观财政风险的自觉，进一步明确中长期财政安全所需的规则和策略，有作为，不远复。预算平衡要主动应对空前上升的内外部风险，增强忧患意识，坚持底线思维，收入预计积极稳妥，支出安排充分考虑经济、政治、社会发展中的各种风险隐患，尽力而为，量力而行。坚定不移地推动高质量发展，一手抓减税降费，促进市场主体和实体经济发展，另一手大力支持科技创新，系统谋划，钩深致远，赢得长远竞争优势。财政支出安排要刚柔并济，在确保基本公共服务投入的前提下，要花大力气提高预算支出安排的精准度和灵活性，着力化解支出刚性，最大限度盘活存量，避免闲置和不足并存的局面，全面提升预算资金配置效率和使用绩效。

控制为本，绩效为道，预算控制政府行为，但预算的目的是绩效。预算历史的经验是先控制，再绩效，或通过放松控制改进绩效，而现阶段我们的历史使命是加强控制和提升绩效并重，要破解这个难题，出路只能是在新发展理念的指导下，创新预算治理模式。即持之以恒地推进中期预算体系建设，聚焦“国之大者”整合计划和预算，明确方向，把稳节奏，控制系统性风险；坚定不移地全面实施预算绩效管理，牢牢牵住预算资源配置机制体制这个牛鼻子，通过预算绩效管理与完善国家行政体制、优化政府职责体系、优化政府组织结构、健全充分发挥中央和地方两个积极性的体制机制等改革协同推进，提升国家治理绩效。全面贯彻预算法及其实施条例，围绕实施全面规范、公开透明的预算制度，提高预算编制质量，健全预算决策机制，规范预算执行过程，加强预算审计和评价，加大预算公开和参与力度，全面夯实预算管理的科学化、法制化基础。

20年前，中国的预算改革全面启动，我在上海市浦东新区财政局预算处天天加班，辛苦而快乐，不知道这本书。15年前，侯一麟兄向我推荐这本书，马骏兄聊天时谈及这本书，吴少龙兄从中山大学图书馆把这本书复印出来给我，我急切地想翻译这本书。但一路上走走停停，终未成行。而今15年后，赵剑治兄终于从希克先生那里得到翻译授权，广东省财政科学研究所、上海市浦东新区财政局、华昆管理咨询有限公司支持这件有意义的事，翻译团队杨娟、方慧、陆叶、甘丽凝、阎蓓蓓、朱积慧、戚尤唯、许航敏、刘继东、郑德琳认真高效地工作。

跨越语言和时间，《预算能力》终于要付梓了。

此刻，窗外繁花似锦，鸟鸣嘤嘤。

我终将青春还给了她
连同指尖弹出的盛夏
心之所动　就随风去了
以爱之名　你还愿意吗……

逝者如斯，欣慨交心。

苟燕楠
2021年3月14日，龙抬头

序

十年前，城市研究所委托艾伦·希克研究1974年《国会预算法案》对国会行为的影响。他的工作成果即《国会和钱：预算、支出、税收》。这是一本奖项卓著的专著，是在研究所支持下发表的首个立法行为研究。《法案》在当时被宣布为美国政府实践与责任方面的一个重要进步，宣称会给国会一个全面而持久的手段，作出财政选择并设置国家优先事项。《国会和钱》认为这一手段有局限性，不过在整体上仍提供了一个有用的立法工具来平衡预算和其他利益、管理国会内部的预算冲突。《国会和钱》发表以来的十年，里根行政管理团队试图重组国家的优先事项，缩小政府规模。这10年，出现了空前且长期的赤字。期间，围绕和解与格拉姆—拉曼德—霍林斯程序，立法程序推陈出新。研究所又再次邀请艾伦·希克调查这些变化的影响，并请他评估政府预算的当前形势。我们有幸发布他的新调查成果，希望本书将有助于如何最好地为筹措与开支公共资金这一根本任务带来秩序与效果的公共讨论。

威廉·戈勒姆主席

前　言

每一个十年都能用政府的观点和可能性标志它自己。十年前，当城市研究所公布了一项以往关于联邦预算主题的成果时，国会预算过程还在初创期，人们强烈期望预算实践的改进会导致更好的预算结果。建设性的观点体现在1980年城市研究所出版的《国会和钱：预算、支出和税收》书中。

几年后，威廉姆·高汉姆和斯蒂文·希切尔邀请我再为大量的联邦预算出版物贡献一本新书。我的第一反应是重写《国会和钱》一书，然而，用不着多考虑，我就意识到尝试这么做将非常困难并毫无结果。联邦预算每年产生成千上万页官方文件，以及数量更多的评论和分析，为这段时期的预算提供一个合理充分解释所需的时间和耐心已经超过了我能够在这个重要主题上花费的。

但从新鲜事物转向另一类不同的工作有个更加没法拒绝的理由，这就是预算能力。预算已经支配政治事件十年了，而预算的缺陷和局限比以往更充分地揭示也有十年了。如果说以往的工作受到国会预算承诺的困扰，现在的预算则反映这个时代的困惑和不确定性。曾经有答案，或者我们中的大多数认为有，或者一种关于错在哪里和事情怎么修正的冲突观点的噪声。因为预算挤出了其他事并迫使问题用财政术语定义，并不意味着这个过程像想象中那么有效。也许只有通过官僚审查和立法平静的例行公事而非仓促的政治冲突，预算才最有效。

20 世纪 60 年代我首次开始观察政府预算，并撰写有关书和文章。二十五年来的所见所想均汇集在这本书中。我不可能记起在这条路上曾经帮助过我的所有人，我在这里将提及六位，尽管曾有数百人为我的这项工作提供过帮助。在编写这本书期间，伊丽莎白·沃顿提供了有价值的研究帮助和编辑建议。为了在几乎不可能的时限里完成这项编写工作，我激励她几乎和我一样地努力工作，她娴熟而充满活力地处理每一件事。我最初遇到鲍勃·肯斯和理查德·柯根时，他们还是国会研究服务中心的实习研究员，而若干年后，他们已经成为本书数据和建议值得期待的来源。我对他们所给予协助的感激之情与我对成果的自豪感相当。这已经是比尔·高汉姆第二次资助我进行学术研究，他是一位真正的学术赞助人。我珍视与他的友谊，并希望十年后他再次会为了一份联邦预算的账单来找我。我将用一个政府财务状况更合理的结论报答他充分彻底的信任。斯蒂文·希彻纳在项目伊始就是我的“顾问”，他是每位研究者均需要但却难得遇到的人：一个使你确信你一直在正确的方向上前行的支持者。我们都欠林德和布雷德利基金、安德鲁·M. 迈伦基金以及福特基金一笔债，它们对机构的捐款使本书出版成为可能。

这本书献给 Miriam。初遇她时，我对预算编制的唯一认知是如何在完成研究生学业的同时开始家庭生活。Miriam 从未核对过银行账单，但是她总是核对生活中对于我们更重要的事情——她的爱使预算编制成为容易管理的事情。

艾伦·希克

目　录

第一章
预算危机

预算对于现代政府的有效运作至关重要，政府通过预算来为宏观规划提供资金和指导。预算已经成为最接近全国指挥与管控过程的事务。毫不夸张地说，政府的治理能力取决于预算能力。没有预算能力，中央政府就无法发展到现在的大型规模，也不可能行使如此多的权力。没有预算的纪律与规则，就不会有运作良好的大型政府。

随着时间推移，美国预算行使的职能越来越多，远远不止为联邦政府的各项计划与机构分配资金。联邦政府用预算来建立和追求实现国家目标，创造良好的经济环境，管理多种多样的活动，回应公民与群体的需求，评估过去的表现以及为未来作规划。在之前几十年间，预算促进了政府规模的扩张。在 20 世纪 80 年代，预算是里根政府用来重塑国家重点领域与精简国内一些项目规模的主要武器。

然而，尽管预算一度提高了政治和管理能力，现在预算却存在会削弱这些能力的可能性。目前，美国预算的有效性已经被显著削弱，针对这一点有非常令人信服的证据。预算能力的崩溃迹象十分普遍：

（1）现在的财政赤字是 20 世纪 80 年代国家债务的 3 倍，

已经超过2.5万亿美元。经济增长在美国历史上首次不足以弥补赤字。在连续7年创下和平时期最长时间扩张纪录后，赤字规模远远高于上次经济萧条时期的最高点。尽管赤字规模已经从1986财政年度2210亿美元的巅峰水平大幅下降了700亿美元，但这种改善主要是由社会保障基金增长的余额带来的。[1]虽然，一些批评家指出，大规模的赤字是由精明的总统一手策划的，目的是能够削减政府原本可以用于扩张各项计划的资金。但是，大规模赤字的持续存在确实也表明，预算能力不足也是造成赤字的主要原因之一。

（2）越来越多的预算被用于强制性支出也是造成长期赤字的原因之一。目前公共权利支出约占联邦支出的一半，加上利息费用，强制性支出几乎占总支出的2/3。无论预算状况或其他政府计划的资金需要如何，这些强制性支出每年都会自然增加。强制性支出的自然增加使预算没有从前那么灵活，而且更像是一种针对过去决策的会计手段，而不是为了达成新决策的会计手段。

（3）预算流程的崩溃与预算政策的失败同时出现。国会很少按时完成预算工作，而且近期某些财政年度在开始之时，均未能正式颁布一部资金分配法案。当这种情况发生时，国会将所有常规的资金分配方案与大量毫无关联甚至充满争议的立法组合在一起，形成一部包罗万象的长达几百页的法规。这些特殊的政策是在混乱的情境下拼凑而成，通常只有很少国会议员了解其中隐含的内容。有时候，在法律颁布实施之前，即便是会受到影响的相关利益集团都不了解法案对他们会产生哪些影响。

（4）一种令人不安的情绪从立法机构传导到行政机构。最近的总统预算被打上了“到达即死亡”（Dead on Arrival）的标签，表示总统预算对于国会的行动影响十分有限。问题的根源远远不仅仅是来源于行政机构金字塔尖的总统预算，而是渗透到了联邦机构日常的预算工作之中。联邦机构通常要准备大量预算决策中使用不到的预算草案，但事实上在总统预算决策时联邦机构提交的大量预算需求的支持性材料都被忽略了，尽管在美国管理与预算局（OMB）检查官与机构职员的例行磋商中会用到这些材料，但通常是用于解决一些行政上较为重要但金额较小的问题，比如人员数量。这些佐证材料在对国会商讨结果上的影响力上大不如前。

（5）预算效力的普遍消失削弱了所有主要预算参与者的能力。机构角色的衰落并没有强化总统或者管理与预算局的能力。总统一度颇具指挥力的地位被削弱，但造成的损失却并未由所期望的国会的杰出预算能力来弥补。建立于 1974 年的各种预算委员会原本目标是重新建立国会预算的秩序，但事实上并未缓解这一预算效力疲弱的现象。

（6）预算交易事项的基本会计准则已经瓦解。一方面，国会和总统现在并没有削减实际支出，而是通过使用各种簿记技巧来展示支出或赤字已被减少。总统根据不合理的经济假设或没有机会被采纳的政策建议来提交预算。另一方面，国会竭力提前或推迟付款日期，以减少报告的支出，并且与白宫一起推动资产销售，因为资产销售在预算中算作负支出。尽管这样的预算花招并不新鲜，但这些花招似乎比以前更广泛、更公然地使用了[2]。预算花招的广泛使用阻碍了政府预算赤字真实的减少，同时也破坏了公众对联邦政府的信心。

当代预算编制危机既表现在政策上，也表现在程序上。政策危机表现为僵化的联邦支出、持续的巨额赤字、预算在经济政策中的不确定角色以及资源与需求之间的差距。程序性危机的表现为现行预算方法崩溃、总统与国会之间的关系紧张、对临时预算安排的依赖以及预算角色的不稳定。

政策和程序是同一枚预算硬币的两面。如果没有取得实质性成果，期望程序运转良好是不现实的。因此，政策和程序的相互作用是本书反复出现的主题。一方面的重大变化很可能伴随着另一方面的调整而出现，或者由另一方面的调整催化。本书中探讨的程序与政策之间的特殊关系指的是预算的增长或削减如何影响预算的制定方式和决策类型。联邦预算的“方式”和“内容”都经历过重大调整。

预算崩溃：从《国会预算法案》到《格拉姆—拉德曼—霍林斯法案》

颁布时间相距不到 12 年的两项法律之间的重大差异反映了联邦预算的危机。它们分别是 1974 年的《国会预算法案》和 1985 年的《格拉姆—拉德曼—霍林斯法案》[3]。这两部法律因类似问题产生，但它们采用的方法不同，期望也不同。这两项法律的缘起都是长期赤字和国会未能按时完成预算工作。《国会预算法案》的解决方案是扩大国会的预算权力，而《格拉姆—拉德曼—霍林斯法案》则是限制国会的预算权力。《国会预算法案》充满信心，认为如果国会控制了财政，它将以对财政负责的方式采取行动；而《格拉姆—拉德曼—霍林斯法案》则对国会无力解决国家预算问题感到沮丧。

《国会预算法案》建立了一个中立的预算程序，每年的预算结果将由国会多数投票决定。这一预算程序既没有规定收入或支出每年都应该增加或减少，也没有规定适当的赤字规模。这些留给国会全权酌情决定的事项，由国会根据所需通过政策的配套预算决议决定。《国会预算法案》允许国会采取其想要的任何行动，但前提是国会必须在预算框架内采取行动，并及时提供其对预算产生影响的相关决策信息。除了仅有的一项与总收入和支出相关的例外情况，《国会预算法案》中的限制是程序性而非实质性的。这些限制的目的是确保适当的预算编制程序得到遵守，而不是阻止国会多数党制定其预算偏好[4]。

相反，《格拉姆—拉德曼—霍林斯法案》设置基于的假设是如果按照国会多数党的意愿设置预算，预算赤字将无法被有效控制。因此，有必要设置逐步减少赤字的法律规定，直到实现预算平衡。尽管《格拉姆—拉德曼—霍林斯法案》保留了《国会预算法案》的基本程序，但它禁止国会通过预算赤字和与目标不一致的预算决议。《格拉姆—拉德曼—霍林斯法案》还提供了许多实质性的议事程序，特别是在参议院中，这些议事程序可以用来阻止不符合赤字目标或其他预算政策的立法。[5]为了执行其赤字政策，《格拉姆—拉德曼—霍林斯法案》建立了隔离程序，通过这一程序，国会拨款可以由未经立法同意的自动削减所取代。实际上，《格拉姆—拉德曼—霍林斯法案》允许通过行政措施取消立法。

从《国会预算法案》的放任措施到《格拉姆—拉德曼—霍林斯法案》的限制措施的转变，是对这两部法律间隔期财政赤字历史的反映。表 1.1 显示了 1976—1986 财年高赤字持续存在。实际上，尽管预算赤字在《国会预算法案》颁布后的几年中有所改善，但预算赤字的绝对规模以及预算赤字与国民生产总值和总支出的比率都在飙升。相应地，财政赤字在《格拉姆—鲁德曼—霍林斯法案》颁布的财政年度达到顶峰。此外，两次法案颁布之间的时期，国会预算行动的及时性日趋下降。一开始，前景比较乐观，关于预算和大部分拨款法案的行动已按时或接近时间表完成；但后来国会的行动大幅度退步，预算决议一度落后于预定计划几个月，而且拨款法案到财政年度开始时都没有颁布。[6]

棘手的赤字和预算程序的减少改变了国会对其预算效力的看法。1974 年，国会预算程序被视为解决方案；但 1985 年，它被认为是问题的主要组成部分。国会在 1985 年束手无策，因为国会议员认为自己无法获得信任去做正确或有效的事情。预算必须被保护起来，免受国会的干涉。

表 1.1　　　1976—1986 财年联邦预算赤字

财政年度	赤字（百万美元）	赤字占 GNP 百分比（%）	赤字占支出百分比（%）
1976[a]	73719	4.3	19.8
1977	53644	2.8	13.1
1978	59168	2.7	12.9
1979	40162	1.6	8.0
1980	73808	2.8	12.5
1981	78936	2.6	11.6
1982	127940	4.1	17.2
1983	207764	6.3	25.7
1984	185324	5.0	21.8
1985	212260	5.4	22.4
1986	221167	5.3	22.3

注：[a] 表示不包括 1976 财年和 1977 财年之间的过渡季度。

资料来源：《1989 年历史数据表格》。

1974 年，议员们对即将开始国会责任的新时代充满信心。理查德·博林（Richard Bolling）在众议院主持了预算改革法案，并谈到这一法案赋予国会的新职能："我们将为支出设定上限。我们将公开明确地决定对任何赤字采取的行动。如果我们发现我们已经超出了目标，那么我们将需要以负责任和开放的方式调和这些目标，方法是减少拨款、增加税收或两者兼而有之。”[7]即将担任新的参议院预算委员会主席的埃德蒙·马斯基（Edmund Muskie）强调说，这项改革“将使国会有能力以有序和全面的方式处理我们最重要的决定——预算政策和国家优先事项”。[8]几乎所有反对的声音都淹没在充满自信的赞美声中。[9]

到了1985年，争执不休的国会投票通过了《格拉姆—拉德曼—霍林斯法案》，这种自信也早就消失了。尽管一些反对的人认为，混乱的局面是因总统政策而非国会程序造成的，多数议员却认为国会应对此负责。[10]“我们将其破坏得非常严重，以至于无法解决。”[11]众议院共和党领袖、国会预算执行官罗伯特·米歇尔（Robert Michel）说。参议员约翰·查菲（John Chafee）直接说：“我们失败了，而且几乎没有迹象表明我们对赤字足够重视，无法作出选择。”[12]一位易怒的国会议员罗伯特·沃克（Robert Walker）在他的评估中十分坦率地说：“事实是预算程序惨遭失败，正在四分五裂。”[13]几乎没有人为预算程序说好话。

崩溃的原因：潜在意志还是预算能力？

究竟是哪里出了问题？在评估预算危机时，不能否认它与巨额赤字有着千丝万缕的联系。如果赤字很小，国会可能不会因未能遏制赤字扩张而自责。如果国会每年面临可控制的赤字，预算程序也将更加稳固。然而，赤字规模确实很大。因此，解释赤字为何扩张到如此规模对于评估预算能力崩溃的原因至关重要。

一种流行的解释是，政治家不愿作出艰难的选择，因而破坏了预算程序，产生了赤字。按照这种观点，如果政治家们愿意削减开支或增加税收，赤字问题就会减轻，预算程序也会稳定下来。但是，由于政治家们不愿意大幅度提高税收或削减税率，赤字一直持续存在。从该论点可以得出，预算程序修复对解决该问题没有多大作用。

政治行动显然会影响预算结果。如果里根政府在 1981 年没有严重错误地估计其支出和税收政策的影响，那么我们这个时代的预算历史可能就大不相同了。[14] 多年以来，共和党主政的白宫与民主党主导的或者两党割据的国会之间发生政治冲突；如果情况不是这样，政府可能会在缩小预算缺口方面取得更大进展。然而有力的证明表明，现有的问题比白宫和国会之间最近的预算纠纷还更加持久和根深蒂固。

政治家的行为与预算过程的有效性有很大关系，但反之亦然——预算过程也会影响制定预算者的行为。通过组织预算程序，可以减轻或简化削减支出的任务，可以使政治家意识到其政策的财政影响，或者向政治家隐瞒这种影响，可以刺激或阻碍对计划扩展的期望，可以鼓励政治家寻求更多的税收收入，或阻止他们尝试获得更多税收收入，可以改变主张获得公共资金的人和国库监护人的相对实力。通过包括这些方法在内的许多方式，政治家的意愿可以通过实行预算的方式而被增强或被削弱。

根据通货膨胀率调整的养老金可以说明决策规则如何影响政治行为和预算结果。当养老金适用于酌情决定的调整政策时，政治家面临的问题和养老金与价格变动指数自动挂钩时所面临的问题大不相同。如果通货膨胀率以每年 4% 的速度递增，则 2% 酌情调整的会记录为增加，但是如果对养老金进行了指数化处理，则相同的 2% 的增加会被记为削减。几乎无须了解政治知识就可以意识到，通过指数化处理可以将决策从受欢迎的行为转变为不受欢迎的行为。缺乏降低指数化养老金政治意愿的政治家如果有机会提高未经指数化的养老金，即使增加的数量并不能完全抵消通货膨胀，这位政治家也可能很愿意这么做。

正如指数化会破坏政治家采取行动的能力一样，预算规则的其他变更也可以增强政治家的意愿。让我们考察一下《格拉姆—拉德曼—霍林斯法案》造成的政治家们面临的局势变化。《格拉姆—拉德曼—霍林斯法案》通过限制赤字的规模以及威胁政治家进行财政扣押，使政治家更容易要求削减预算和反对扩张。《格拉姆—拉德曼—霍林斯法案》并未禁止满足政治选择的预算，但它改变了预算的行使方式。政治家通过终止 1986 年的收益分享和 1988 年的城市发展行动补助金这两项受欢迎的计划，证明自己是具备政治意愿的。如果《格拉姆—拉德曼—霍林斯法案》没有改变政治激励，那么这两项计划仍将得到资助。

如果有人认为预算编制危机是由于当选官员不愿作出艰难选择而引起的，那么他们需要解释为什么 20 世纪 80 年代的政治判断能力相比之前而言严重下降。美国历史上，包括今天在内，公民都希望在减少税收的同时获得更多的收益。过去半个世纪以来，民意测验经常呈现出这种模式。[15] 目前也不是第一次出现纳税人意见不一致的情况，纳税人更愿意看到他们赞成的方案不断推进，同时又要求压制政府的整体成本。如今的执政体制安排与以往没有太大不同。政府长期以来确实是分裂的，但我们也有过一位坚持削减开支的总统。

如果只需行使政治判断力就可以平衡账簿，为什么总统支持的削减开支措施没有促使国会立法通过这些削减措施呢？

为什么国会议员宣称希望结束赤字支出，结果却没能实现？为何公民反对巨额赤字（正如民意测验所反映的那样）却没能促使国会采取必要步骤来调整联邦收支？答案是，随着时间的流逝，预算的改变不仅造成了巨大的赤字，而且使政治家的任务变得复杂。现在的预算编制过程与从前不同。本书的中心主题是环境的变化和预算编制的实施削弱了政府平衡资源和需求的能力。如果说今天的政治家们的政治意愿有所下降，那部分原因是他们没有有效的工具来完成这项工作。

从表面上看，联邦政府似乎具备足够有效的预算编制机制。国会尤其如此，国会拥有比 200 年来任何时候都更强的机构能力来协调收支决策。国会拥有预算委员会来监督和协调有关预算的众多立法行动，并制定预算决议，以计划下一财政年度及之后的收支总额。它还在国会预算办公室设有专家团队，以提供有关预算政策和趋势的及时数据和分析。之前国会还没有这些机构设置。在 1974 年《国会预算法案》颁布之前，国会甚至没有对总支出或赤字规模进行过投票。每年的财政总额仅仅由数 10 次单独发生的财政数字简单相加得出。

但有时会由于某种原因，在没有协调的情况下，预算协调过程就已经完成。除了战争或经济危机时期以外，美国经历了漫长的时期，联邦预算才达到了平衡状态。国会中没有人将总数相加，但总的来说预算与支出是一致的。为什么即使国会没有预算程序，政府也几乎没有赤字？为何现在国会有了预算程序，而政府却似乎有难以解决的赤字呢？除非我们能够回答这些问题，否则我们无法得知联邦政府的预算能力为何如此受损的根本原因。

本书提供了部分解释。战后联邦预算从控制流程到以支出增长为导向的转变，打乱了可用资源与预算需求之间的关系。在过去，赤字问题不存在，因为对预算的需求微弱，对支出的控制也很强。关键控制手段是根据可用资源决定应支出多少的能力。现在，情况正好相反——需求强劲而控制薄弱。需求有其自身的动态，即不管手头有多少资源，需求都会不断增长。这种逆转如何发生是本书讲述的故事之一。讲述这个故事需要同时注意预算的收入与支出，总统和国会的行动以及预算程序和预算政策。

什么决定预算能力？

许多因素决定着预算的执行方式。由于预算对政府至关重要，因此预算本身的有效性在很大程度上取决于政治和行政机构的行为。政府无能为力和误入歧途时，人们不应当指望预算会成为兼具实力和能力的“定海神针”。在研究预算能力的决定因素时，有必要冒险超出预算的严格范围，但除非想将预算问题的探讨扩展到总体政治能力的讨论，否则，将此研究直接与公共资金的筹集和支出联系起来是很有必要的。[16]

本章的第二段描述了与现代预算相关的各种重要功能。几十年来，为了利用预算对公共财政的命令及强制执行的特征，许多与管理和财务相关的任务已附加到预算之中。对预算能力的评估可以根据这些当代职能中的任何一项进行；实际上，改革者在寻求流程改革时通常会专注于其中许多功能。但是，尽管诸如经济管理和计划规划之类的功能非常重要，它们却是预算的辅助目的。没有这些功能，预算也可以存在，过去一直如此。在考察预算的基本能力，决定预算是否能体现在政治家和公民寻求的资源与支出之间取得平衡的特征时，剔除可有可无的功能，详细考察每个预算系统中不可简化的要素是很有用的。

任何国家编制预算，都需要对筹集的资金数额、资金需求和资金分配作出决定。[17]预算具有三个基本组成部分：资源的产生、索取和配给。这些是构成预算过程最基本的要素。如果缺少其中任何元素，预算编制就无法进行；只要有这些元素在起作用，就可以进行预算编制。当收入和支出增加或减少时，生产、索取和分配资源的过程都会进行。它们出现在预算系统复杂的大型政府之中，也出现在例行程序简单的小型政府之中。

预算并不是索取和分配金钱（和其他资源）的唯一手段，市场和其他社会交往形式也在履行这些职能。预算与其他形式的区别在于，资源是根据为此目的而建立的规则和程序进行索取和分配的。预算编制是规定资源索取的方式、时间、索取资源方以及分配资源方的过程。如果删除这些规则和程序，预算就不会以任何可以被大众辨识或理解的形式存在。这些规则不必详尽说明每个步骤，但必须足够稳定和详细，才能确定如何要求和分配资金。与预算相反，市场缺乏分配的例行程序，商品和服务通过参与者同意的任何方式进行交换。[18]

预算需求（Budget Claim）是根据预算流程的规则和程序对资源的各类需求。预算需求通常由行政管理机构提交，但是预算流程规定，可以通过其他渠道提交预算需求。有需求才能有预算，如果没有人表示希望获得公共资金，则无须通过预算进行分配。

配给功能源于预算需求的一个共同且普遍的特征——所有预算需求额加起来的总额超过了可用资源的总额。一方面，如果所有预算需求都得到满足，只要需要资源就能够获取资源，预算将不存在。另一方面，如果没有任何资源要求能得到满足，那么预算程序也将不存在。预算得以在这两个极端之间的任何一点成立，即预算在分配部分而非全部需求资源时成立。

需求和配给功能的相对强度随预算编制条件的变化而变化。一方面，人们会期望，在资源充裕、政府支持计划扩张、经济蓬勃发展以及无须增加税收就可以筹集新支出的情况下，需求的相对优势会更大；另一方面，当预算紧张时，需求的提出会相对较弱，政治领导人会赞成紧缩政策，而额外的支出将对增加税收或增加赤字产生压力。

预算编制流程还会影响预算需求和配给职能的相对强度。流程的更改可能会有意或无意地改变了这些职能之间的平衡，从而影响了预算结果。程序调整可能会增强或减弱需求，并使其更容易或更难分配资源。前面讨论的两个示例（指数化和《格拉姆—拉德曼—霍林斯法案》）是预算规则和程序的变化，这些变化会影响索取和配给的相对强度。指数化可以加强预算的索取，而《格拉姆—拉德曼—霍林斯法案》流程可以加强预算的配给。

为了使政府具有预算能力，需求和配给的相对实力必须足够产生人们期望的结果。如果政府试图扩大计划范围，但由于无法对资源提出新的要求，或者由于强大的配给者拒绝了所有有关支出增加的要求，政府的计划受到了挫败，就无法拥有有效的预算能力。人们认为这种情况很罕见，因为政治家可以采取措施鼓励索取行为，或给配给者施加限制。当索取的需求如此强大以至于无法抗拒，或者国库的监护人较为软弱而无法分配资源时，就会出现相反的情况。

即使政治家不希望出现赤字，他们也可能会通过改变预算的需求方和配给方之间的平衡来造成赤字。大量不必要且持续出现的赤字表明预算主要职能的严重失衡。当预算需求达到一定程度，以致尽管资源不足以支付时也无法拒绝这些赤字，或者公共财政的监护人实力太弱，以致他们无法对支出进行定量配给时，这些赤字将会继续存在。

当政府可以调整需求和配给量以产生期望的结果时，它就有预算能力。如果政治家们想结束赤字或缩小收支差额，他们必须通过削弱预算需求权或加强国库监护人的权力来实现这一目标。但是，假设政治家们谴责赤字支出，却没有采取相应适当的行动，我们如何知道他们的言语或行为是否反映了他们的真实偏好呢？这正是 20 世纪 80 年代联邦政府面临的情况。

有关赤字是由于预算能力的下降，还是政治家的真正偏好的一个线索是——这一过程是否运转顺利。如果预算程序有条理地进行，人们需要看到一定的证据才能认为赤字是受到欢迎的。赤字被用来刺激疲软的经济或为支出提供非税收资源时，正符合预算受欢迎的这种情况。但是，当赤字像 20 世纪 80 年代那样困扰着政府时，很难得出赤字代表政治家意愿的结论。

这本书内容涉及第二次世界大战后数 10 年来预算如何成为一种以增长为导向的过程以及自 20 世纪 70 年代中期以来预算如何努力适应不利条件。整本书从需求和配给职能的相对强度方面考察了实质性政策与预算程序之间的相互作用。总而言之，当预算是一个扩张性的过程时，对预算的要求就变得更强，而且由于情况变得越来越受限制，联邦政府要扭转这种局面并不容易。其结果是破坏了既定流程，而需要求助于即兴预算，即根据临时安排而不是预设规则进行预算。

恢复预算能力的建议必须将导致预算能力崩溃的因素纳入考虑。与这本书的主题相一致的是，每项预算改革都应从其对需求方和公共资金分配者的影响方面进行检验。预算无论进行何种程序性调整，除非几个功能间达成平衡，否则都不会成为一个更稳固的过程。本书的最后一章提出了一揽子改革措施，以加强预算编制能力。使预算成为更有效程序的任务必须获得高度重视，因为美国未来的治理能力取决于预算的成功。

注释

[1] 国会预算办公室预测，如果没有社会保障，基准赤字将从1988财年的1940亿美元增加到1990财年的2090亿美元，再到1994财年的2390亿美元。预计社会保障信托基金的年度盈余将从1988财年的390亿美元增加到1994财年的1170亿美元。参见国会预算办公室：《经济和预算展望：1990—1994财年》，1989年1月，第46页。

[2] 有关预算花招用法的完整讨论，请参见本书第四章《削减预算与支出增长》。

[3]《格拉姆—拉德曼—霍林斯法案》是1985年《平衡预算和紧急赤字控制法》(PL 99 - 177) 的正式名称。

[4] 正如笔者在大约10年前所写的那样，1974年出现的“表面上是一个中立的过程。这一过程可以被用来支持增加支出或减少支出，增加赤字或减少赤字。其对预算结果的影响，更多的是取决于有关国会的偏好而不是程序上的限制”。见艾伦·希克 (Allen Schick)：《国会与钱：预算、支出和税收》，华盛顿特区城市研究所，1980年，第73页。

[5]《格拉姆—拉德曼—霍林斯法案》规则是例外的，因为在参议院的执行要比众议院严格。与众议院不同，参议院不仅有实质性的程序问题，而且要放弃《格拉姆—拉德曼—霍林斯法案》，规则通常需要3/5的票数，而众议院可以通过多数表决来放弃。

[6] 参见桑迪·斯特勒著：《单独定期拨款和持续拨款——1977—1987财政年度拨款CRS报告》，编号87 - 826，华盛顿特区国会研究处，1987年10月16日。

［7］理查德·波林（Richard Bolling）：《国会记录》，1973年12月4日，第39341页。

［8］埃德蒙·马斯基（Edmund Muskie）：《美国国会记录》，1974年6月21日，第20468页。

［9］数位反对国会预算法案的众议院议员之一——老迈、脾气暴躁的众议员格罗斯（H. R. Gross）提出了异议，但随着时间的流逝，这一异议听起来更有道理。“是的，议长先生，有了这项法案，一切都会进行改革。一切都会变得了不起，一切都令人满意。如果我们通过这项法案，将会带来平衡预算，制止通货膨胀和恢复财政理智所需的所有意志、克制精神和所有纪律。你可别信。当这项所谓的改革付诸实施时，我不会在这里，但我预言，本院议员和其他机构的议员将会迅速扭曲和改变今天在这里制定的改革规则……”载于《国会记录》，1974年6月18日，第19684页。

［10］因此，参议员加里·哈特（Gary Hart）提出抗议：“是政策失败了，而不是预算程序失败了。政策是失败了。你如果更改了本国的基本财政政策，但是它不起作用，那么您在这里说流程失败了是什么意思？……现在，为什么回到这里并抨击国会呢？相反，同意做总统要我们做的事情，这才应当被猛烈批评。”载于《美国国会记录》，1985年10月5日（日版），第S12699页。

［11］罗伯特·米歇尔（Robert Michel）：《国会记录》，1985年11月6日（日版），第H9851页。

［12］约翰·查菲（John Chafee）：《国会记录》，1985年12月11日（日版），第S17432页。

［13］罗伯特·沃克（Robert Walker）：《国会记录》，1985年10月23日（日版），第H9091页。

［14］在大卫·斯托克曼（David A. Stockman）的《政治的胜利：里根革命失败的原因》（纽约：哈珀与罗氏出版社，1986年）中直接讨论了这种错误估计的产生方式和原因。

［15］参见罗伊斯·克罗克（Royce Crocker），《联邦政府的支出和舆论》，《公共预算与财政》，1981年第1期，第25—35页。

［16］亚伦·维尔达夫斯基（Aaron Wildavsky）曾经写道：“也许

‘预算研究’只是‘政治研究’的另一种表达方式；然而，人们无法一次研究所有内容，而专注于预算研究为我们提供了一个有用而又常常被忽略的角度，来分析公共政策的制定。”艾伦·威尔达夫斯基(Aaron Wildavsky)：《预算过程的政治》，波士顿：利特尔 & 布朗出版社，1964 年，第 126 页。

[17] 决定既包括政策变更，也包括延续现行税法的“非决定”。

[18] 人们在将过程指定为预算的定义要素之一时，极有可能会陷入将预算等同于任何看起来像预算的事物的误区之中。然而，对预算定义必须足够宽松，以适应预算编制的许多不同方式；但又要足够严格，以使其与其他分配手段区分开。过程的概念既有弹性，又有区分度。

第二章
预算的增长：从罗斯福新政到“伟大社会”计划

美国联邦政府每年财政支出在 1 万亿美元以上，超过其国民生产总值的 1/5。如今的预算已经远远高于过去的水平，而且未来还会继续升高。增长的理念被植入了联邦政府预算之中。预算一直在不断增长，而且似乎这个趋势无法阻挡。无论资源充足还是稀缺，无论经济增长还是停滞，无论总统来自共和党还是民主党，政府支出始终是一年高过一年。

表 2.1 反映了过去 6 年间联邦政府支出的上升趋势。扣除通货膨胀因素后，1988 年的联邦支出比第二次世界大战前的水平高出 10 倍，是战后水平的 4 倍，是 1960 年水平的 2.5 倍，而且接近 1970 年水平的两倍。整个 20 世纪 80 年代，政府支出一直持续攀升，80 年代末的实际支出比 80 年代初多出约 2000 亿美元。

表 2.1 显示的部分时期内，政府收入与支出保持相似的增长趋势。1950—1970 年，收入和支出的增长都与国民生产总值相关，其中支出增长了 3.8%，收入增长了 4.7%。支出增长是由收入增长带动或提供资金来源的。从 1970 年开始，

表 2.1　特定年度联邦支出、收入和赤字

单位：10 亿美元

财政年度	联邦支出（现值美元）	支出［定值美元（1982 年）］	支出占国民生产总值百分比（%）	联邦收入（现值美元）	收入占国民生产总值百分比（%）	前 10 年预算平衡年数	前 10 年累计赤字占累计国民生产总值百分比（%）
1929	3.1	—	3.0	3.9	3.8	—	—
1940	9.5	83.2	9.9	6.5	6.8	0	—
1950	42.6	220.5	16.0	39.4	14.8	3	9.9
1960	92.2	340.4	18.2	92.5	18.3	3	0.8
1970	195.6	509.4	19.8	192.8	19.5	2	1.0
1980	590.9	699.1	22.1	517.1	19.4	0	2.3
1988	1064.0	879.2	22.3	909.0	19.0	0[a]	4.5[a]

注：[a]表示 1980—1988 财年。

资料来源：《1989 年历史数据表格》，表 1.2、表 1.3 和表 1.4。

收入与支出呈现不同的发展趋势。虽然支出在国民生产总值中的占比再涨 3%，收入在国民生产总值中的占比却并未增加。

过去 20 年内政府支出的增长与收入变化基本无关。支出有其自身的增长动态、程序和政策，这些均拉高了支出水平。预算编制开始以增长为导向，编制过程中对资源有着强烈的需求，同时很难拒绝这些要求。本章论述了预算编制过程如何一度从禁止额外资金支出转变为如今经常性地增加支出。[1]

本章内容时间跨度超过 30 年，从应对大萧条的新政开始，一直到提出“伟大社会”计划并成功通过一系列相关法律之后。新政很适合作为时间起点，因为新政显著扩大了联邦政府规模并使联邦政府对支出的态度变得更以增长为导向。很难指出增长时期结束的具体时间或者——更准确地说——逐渐消失的具体时间。经济扩张贯穿整个 20 世纪 60 年代。然而，由于政府寻求平衡东南亚地区战争支出需求与社会支出需求，60 年代末出现了财政紧张。联邦支出及计划增长一直延续到 70 年代，从而加剧了预算紧张并推动了改革预算流程的需求。

增长的方式方法

扩大联邦政府活动的推动力是新政的“遗产”。新政在战后实现了合法化并在 20 世纪 60 年代得到了进一步发展。扩大政府规模所需的资金来自第二次世界大战期间颁布的增税政策以及战后 1/4 世纪的经济繁荣。新政刺激了政府的迅猛扩张——也就是将立法和预算视为发起或扩大联邦计划的工具。增税和经济增长为政府迅速扩张提供了充足的资源。

新政及其“遗产”

大萧条前夕，联邦政府支出仅占国民生产总值的3%，与19世纪和20世纪之交的比例几乎相同。[2]大萧条发生在新美国预算局（1921年成立）严格控制预算、紧缩政府支出的第10年末期。此时联邦支出、收入和公共债务都低于20世纪20年代初的水平。新政通过大量支出承诺扭转了局面，即便之后过了大半个世纪都仍能强烈感受到新政对预算的影响。新政留下的财政“遗产”包括农产品价格支持、失业保险、社会保障福利、住房计划及公共援助。由于这些计划具有持久性，因此刚开始实施的紧急救济措施最终永久扩大了联邦政府的权力范围和经济责任。这些计划及后来的转移支付计划改变了政府在国内的主要角色，即从公共服务提供者转变为私人收入的稳定者和重新分配者。

新政推行之初，没人知道它会在多大程度上永久改变政府的权力范围和角色。新政的一些主要创新引起了争议，因此还没站稳脚跟就被舍弃了。[3]第二次世界大战结束后，大政府永久保留了下来甚至还有所扩张。共和党和南方民主党组成的保守联盟在第二次世界大战后的10年内主宰了国会，但并没有废除新政的基本计划。[4]实际上，国会大量增加了联邦支出承诺。第二次世界大战后美国人释放出压抑已久的完善公共设施的需求，国会因此向地方政府直接提供资金用于城市改造、机场和医院建设。大萧条的记忆尚存，因此美国人不希望重蹈覆辙。1948年总统大选期间，民主党承诺将进一步扩大新政，而共和党则承诺不会废除新政。1935年设立社会保障制度时共和党惊恐万分，但到了1948年总统大选时情况则截然相反，共和党在政治纲领中敦促

“扩大联邦养老和遗族保险计划并切实增加福利”。[5]国会紧随其后，1950 年在两党的大力支持下通过立法扩大了社会保障制度[6]。共和党政治纲领还建议联邦政府协助清拆贫民窟并提供保障性住房，国会则在《1949 年住宅法》中批准了这些计划[7]。共和党的这些效仿行为所表达的意图正是美国人已经知道并期待的——新政建立的社会安全网络会继续为他们提供保障。

虽然战后 10 年内相关计划经历了重大扩张，但也产生了大量的遗留问题。20 世纪 50 年代联邦政府的教育补助未能争取成功，但 60 年代成功争取到了。虽然设立国家医疗保险的提案被否决，但不到 20 年后国会就通过了医疗资助计划，虽然这些计划覆盖面较窄且成本高昂。后来的计划扩张建立在新政基础上，但这些扩张更多的是战后经济繁荣的产物而非源于战前经济危机。

第二次世界大战：通过征收战争税来为大政府买单

从联邦政府支出增加了两倍、国民生产总值占比由 1929 年的 3% 上升到 1940 年的近 10% 可以看出，政府扩大了新政的实施规模。但如表 2.1 所示，新政无法负担自身的支出。1932 年富兰克林·罗斯福竞选总统时承诺要平衡预算，4 年后他成功获得连任时罗斯福政府的预算赤字已经超过了联邦政府总收入。巨大的赤字无法为政府的扩大提供稳固的基础，但当时新政拥护者都认为赤字无法避免。

第二次世界大战的爆发解决了这个问题，政府需要大量收入为战时动员提供资金，相应发生了国会有史以来第一次大规模征收所得税。第二次世界大战前最低税率是 4%，起征点 4000 美元；第二次世界大战末期最低税率已达到 23%，起征点下调至 2000 美元。最高税率从 81% 激增至 94%，而对应的应税收入则从 500 万美元降至 20 万美元。随着税率的提高还出现了预扣税制，预扣税针对每张支付票据进行预扣缴，而不是每年年末一次性缴付。受税收增加以及战时经济繁荣的影响，联邦收入从 1940 年的不到 70 亿美元迅速增加到 1945 年的 500 多亿美元。

第二次世界大战结束后，税率和联邦政府收入都略有下降，但均未回到——或者接近——第二次世界大战前的水平。最低税率在战后 10 年内调整了 6 次，最后稳定在 20%，而最高税率则稳定在 91%。高税率为政府提供的收入基础远超战前水平。20 世纪 50 年代，联邦收入在国民生产总值中的占比介于 16% 到 18% 之间，是战前水平的 3 倍。

这些增加的收入用在了支付高昂的国防支出、为越来越多的国内计划提供资金以及减少政府财政赤字上。第二次世界大战后，民用支出常常用来替代国防支出，但这两类支出在国民生产总值中占比都高于战前水平。[8] 1960 年，国防支出占国民生产总值的 9.5%，而 1940 年这个比例仅为 1.7%。战争期间人力资源计划支出有所减少，一方面是因为资源向战争转移，另一方面是因为美国从高失业率转向劳动力短缺，经济危机随之结束。然而，人力资源支出在战后复苏，1960 年占国民生产总值的 5.2%，高于战前水平。

额外资金不仅用于军事和经济，也用于减少赤字。新政和第二次世界大战期间累积的巨额赤字在第二次世界大战后几乎完全消失了。从第二次世界大战的预算影响已经消退的 1947 年至艾森豪威尔总统任期的最后一年（1960 年），联邦政府在一半的财政年度内实现了预算平衡。在产生赤字的年份内，要么赤字微乎其微，要么赤字是因为特殊情况产生的，例如朝鲜战争和 1958—1959 年的经济衰退。联邦债务从国民生产总值的 115% 减半至 57%，而公众持有的债务增幅很小。[9]

财政盈余

战后联邦政府财政支出显著增加。扣除通货膨胀因素后，1960 年的财政支出比 1950 年增加了 60%。可以发现，实际支出增长发生在预算处于平衡或接近平衡而且税率保持稳定或下降的时期。政府如何能够在降低税收、减少债务的同时扩大支出？答案很简单，大部分额外支出的资金来自经济发展带来的收入增长。

第二次世界大战期间美国经济呈现爆发式增长，年均实际增长率超过 12%。解除战时动员导致了经济衰退，这和预期相符，但没人料到随后会出现迅速而持久的经济扩张。1948—1973 年的 26 年内有 22 年经济都实现了增长，其中 1959—1969 年实现了持续增长。不仅如此，持续增长的速度也非常快，20 世纪 50 年代的平均涨幅为 4%，而 60 年代的平均涨幅为 4.1%。

战后经济成功不仅体现在总体经济增长上，也反映在其他经济表现指标上。表 2.2 显示了美国经济高速发展的模式，其中价格稳定、失业率较低、生产效率与实际工资、可支配收入和公司利润共同增长。平均失业率约为 4.5%，仅略高于 4% 的“充分就业”水平，而实际可支配收入在 20 世纪 50—60 年代翻了一番。

这些记录好于美国经济的长期表现。从内战后工业扩张开端的 1870 年到 1969 年的一个世纪内，国民生产总值年均增长 3.7%，仅略低于 20 世纪 50 年代和 60 年代的水平。[10] 但表 2.3 显示，从员工人均产出或人均国民生产总值来看，

表 2.2　　美国经济表现指标　　单位：%

时期	实际国民生产总值增长	失业率	消费品价格指数增长	生产率增长[a]	每小时实际报酬增长[b]	公司利润增长[c]	实际人均可支配收入增长
1951—1955 年	4.5	3.7	2.2	2.4	3.1	6.9	1.8
1956—1960 年	2.2	5.1	2.0	1.8	2.8	1.8	1.1
1961—1965 年	4.6	5.4	1.3	3.3	2.5	10.6	3.1
1966—1970 年	3.0	3.8	4.3	1.4	2.1	-1.3	3.0

注：[a]表示非农产业每小时产出。产出指本行业国内生产总值，按 1982 年美元计算。

[b]表示每小时报酬除以城镇消费者价格指数。

[c]表示公司利润与存货估价、资本消耗调整。

资料来源：《总统经济报告》，1988 年。

第二次世界大战后美国经济表现远好于长期表现。早期经济增长在很大程度上源于劳动力增加，因为大量移民涌入造成美国人口激增。

表 2.3　　1871—1969 年国民生产总值和员工人均产出的增速

单位：%

时期	国民生产总值增速	员工人均产出增速	人均国民生产总值增速
1871—1913 年	4.3	1.9	2.2
1913—1929 年	3.1	1.5	1.7
1929—1950 年	2.9	1.7	1.8
1950—1960 年	3.2	2.1	1.4
1960—1969 年	4.5	2.6	3.2
1871—1969 年	3.7	1.9	2.0

资料来源：美国商务部：《1860—1970 年长期经济增长》，1973 年 6 月，第 99 页。

后期经济扩张主要是由于生产效率提高。经济稳定比增速更重要。从 19 世纪 90 年代到大萧条时期，美国共经历了 11 个商业周期，期间工业生产在衰退与复苏之间来回转换。大部分周期都很短，平均每个周期仅持续 3 年左右。[11] 人们对上一次经济衰退总是记忆犹新，因此对下一次衰退往往表示强烈担忧。商业周期理论是经济学的一个重要领域，会影响政府行为，因此政府必须小心翼翼地避免在经济繁荣时期过度扩张，以免在经济低迷时过度支出。战后商业周期的持续时间长得多，平均超过 5 年；20 世纪 60 年代的经济扩张持续了大约 9 年。随着经济稳步上行，预算也会满怀信心地遵循这个趋势。

经济发展与政府规模扩大息息相关。公共经济增长是因为私营经济同样也在增长。随着经济的发展，预算收入会增加，但国会会定期降低税率并为各类计划提供更多资源。然而，由于支出增长实际上与经济扩张步调一致，因此 1965 年政府支出在国民生产总值中的占比与 10 年前几乎相同。经济增长为第一章中提到的美国公共舆论中的长期矛盾提供了一个权宜解决方案。几十年来的民意调查都显示美国人在政府规模和服务上看法不一。大多数人希望联邦政府继续维持或者在某些情况下增加计划数量。然而大部分美国人也支持减税、平衡预算和缩小政府规模。经济增长为政治家解决了这种两难状况。政府规模会扩大，但不会通过向美国人可支配收入征税的方式，而是充分利用了经济发展产生的盈余。经济增长被认为是一种无需付出代价的公益性政策，它将使每个人都获益。

经济繁荣时，人们认为经济增长是一件有益的事情，可以通过技巧性地管理经济来维持。因此，同时利用现在和未来的财政盈余是一个恰当的方式。

“伟大社会”计划推行后，1964 年和 1965 年通过了大量立法，实现了对财政盈余的利用。覆盖穷人和老年人的医疗获得立法批准；联邦政府开始大规模资助教育发展；住房和社区发展计划不断扩大；推出了“向贫困宣战”计划；制定或扩大了几百项财政补贴计划。1965 年，人力资源计划支出占联邦总支出的 30%，10 年后这个比例已超过 50%，而在国民生产总值中的占比也从不到 6% 增加到 11% 以上。联邦政府对各州和地方的援助在 1965—1975 年从 100 万美元激增到 500 万美元。虽然扣除通货膨胀因素后涨幅有所减小，但总量仍然可观——短短 10 年内就上涨了 150%。

“在被财政盈余概念影响的氛围中，”额外支出获得了批准，而且正如赫伯特·斯坦所说，“决策者期待政府收入增加以带动经济增长。”[12] 他们并未预见十几年后预算会取得成功，因为那时财政收入的增加还不足以负担政府规模扩大。

政府规模扩大合法化：关于增长的政治和经济理论

在人们对经济增长充满信心的时期，经济和预算不仅仅靠政府收入的流动联系，联系两者的还有政治理论和经济理论，其中政治理论认为关注支出增量的预算编制过程比试图审核所有支出的预算编制过程更加合理，而经济理论则反映了政府规模扩大是如何维持良好状况的。增量预算理论让公共支出持续上涨的趋势正当化；凯恩斯的经济稳定理论则让政府支出刺激经济并使之充分发挥潜力正当化。这两个理论相辅相成。渐进主义与微观预算编制以及计划和机构的增加相关。凯恩斯主义则与宏观预算编制以及收入和支出总体模式相关。除非预算总额增长，否则预算各个部分是无法实现增长的，相应地只有以正当理由增加各部分预算支出时，预算总额才会增长。

规范的渐进主义

在高速增长时期，渐进主义是预算编制中最重要的理论。它为预算编制过程的运行提供了重要解释，正如威尔达夫斯基在《预算过程中的新政治》中所说，渐进主义还为预算编制过程的合理化提供了有说服力的案例。从理论上看，威尔达夫斯基只是将渐进主义视为一个观点，即预算编制者关注计划增量，同时让现有支出和政府计划——即预算基数——整体逃过严格的审查。[13]

渐进主义对预算的影响更多来自其叙述性的要求，而不是它描述预算编制方式的有效性。[14]威尔达夫斯基坚称预算程序应当关注增量，而不应试图重新制定整个预算。增量决策缓解了冲突、稳定了预算的作用和预期、简化了预算编制过程、减少了忙碌的官员必须投入的时间，而且提高了考虑重要政治价值观的可能性。渐进主义主张预算编制者不能——也不应尝试——每年重新检查每个项目。而且他们也不应让所有预算申请来同时竞争有限的资金。按照这种似乎理性的方式操作会给预算编制过程带来过大的负担，而且过程中需要提供的数据和作出的决策太多，以至于无法在有限的时间内完成，甚至会导致金钱和价值观方面的激烈冲突。所以威尔达夫斯基敦促预算编制者通过渐进式的行为保持理性，不要试图面面俱到。

渐进主义是一种支持支出持续增长且认为这种增长合理的行为模式。渐进主义不仅仅是一种各机构申请并获得更多资金的机制。在渐进的环境中，预算编制本身成为推动增长的动力，也是一种在下期预算中取得更多拨款的方式。渐进主义兴盛时，人们认为支出增长合情合理，而不仅仅因为政府机构凭借策略战胜了预算办公室。每个人的行为都以增长为导向，包括我们在本章后面会讨论到的拨款委员会等资金管理机构的人员。预算让各机构每年都有机会合理申请更多资金并让中央政府官员拨付更多资金。

渐进主义为预算编制提供了一个衡量结果正确性的内在标准。如果这个过程运行良好，那么增量支出就是合理的，否则就无法通过。不仅如此，渐进主义强调预算是一个修正的过程，也就是说本年度预算中的错误可以在下一年的预算中修正。当预算仅发生微小变动时，错误就很小，也很容易在下一次修正。

渐进主义的这些特征有别于其他分析方法，例如计划预算制度和计划—项目—预算（PPB）制度。这些创新源于经济繁荣，但渐进主义关注边际增长，而计划—项目—预算制度试图让预算编制更为客观合理。分析一定要系统化，覆盖支出基础和所有增量。计划—项目—预算制度强调只有这样才能评估支出的成本效益。

在设计中，以结果为导向的分析可能会导致支出模式发生巨大变化并使预算支出花掉大量财政盈余。在实际操作中，计划—项目—预算制度产生了相反的效果。它需要更多选择、更多数据、更全面的分析，从而降低了预算对增长机会的反应速度。通过扩大审查范围，系统分析提供了阻止变化的更多机会。很多联邦机构发现计划—项目—预算制度会导致“分析瘫痪”而非增加预算。这就像龟兔赛跑，与系统分析和计划制定的应变经济政策环境相比，幅度越小、速度越均匀，预算就会增长得越快。联邦预算在战后几十年内不断增加，1975 年的实际支出已经比 10 年前高出 50%，几乎达到 1955 年实际支出的两倍。

虽然渐进主义将预算范围缩小到边缘性决策，但它提高了预算编制的相关性和重要性。由于资源申请者都在争夺增量的一部分，因此预算编制处于政策的中心。控制预算、分配增量的人决定了支出的趋势和优先事项。通过关注实际决定且申请者关心的事项，预算编制者强化了自身在资源分配中的作用。

实用凯恩斯主义

当预算像新政实行之前那样在国民生产总值中占比适中时，它与经济的关系通常是静态的。收入在经济繁荣时更为活跃，而在经济低迷时有所收缩。预算通过在经济低迷时期减缓支出增长、在资金充裕时刺激经济增长来调整这些波动。预算利用了可用收入，但通常并不认为预算对经济整体表现有重大影响。随着战前预算在国民生产总值中的占比攀升到10%并在战后稳定在15%以上，政府必将更多地参与经济调控。联邦政府支出和转移支付接近国家产出的1/5，因此，政府必须关注其收入和支出决策的财政影响。凯恩斯主义提出一个具有说服力的案例，即政府可以利用预算刺激经济增长，同时将失业率控制在较低水平并维持物价稳定，从而使积极财政政策合法化。20世纪60年代凯恩斯主义迅速传播并取得惊人的成功，这给政府带来信心，即可以通过干预经济事务来造福国家和人民。

有效利用预算引导经济一方面取决于收支关系，另一方面取决于经济活动、就业状况和物价水平。战后这种关系是通过预算对总需求的影响来解释的。实用凯恩斯主义（实用凯恩斯主义这个词用于规避关于凯恩斯的实际意图和以其名义实施的政策是否与其观点相一致的争议）的财政政策承诺通过调整预算余额来增加或取消刺激措施以实现最佳需求水平。

实用凯恩斯主义最初并非作为扩张性预算登场，但最终变成了这样。担任肯尼迪总统顾问的凯恩斯主义者打算通过补偿性预算措施来抵消任何实际或预期的需求疲软，但他们希望补充的大部分刺激措施是减税而不是增加支出。无论是因为减税在政治上更可行，还是因为可以产生更快的财政反应，他们考虑的主要是调整税收政策以适应不断变化的经济现状。肯尼迪确实要求备用机构增加建设支出，他也获得了用于支持区域发展及其他目的的新资金，但在他短暂的总统任期内总支出并未明显增加。[15]然而，凯恩斯主义财政政策确实导致支出控制被削弱以及推动了扩张性的预算。

实用凯恩斯主义削弱了平衡预算准则、变被动财政政策为主动财政政策，根据经济潜力确定财政目标并对经济进行微调以发挥其潜力，从而促进了扩张性预算。

平衡经济一般被认为比平衡预算更重要。德怀特·艾森豪威尔在总统任期即将结束时坚持了平衡预算准则，约翰·肯尼迪当选总统后就将这个准则置于经济表现之后。艾森豪威尔在1960年经济报告中断言："在当前普遍存在以及不久的将来可以预期的经济状况中，用于偿还债务的预算盈余会成为帮助抑制通货膨胀压力、促进经济平稳增长的有力手段。"[16]肯尼迪的经济顾问在1961年证实："财政和预算政策是否成功不能仅以预算是赤字还是盈余来衡量。经济是否平衡才是真正的试金石。"[17]和平时期的赤字被认为是经济衰退的副产物，而非不负责任预算的副产物。1963年经济报告指出："经济衰退产生赤字；繁荣和增长才能平衡预算。"[18]政府目前并不追求严格平衡，而是根据每年的预计需求对预算状况进行调整。政府在繁荣时期根据经济表现编制预算，而在萧条时期则根据经济潜力编制预算。人们满怀信心地期待这项政策会让经济充分发挥潜力，从而在整个商业周期中维持预算平衡。

如果政府依靠自动稳定因素——主要包括税收收入和转移支付——来应对经济波动，那么可能会更容易实现结构性平衡。随着预提税和转移支付的增加，战后预算的内在稳定因素会根据不断变化的经济状况自动调整收入和支出。在没有政府主动干预的情况下，预算会在盈余与赤字之间来回波动。保持结构性平衡时，校正预算会产生周期性赤字。然而20世纪60年代实用凯恩斯主义者坚信经济也需要进行相机抉择的修正。沃尔特·赫勒坚持认为："经济无法自我调节，而我们现在想当然地认为政府必须介入进来保证稳定的高就业和高增长水平，而这单凭市场机制是无法实现的。”[19] 内部稳定因素不足时，必须进行相机抉择的修正。这些因素将在经济充分发挥潜力前停止刺激。1963 年经济报告将自动稳定定义为“模糊的祝福”，并指出“它对产出和就业总体下行趋势的保护大受欢迎，但其阻止上行趋势的对等‘保护’却成了充分就业道路上的障碍，在实现充分就业前就阻断了它的扩张”。[20]

相机抉择的财政政策旨在消除这种财政拖累并刺激经济发挥更大潜力，而不是将修正仅限于自动稳定因素。对于战后的凯恩斯主义者来说，经济表现的任何不足都意味着产出的损失和更高的失业。但由于很难充分发挥经济潜力——而且经济表现提高后还可以重新定义经济潜力——这个财政目标实际上确保了扩张性政策。根据经济潜力编制预算要求对条件和调整进行持续监控，以保证充分就业。所谓微调，目的是纠正疲软和过剩的需求，但是 20 世纪 60 年代末的经验表明，提供额外刺激的政治难度较小，而试图抑制经济过热的政治难度较大。[21]

在经济萧条时期支持赤字实际会导致经济繁荣时期更容易产生赤字。平衡预算准则的衰弱剥夺了预算官员世世代代用于限制机构支出需求的有效工具。凯恩斯主义财政制度的弹性意味着无须事先决定预算总额就可以提出预算要求。支出总额变得更加适应政治判断和政府面临的压力。战后几十年内关于预算编制的详细案例研究表明，艾森豪威尔时期预算编制一开始就会设定确定的总额，而之后的几届政府则是先暂时设立灵活的金额，最后再确定总额。在肯尼迪执政时期，“预算目标必须在整个年度规划周期中的大部分时间具有适应性，以便保持对财政政策要求的灵活性和责任感，而这些要求直到规划周期的后期才会出现”。[22]在缺乏对预算总额有力的事先约束时，预算编制过程可以描述为一个逐渐上升的过程。预算总额会不断增长以缓解支出压力。如果经济提供的增量不大，那么经济表现较好时可以借用现有资源来筹集额外支出。事实证明，这是公共部门逐步扩大规模的一个可靠方法。

让预算政策和编制过程适应增长

战后财政政策改变了预算总额的决定和执行方式。预算总额变得更灵活，而且随时可以变更以适应经济状况或支出需求的变化。为了增加支出，还必须变更微观预算以及特定项目和计划的决策。只有放宽财政控制、鼓励预算要求才能让支出增长。

联邦政府在第二次世界大战中采取了限制公共支出的预算做法。财务控制被集中化。支出机构通常需要取得预算局和审计总署的批准后才能获取公共资金。拨款在多个不同账户中进行表决和控制，而且预算由各机构冗长的采购项目（人员、物资、设备等）清单构成。预算编制遵循普遍接受但又时常被违反的原则，其中包括了年度预算、综合预算和平衡预算。[23]

战后时期，集中控制有所放宽，而且随着预算编制转变为扩张性过程，资源要求也得到鼓励。扩张性预算是对持续经济增长做出的回应，也能有效地刺激计划扩张。如果保留过去采取的预算控制措施，那么1950—1975年联邦支出不太可能会实现如此快速、持续的增长。但是随着扩张提上议事日程，预算编制也适应了新的实际状况。

增长性预算编制与稳定性或削减性预算编制不同。公共资金申请者生机勃勃，而资金管理者则死气沉沉。行政和立法程序及行为都发生了变更，联邦支出的构成也是如此。虽然显著变更不多，但它们累加起来会使支出逐渐增加变成正常的预期结果。

这些变更当中有些是技术变更。随着联邦支出的激增，预算分项的重要性逐渐降低而且逐渐被整合到广泛的支出类别中。第二次世界大战后拨款账户的数量急剧减少，因此各机构在使用可支配资金时更加灵活，[24]而且还摆脱了大部分中央支出的控制。审计总署从事前审计变为事后审计，从维持外部控制变为建立机构自身的内部控制标准。预算局放弃了大部分资金投入控制措施，并选择了按部就班的方式来处理各机构的申请。资金一旦拨付，预算局就将决定如何分配，但很少继续参与资金支出。[25]

增长预期

虽然宽松的控制措施促进了预算增长，但预算期望值的变化对促进增量结果也同样重要。期望是预算增长的基础。各机构期望获得更多预算时会提出相应的申请。在市场有利的情况下，立法和行政部门的决策者都推行了新计划。新政不仅扩大了联邦政府的规模，还改变了公众对公共支出的态度并为实施更积极、更广泛的政策铺平了道路。现在人们期望政府不仅扮演守护者的角色，还要为美国人民带来关键性利益。公共支出可以用于建造住房、开垦土地、防止个人收入受到经济及其他冲击并同时能提高医疗水平。

在积极政府时代，预算编制如果不与资金使用者紧密关联就无法存续。于是，预算反过来让各机构每年有机会合理申请更多资金并要求中央政府官员向他们拨付更多资金。预算编制是用公共资金购买公共物品的手段。美国政府各级行政单位负责人习惯性地将通过预算增加支出作为提供额外福利的证据。预算中的教育支出越多就表明提供的教育越多。

预算编制的语言适应了增量期望。曾经所谓的“估计”在战后则经常被称为“需求”，这表明政府机构在寻求资金方面更加积极、也更有志向。赤字拨款消失了——最后一笔在 1964 年通过——现在所有额外资金都以追加拨款的形式发放，这充分反映了它的生机而非失败。随着时间的推移，与常规拨款法案一样，年度预算周期内会经常出现补充性支出。[26]

预算编制中的信息流动

预算编制也是信息交流的过程。各机构与预算官员交换信息，而预算官员同样也会在这个过程中与国会参与者交换数据。信息的形式、内容和可访问性都与预算需求的表达和有效性有很大关系。

在引入增量预算编制之前，预算需求通过阻止外部审查和影响来进行抑制。预算编制过程在极度保密中进行，其内容一直到文件发布之时都是保密的。预算完成前严禁向外界披露任何信息。[27]即便是预算公布后，很多建议的含义也很难弄明白。新政实施很久以后，预算被设计成“预算书”的形式。预算书中有一行行的分项细节，但并未解释资金用途。分项细节掩盖了预算对计划的影响，并且可以在不引起反对的情况下轻松控制支出。外部的预算观察者很少，而且也很少对预算政策作出独立分析。

第二次世界大战后，预算局开始说明资金用途，从而赋予数字相关含义。胡佛委员会1949年建议联邦政府采取绩效预算之后，预算局才补充了一些关于工作量或产出的统计数据。预算局还根据收益和最终结果对支出进行了分类，但这些改革普遍失败，从而限制了新计划分类的使用。

20世纪60年代和70年代的政治发展使预算变得更加透明。可利用资源越来越多，额外支出因其产生的财政刺激或计划利益而大受欢迎，预算提前曝光变得越来越普遍，受影响的团体变得更加活跃和警惕，既要监督行政机构的预算编制，又要监督国会的立法审议。各机构越来越擅长披露其真实倾向，而国会议员也更加积极地从他们那里打探消息。

到20世纪70年代末，利益集团开始习惯性地散布他们对年度预算的深度分析。这些集团通常将总统的建议视为“底线”，并用作各集团游说国会、争取更多资金的工具。

国会变得更容易渗透并有了更多的切入点，而且局外人有更多机会对结果施加影响。20世纪60年代及之后10年内，很多授权委员会通过从永久授权转为临时授权，有时转为年度授权来强化他们作为计划倡导者的角色。还有些人通过设计“秘径”支出计划来规避常规拨款程序而掌握了权力。拨款委员会通过开放价格加成、增加人员、听取更多外部见证人意见、增加有支出偏好的成员等方式对外界影响作出更好的反应。[28]但是拨款委员会与总统一样，在预算权力上有很多竞争对手，他们的建议也经常遭遇临时修正案的挑战，尤其在他们试图减缓支出增长时。

总统预算人员：从控制到引导

总统预算办公室（即预算局，1970年更名为管理与预算办公室）通过放弃中央控制并积极参与制定总统计划来适应增量期望。作出调整并不容易。罗斯福总统上任时上届留下来的预算团队规模很小（约 45 人），而且该团队对其严格控制联邦支出的行为感到自豪。罗斯福政府的第一任预算局长刘易斯·道格拉斯决定平衡预算，但新政紧急措施已经明显发展成扩张性政策时，他于 1934 年被迫辞职。道格拉斯建议总统聘请“完全符合其预算政策的人”。[29]

然而，罗斯福需要的不只是一个支持他的预算局长。他需要一个拥有远见和技巧、可以管理日益增长的政府职责和目标的预算团队。这是他从刘易斯·布朗洛主持下的总统行政管理委员会的工作中获得的想法。委员会建议将预算局从财政控制机构改为“总统的左膀右臂，负责庞大行政机构的中央财政管理”。[30]大政府将会继续下去而且必须受到有效的管理。预算局被并入新的总统行政办公室之中；其员工数量增长超过 10 倍；预算成为总统政策和计划目标的年度声明。[31]

第二次世界大战后，预算局对各机构的支出建议采取了更加积极的态度，从而适应了增量预算期望。20 世纪 60 年代晋升到预算局最高层级的公务员菲利浦·S. 休斯敏锐地评价了这一变化：

我很难说……在“××××年××月××日”我们发生了理性的变化……（但是）多年来，我认为它始于艾森豪威尔总统任期的中后期，预算局的角色发生了一些变化；随着政府规模扩大……预算局……至少比之前多了在制定计划方面的作用。各计划间的选择变得越来越重要。或许在某种程度上预算局的消极角色已经不那么重要，至少是相对而言……过去……我们最初应该做出否定的回答，如果我们第一次做出了肯定的回答，那么所有人都会感到惊讶。随着时间的推移，我们该做的事已经有了轻微的差别。也许我们在很多情况下都会说不，但在一些更关键的情形下，我们应当认真考虑寻找替代方法和更好的途径来实现总统、机构负责人或国会多数党成员认为可取的目标。[32]

预算局态度的变化与时俱进。预算局对增量期望并非无动于衷，而且也知道还有更多的资金可以使用。预算局不能仅仅通过否定计划倡导者对新立法的想法来阻止他们。毕竟，这些想法是急速增长时期总统梦产生的源头。

预算局希望通过其控制的预算机构花掉增量。作为增量预算管理机构，预算局确实有权决定发展哪些计划及其发展程度，这样预算局就能确保将立法倡议与预算申请相结合而且适合可用资源。但随着增量的增加和期望的扩大，即便预算局有着积极的思想，还是会妨碍总统的宏伟目标。在“伟大社会”计划主导下急于推进立法的20世纪60年代中期，计划制定和立法行动往往与反复进行的预算决策脱节。预算过程进展缓慢而且受到现有资源的限制。立法倡议变得更感情用事和投机取巧，有可能在一年当中的任何时候被采纳，不仅消耗未来的增量，而且不受今年或明年预算分配增量的限制。

立法活动与预算控制的分离

立法和预算的关联始于预算局诞生的第一年，并在战后初期实现了最充分的发展。预算局第49号通知（1921年12月9日）要求对所有立法提案进行预算审查，这些提案将“向公众收费或让政府承担之后需要拨款才能履行的义务”。新政实施前，立法批准本质上有一个消极的目的，即防止机构通过立法获取通过正常预算程序无法获取的利益。新政扩大了立法批准的范围，要求所有提案经预算局批准以确认是否符合总统的方案，从而发挥了更积极的作用。但重要的是，批准流程很少作用于重大新政立法。[33]

第二次世界大战后，杜鲁门总统依赖批准流程制定年度立法计划，而后继续扩大了这个流程。扩大后的流程需要与年度“概算征集”同时征求立法建议，并向国会提交一项综合立法计划。这项结构化审查确保了立法倡议与总统的优先支出事项保持一致，并由可用资源提供资金。关于立法批准，理查德·诺伊斯塔特这样解释：“立法批准是消极的，必须让它变成积极的。它已经在发现政策和计划的时候对其进行了解释，其目的是协助制定政策和计划。”[34]

通过预算过程进行立法审查在战后初期非常有效，当时政府计划的扩张仍在接受评估并且处于相对适度的水平。但20世纪60年代的扩张势头导致立法与预算脱节。预算编制过程过于缓慢和脆弱，因此容易受到阻碍，而总统顾问们则认为预算编制过程距离白宫太过遥远，无法与总统的计划目标和立法议程步调一致。肯尼迪总统倾向于在重大问题上与亲密助手合作，同时在特别问题上求助于预算局的工作人员。林登·约翰逊总统设立了许多工作组，制定不受严格预算审查就能提交给国会的提案。成本往往只是经过粗略预测，因为总统麾下的政策制定者相信现在的奇思妙想会在未来收获经济成果。无论如何，与等待预算专家将新想法纳入支出计划相比，总统收获已有的立法成果效率要高得多。

预算局领导人尝试提高预算与总统所关心问题的相关性，从而适应了这种做法。他们试图证明预算局可以通过提出成本效益更高的解决方案来促进新计划的制定，而不是通过比白宫工作组做出更多承诺。他们将计划—项目—预算作为制度进行推广，通过预算编制来选择具体计划方案，从而在实现总统目标的同时保护稀缺资源。[35]顾名思义，计划—项目—预算制度会将计划和项目与预算紧密联系起来，这样就能让预算编制在资源分配中继续占据主导地位，从而增加制定计划时考虑潜在成本的可能性。然而，计划—项目—预算制度从未兑现过承诺。在“伟大社会”计划下的大部分法律颁布后，这项制度才被采纳。由于20世纪60年代末的越南战争和70年代的经济低迷导致实施新计划的资金枯竭，对计划—项目—预算制度的关注也开始降温。在没有资金的情况下分析具体计划方案只是在做无用功。

立法与预算关系的变化也同样影响了国会。在渐进主义出现之前，拨款委员会几乎完全管辖联邦支出。众议院拨款委员会严格防止国库的扩张性支出要求而且防止立法委员会侵犯其管辖权。虽然众议院拨款委员会和参议院拨款委员会有很多下属委员会而且在运行中似乎缺乏相互协调，但实际上最终产生了高度协调的结果。它们相互审查对方先前的拨款和总统对来年的要求，从而确保大部分拨款低于总统预算但高于先前水平。这样，拨款委员会就能让支出增量与可用资源大致保持一致。

新政实施前，立法委员会对资源分配的影响很小。大多数授权立法是永久性的，其中甚至没有提到资金。然而三个新情况极大地增强了立法委员会对预算的影响并使国会的财务决策职能分离出来。这三个新情况是永久授权转为临时授权、信托基金融资增长和福利支出显著增长。永久授权往往没有金额上限，通常授权“可能需要的金额”，与永久授权不同，临时授权几乎总会为每个财政年度规定一个金额。授权委员会无须考虑整体预算状况即可直接提出资源需求。常规授权往往是弱势主张，因为它们既不能提供资金也不能约束拨款委员会。不过它们将立法委员会纳入预算过程，有时还会强化这些委员会对预算的影响。[36]

信托基金会将专用收支的管辖权合并到一组立法委员会中，从而将对预算的弱势立法主张变成强势立法主张。在

1935 年建立社会保障制度之前，信托基金一般规模较小，而且都是美国为印第安部落等实体持有的真正信托。社会保障制度起初规模较小，但它具有与人口和就业趋势挂钩的内在增长。它的信托基金是真正指定收入用途的手段，不仅为社会保障提供永久拨款，而且将管辖权分配给众议院筹款委员会和参议院财政委员会。社会保障还是一种权利：符合条件的人可以享受从国库获取资金的合法权利。随着时间的推移，权力不断扩张，立法委员会在直接支出管辖权中所占的份额也越来越大。到 20 世纪 80 年代初，拨款委员会对不到一半的总支出拥有直接管辖权。[37]

立法和预算的分离是联邦政府急速扩张的一个特征。它出现在新政早期以及 1964—1965 年“伟大社会”计划期间。在过去的案例中这种分离只是暂时的，但现在已经制度化了。国会已经形成了两个完全不同的支出流程，其中一个流程由立法决策推动，而另一个流程由拨款推动。

不断变化的联邦支出构成

到目前为止讨论的新情况大多是关于预算编制程序或行为的。同时出现的新情况改变了联邦支出的实质特征并提高了持续增长的可能性。关于使用的资源，联邦预算的主导作用就是将资金转移给政府之外的接收者，而不是为政府运行提供资金。新政实施前，联邦支出大部分用在了各机构的运行上——工资、物资供应和设备、差旅费以及其他商品和服务采购。但是如今支出主要以转移给“第三方”的形式进行。大部分资金流向了州政府和地方政府、债券持有人以及转移支付的接收者。表 2.4 反映了战后几十年内联邦国家收入以及产品账户的预算构成的变化。1957 年有 60% 以上的预算是用于商品和服务上（包括国防支出）。这些采购如今只占总额的 35% 。转移支付占预算的份额在过去 30 年内翻了一番，从约 1/5 增至近 2/5。补助金的变化更不稳定，1958—1978 年相对规模增加了两倍，但之后在总支出中的份额开始下降。然而，这些补助金的构成随着联邦支出总额的变化而变化。1978 年不到 1/3 的补助发给了个人，而目前通过州政府和地方政府发放的补助有一半以上发给个人。[38]

表 2.4　　1957—1987 年国民收入和产品账户中联邦支出的构成

单位：%

财政年度	商品和服务	转移支付	州和地方补助金	净利息	净补贴[a]
1957	62.7	21.4	4.9	7.2	3.7
1962	57.2	25.6	7.1	6.4	3.6
1967	55.9	25.2	9.4	6.1	3.3
1972	44.0	33.5	13.7	5.9	2.7
1977	35.0	40.8	15.8	6.8	1.6
1982	35.0	41.4	11.0	10.9	1.7
1987	35.5	38.9	9.8	13.2	2.6

注：[a]表示补贴减去政府企业当期盈余。

资料来源：1957 年和 1962 年数据来自《总统经济报告》，1967 年，第 287 页。其他所有数据来自《总统经济报告》，1988 年，第 343 页。

但是变化不仅仅是对支出的关注，申请联邦资源的流程同样发生了变化。一些措施，例如预算编制对外部影响力量的开放，也已经被论及。收到联邦支票的外部人士在预算中起到的作用不亚于提交正式预算申请并使用拨付资金的联邦机构。转移支付的接收者、各州各地方以及联邦资金的其他终端使用者不能容忍只有享受特权的内部人士才了解相关情况，而他们必须等到预算公布或者资金拨付时才知情的现状。由于他们在预算结果中也占有重要份额，因此这些外部人士强烈要求获取相关信息。

为什么联邦预算构成在增量时代发生变化？是因为联邦资源的增长才有可能在不减少拨付给政府机构资金的情况下为外部人士提供帮助，还是因为增加转移支付的压力迫使预算扩大？换句话说，是转移支付导致了支出转型和增长吗？可能二者皆有。如果大部分资金继续用于机构运行而非转移支付，那么预算会更少，而且如果增量不够支付的话，转移支付的规模也会更小。

支出构成的变化反映在下面讨论的四个新情况上：（1）总统和国会的扣留纠纷；（2）获取公共资金的权利；（3）转移支付指数化；（4）诉诸非常规支出形式。

扣留

扣留是指行政机构为了推迟或阻止使用国会提供的资金而采取的行动。扣留是一种古老的做法，只有在对联邦支出和支出特征的态度发生变化时才会成为问题。虽然美国历史上一直存在资金被扣留的现象，但在 20 世纪 40 年代前很少引起国会的强烈反对。例如 1921 年，新任命的预算局长下令削减国会之前批准的支出。[39] 尽管这次削减砍掉了预算中相当大的一部分，但没有人提出反对。只是在新政实施后，行政机构拒绝使用拨付资金才会引起争论。也仅仅是因为“扣留”进入预算词汇才导致态度发生了变化[40]。

拨款曾经被理解为限制支出，因此减少支出并未被视为问题。随着政府规模扩大以及转移支付和通过预算实行的其他直接福利的增长，拨款逐渐被视为强制要求。支出不足意味着实际工作中也存在不足。因此，故意减少支出违背了国会拨款的初衷。传统的拨款概念以宪法条款为基础，“除依法拨款外，不得从国库提款”。这条规定单纯就是为了禁止任何未经国会事先授权的支出。因此，提请司法部长裁定某项拨款是强制性还是选择性的就会时常发生。1898 年的裁定意见指出一项拨款是“故意留下这样一个问题……是否应当扩大所列举款项；如果是，那么这个金额是多大”，这个问题留给行政官员自行裁量。[41]

虽然不可能通过重构美国财务史来衡量拨款实际应当支出到什么程度，但确实几乎全部可用资金都已使用。大部分拨款都用于支付运行费用，未能花掉资金将损害联邦机构执行工作的能力。对这一模式而言，市政工程是个例外，这是预算中产生显著外部收益的部分。因此，国会会尽力确保拨付资金得到利用。

市政工程预算也是早期总统和国会发生扣留争执的部分。就在大萧条前不久，一位顶尖预算专家写道：“如果建造特定公共建筑或改善河流港口的拨款没有产生效果，无疑会导致国会方面的不满并推动国会采取行动让支出变成一项义务。”[42]的确存在这样的拨款。这个预测在第二次世界大战期间变成现实，当时预算局在总统批准下扣留了用于市政工程的 5 亿美元。扣留遭到国会成员的强烈抗议，他们希望资金流向自己的州或地区，抗议者还包括那些认为预算局的行动未获得合法授权的人。

扣留纠纷渗透新政的反萧条计划之中，其中很多计划与市政工程项目类似，因为它们可以给特定群体或区域带来实实在在的利益。尽管战争在即，且经济状况显著改善，国会仍在 1942 财年拨付了几亿美元给平民保育团、国家青年管理局和盈余营销公司。虽然第二次世界大战期间预算局扣留了其中一部分资金，使这些机构利益受损，但一些国会成员还是设法为这些资金放行。

第二次世界大战期间，总统预算办公室与国会之间的争执开启了扣留的现代时期。在政府规模扩大时期，拨款已经成为必须花掉的强制要求。不花掉拨款就意味着无法获得预期的利益。利益被剥夺者提出抗议时，国会就会以对总统扣留的权力提出质疑作为回应。

国会试图在1950年立法中明确扣留的法律依据，该立法增加了预算局扣留拨款的理由。[43]但是这并没有结束部门之间的冲突，而且大部分战后当选的总统在拒绝使用拨付资金时都遭到了反对。1974年，国会制定了相关程序来强制拨付被扣留的资金。[44]这些新规则落实了国会传递给这一代人的信息：国会拨付资金的目的就是要让资金花掉。[45]

公共权利

拨款从限制向强制要求的转变并未让潜在受益者确信他们可以获得任何资金援助。国会仍然可以拒绝拨款或者拨付少于需求的资金。这确实可能发生，因为20世纪60年代末就发生了拨款委员会不愿分配增量的情形。选择拨款的规模，尤其是增量的规模，取决于每年的实际情况，其中包括经济前景、国会组成、各机构推动支出申请的技巧和预算的总体状况。年份有好也有坏，有些年度拨款增加显著，而有些年度增量跟不上费用的上涨幅度。变化不定的拨款非常适合于繁荣与萧条交替循环的经济周期，这是美国历史上大多数时候的模式。但是战后成功给了决策者信心，他们相信能够将经济维持在扩张的轨道上并且避免周期性萧条。如果经济可以稳定增长，就能安心地赋予接收者获得法律规定收入的权利，从而让他们稳定地受益。这些公共权利，就是我们所知的支付款项，不会受年度预算激烈争论的影响。由于预期经济会继续强势上涨，因此即便完成了这些支付之后，预算仍有增量资源可用于选择性拨款。

公共权利很容易界定，但却并非始终那么容易识别。所有公共权利都具有几个共同特征：（1）符合条件的接收者拥有合法权利获得政府资金；（2）支付款项的金额由法律规定的标准决定，例如相关公式；（3）联邦政府有义务支付授权款项。少部分公共权利是有上限的——总成本有上限，无论有多少符合条件的接收者。然而，大多数款项没有上限，例如社会保障和联邦医疗保险，这些都是永久拨款，不需要国会每年按流程支付。其他公共权利需要每年拨款，例如老兵福利和医疗补助计划，但国会必须拨付接收者有权获得的金额。如果拨款不足，国会就必须拨付补充资金。

20 世纪 60—70 年代早期的战后增长期，各项公共权利迅猛增加。[46] 1965 年美国建立了覆盖老年人的医疗保险计划和覆盖低收入人群的医疗补助计划。受黑肺病折磨的煤矿工人也有福利保障；为年老、视障或残疾人提供帮助的补充社保计划取代了一项国营计划；大学生很容易获得助学贷款；很多儿童营养计划也纳入公共权利。此前的公共权利则通过提升福利或降低资格要求得到扩大。社会保障福利的增速超过了通货膨胀速度；参与抚养未成年儿童家庭援助计划的人数翻了一番以上，从 1965 年的 430 万人增加到 1972 年的 1090 万人；领取失业补助金的保障期限延长了；食品券计划也放宽了限制。

决策、立法与预算和拨款的分离刺激了公共权利的增加。很多权利计划针对的是潜在受益人口的需求，而不是未来要求的额外支出。往往在还没有关于预期成本的可靠数据、还没有进行仔细的预算审查时，公共权利就形成或扩大了。对未来成本反应迟钝一方面是因为期望经济增长会负担这些成本，另一方面是因为这些要求提出的方式。公共权利是通过实体立法而非拨款法案规定的。立法通常不会提到资金，相反会规定潜在受助者的权利。

预算可以使决策者对成本更加敏感，但新扩展的公共权利影响到预算时，这些增加的成本早已写入法律。预算成为衡量公共权利支付金额增加的手段，而不是决定应支出金额的手段。发放给个人的金额翻了一番，从 1965 年占国民生产总值的 5% 增加到 1975 年的 10%，在联邦总支出中的占比也从 28% 上涨到 46%。按定值美元计算，支出也有所增长；1975 年的支出水平几乎比 10 年前高出 3 倍。在此期间，几乎所有支出的实际增长都发生在转移支付过程中。[47]公共权利已经开始排挤其他支出。

指数化

在经济增长期间，人们认为受益者有权获得未来支出的这种想法是正确的。但是这些利益的价值没有得到保证。它取决于未来的通货膨胀率和对发放金额的酌情调整。国会的确曾多次提出各种发放方式以补偿接收者的通货膨胀损失。但这些调整是由国会酌情决定的，没有固定规律而且通常落后于通货膨胀。举例来说，社会保障制度建立后的 10 年内发放金额没有普遍增加。此外，1954 年增加发放金额后 4 年多内没有再次调整，1959 年调整后 6 年内没有再次调整，1965 年调整后 3 年内也没有再次调整。通货膨胀率低时调整滞后的影响很小，但是 60 年代后期物价飞涨，缺乏快速可靠的调整就成了一个政治难题。前社会保障局局长罗伯特·鲍尔在

1969 年的证词中表达了不满：“在相当长的时期内，人们享受福利必须等待很长时间，而且享受的还是贬值了的福利。”他呼吁通过一个自动条款来确保发放款项的购买力。[48]

福利的指数化全无章法，但与公共权利的确立不同，指数化集中发生在相对较短的时期内。1971 年食品券进行了指数化改革，1972 年是社会保障体系，1973 年是各类营养计划，1974 年则是社会安全生活补助金。一些计划进行了内在调整，因此即使没有明确进行指数化改革，发放金额也有所增加。因此，随着医疗费用的增加，联邦医疗保险和医疗补助的发放金额也随之增加。

有证据表明，有时预算会通过采取指数化来消除任意增量超过通货膨胀率带来的压力。1965—1971 年国会将社会保障福利提高了 43%，而同期消费品价格上涨了 27%。1972 年立法对未来的社会保障发放资金进行了指数化改革，从而使福利进一步提高了 20%。然而，尽管对于社会保障而言，超过通货膨胀率的增加所带来的压力是一个刺激因素，但指数化迅速蔓延到选择性调整幅度不大的计划之中，这就表明更广泛的考虑因素正在发挥作用。在经济增长期间，指数化被认为是公正且可负担的。随着经济的增长，预算将有足够的资金来保障福利的实际价值。即使在 20 世纪 70 年代经济增速开始放缓后，公共权利指数化的趋势仍使其在其他联邦计划中得以运用。实际上，使福利免于价格上涨影响的权利被视为一种几乎与核心福利相同的公共权利。

到 20 世纪 70 年代末，有 20 多项公共权利进行了指数化改革，还有 10 多项权利进行了准指数化改革——国会预算办公室用准指数化这个词来形容已进行类似指数化改革的自动调整的计划。如表 2.5 所示，这些计划的年支出接近 3000 亿美元，约占联邦总支出的 40%。

表 2.5　　指数化和准指数化的权利计划

计划	指数化时间	1981 年估计支出（百万美元）
	指数化权利计划	
1. 公务员退休	1962 年	17326
2. 军人退休工资	1963 年	13781
3. 社会保障（老年、遗属保险和残障保险）	1972 年（1975 年实施）	140117
4. 儿童营养计划[a]	1973 年	3790
5. 铁路退休福利	1974 年（1975 年实施）	5296
6. 补充保障收入	1974 年（1975 年实施）	7438
7. 退伍老兵养老金	1979 年	3844
8. 食品券计划[b]	1971 年	10954
9. 各项其他计划	各不相同	3567
	总计	210739
	准指数化权利计划	
1. 联邦医疗保险（A 部分和 B 部分）	A 部分 1965 年（1966 年实施）	40275
	B 部分 1972 年（1973 年实施）	
2. 医疗补助计划	1974 年	16026
3. 其他	各不相同	5277
	总计	61578

注：[a]表示包含国民学校午餐计划、学校早餐计划、暑期餐饮服务和儿童保健计划。

[b]表示虽然国会预算办公室没有将食品券归类为一项权利，但这个计划的运行情况与其他权利类似，因此包含在这里。

资料来源：国会预算办公室：《消费品价格指数的指数化：问题和替代方案》，华盛顿特区：政府印刷局，1981 年，第 23 – 27 页。

指数化改革在一系列条件下启动，但只有条件改变时才能最强烈地感受到指数化对预算的影响。在指数化浪潮刚开始时，公共权利约占预算的1/4，当指数化趋势自然发展时这个比例增至近一半。低通货膨胀意味着低自动调整，而为高经济增长意味着资源充足时，指数化便开始了。然而，指数化是在高通货膨胀率、低增长和预算面临巨额赤字的条件下进行的。

非常规支出

非常规支出一词是指通过补助金以外的其他方式提供的福利。这里指的是税式支出和直接或担保贷款[49]。

税式支出是政府因税收法规中的税收优惠条款而放弃的收入，这些优惠条款将税收降至低于“正常”税收体系的水平[50]。税式支出表明这些条款对经济的影响与直接支出类似。税收支出有多种形式，包括从应税所得扣除、降低纳税义务的税款补助以及针对某些活动的优惠税率。1000美元的税收优惠在两个方面相当于1000美元的补助金。首先这笔钱会改善接收者的生活状况，其次这笔钱会增加政府赤字。然而，直接支出与税式支出之间有一个重要区别，即直接支出在预算中归类为支出而税式支出没有归为此类。

政府还可以通过提供贷款或为私人贷款提供担保来提供经济援助。直接贷款与常规支出相似，需要政府承担成本并让接收者获益。贷款的成本和补贴价值取决于贷款条件，例如利率、期限和借款人信誉。根据贷款条件或借款人的财务状况，两笔等额贷款的成本和收益也不同。常规预算账户无法辨别这种差异，因为常规预算账户将贷款面值记录为支出。这种会计规则夸大了直接贷款的成本，但忽略了被免除、被遗忘或违约贷款给政府带来的成本。由于款项贷出时会记录为支出，因此预算不会考虑不偿还贷款产生的成本。

政府担保贷款时，政府承诺在借款人违约时代为偿还债务。担保发出后，资金不会从国库中转出，但被担保的贷款具有转移的主要特征，即借款人获得了利益而政府承担了成本，但成本的多少视情况而定。担保的成本取决于政府承担的风险。如果发生违约，那么随后发生的任何费用都将归为预算支出。

由于税收优惠和贷款不是常规支出，因此二者常被描述为规避预算控制的手段。[51]但应当注意的是，随着联邦支出从机构运行融资转变为转移支付融资，税收优惠和贷款这类交易变得越来越重要。税式支出和政府信贷的激增大部分发生在经济增长时期，此时直接支出也在增加，预算控制遭到削弱。[52]政府对发生预算外支出并没有强烈的动机，因为现有预算范围足够广。显然，导致直接支出增加的扩张条件同样刺激了人们更多地采用特殊融资计划。

税式支出和信贷援助是转移支付的合适替代品，但不能替代运行费用。政府通常不会通过给予雇员或供应商税收减免或补贴贷款来支付行政运行费用。然而，政府可以通过减少应纳税额或提供贷款的方式为转移支付的接收者提供与直接收益相当的福利，可以通过任何有助于接收者的手段来维持福利的流动，无论这项交易是否被预算列为支出。从这个意义上说，信贷和税收补贴是直接支出的真正替代品。与此同时，直接转移也在增加，因此非常规支出增加也就不足为奇了。

税式支出和信贷援助与许多转移支付一样也属于公共权利。通常任何符合条件的纳税人或借款人都可以按需获得这些福利。因此，其总成本取决于纳税人和借款人的行为，而不是预设的预算限额。[53]税式支出也暗中进行了指数化改革。

随着纳税义务和边际税率的变化，这些税收优惠的成本也随之变化。

结　　论

第二次世界大战后的25年内，经济增长本身就变成了一个善举——它是一个经济善举，因为它改善了美国人民的福祉而且确保了高就业率；它还是一个政治善举，因为它能让政府在不减少私人消费的情况下提供更多公共福利。

增长成为美国国民文化的一部分，也是行政和立法机构决策者的最高期望。申请和审核机构都认为下一期预算金额将比当期更大，而且他们的行动也导致了这一结果。支出部门认为计划方案会受到青睐，因此他们积极寻找点子和机会争取更多资金。在机构计划、白宫工作组、国会听证会、党纲和利益团体议程中均能找到扩张的线索。总统预算办公室适应了这种变化的环境，它承担了更广泛的职责，尤其是在制定法律和新计划方面，还放开了一些支出限制。预算办公室在改善而非阻止计划扩张，并根据总统的政策来调整这些计划方面发挥了越来越大的作用。

扩张造成了转移支付的急剧增加，转移支付分配了大部分财政盈余。权利让接收者在未来预算中享有份额，而指数化实际上固定了这些份额。通过将税收优惠写入税法并享受政府提供或担保的信贷权利，转移的替代形式也开始流行起来。

预算和经济无论整体还是部分都是相互交织的。与二者相伴相随的还有刺激增长的财政政策和利用增长成果的预算政策，以及使私人收入分配越来越依赖公共支出分配的政策。

这个系统是行之有效的。为了让它继续维持下去，只需要经济产生增量来配合承担支出即可。在20世纪60年代的经济繁荣时期，这似乎是个很容易的任务，但从之后几十年来看，情况并非如此。

注释

［1］有关预算编制从控制向规划导向转变的讨论见艾伦·希克：《通往计划—项目—预算制度的道路：预算改革的障碍》，《公共行政评论》，1966年第26期，第243－258页。

［2］国民收入核算在20世纪30年代之前尚未得到充分发展；因此，国民生产总值的计算不像今天这样准确。有关早期估计的来源和可靠性的讨论，见美国人口调查局：《美国历史统计：殖民时代至1970年》（第一部分），华盛顿特区：政府印刷局，1975年，第215－216页。

［3］中央规划可能是遭舍弃的最重要新政要素，见赫伯特·斯坦：《总统经济学》（第二次修订稿），华盛顿特区：美国企业研究所，1968年，第34－37页。

［4］《国会季刊》对保守联盟得分的计算始于20世纪50年代后期。我们有充分的理由相信，第二次世界大战刚刚结束时期的联盟更强大，当时参议院的政党控制权几乎都被平均分配且共和党的众议院席位多于1960年之后的席位。见诺曼·奥恩斯坦等：《国会重要统计：1987—1988年》，华盛顿特区：国会季刊公司，1907年，第210－220页。

［5］摘自国会季刊《1950年鉴》，华盛顿特区：国会季刊公司，1951年，第166页。

［6］国会以33票支持14票反对通过；参议院以81票支持2票反对通过。

［7］1948年共和党政纲宣布“政府可以而且应该鼓励以更低的成本建造更好的房屋，我们建议联邦政府向各州提供援助，支持当地贫民窟清拆和廉租住房计划，这些需求无法靠私营企业或各州和地方满

足。”摘自国会季刊：《1949年鉴》，华盛顿特区：国会季刊公司，1950年，第276页。

[8] 政府增长替代理论与艾伦·皮科克和杰克·怀斯曼合著作品相关。见艾伦·皮科克、杰克·怀斯曼：《英国公共支出的增长》，伦敦：艾伦与昂温出版社，1967年。

[9] 1947年公众持有2240亿美元债务，1960年持有2370亿美元债务。见美国管理与预算办公室：《美国政府1989财年预算历史表格》，华盛顿特区：政府印刷局，1988年，第143页。

[10] 美国商务部经济分析局：《长期经济增长》，华盛顿特区：政府印刷局，1973年。须注意特定时期发生的增长量可能不尽相同。此外，经济分析局会不定期修改计算，因此，先前发布的数据可能与后期不一致。

[11] 循环周期以工业产量衡量。美国商务部经济分析局：《长期经济增长》，华盛顿特区：政府印刷局，1973年，第44页。

[12] 赫伯特·斯坦：《总统经济学》，华盛顿特区：美国企业研究所，1968年，第115页。斯坦还特别提到凯恩斯主义的观点，即不通过增加支出或降低税收将财政盈余返还给私营部门，将导致财政拖累。

[13] 威尔达夫斯基写道，预算编制是渐进的，不是全面的。机构预算的智慧源自永远不会一次性公布全年预算……相反，预算以去年预算为基础，重点关注增加或减少的狭窄范围。艾伦·威尔达夫斯基：《预算过程中的新政治》，波士顿：利特尔 & 布朗出版社，1904年，第15页。

[14] 有关渐进主义的讨论见艾伦·希克：《减量时代的增量预算》，《政策科学》，1963年第16期，第1－25页。

[15] 支出由1961财政年度的980亿美元增加到1964财政年度的1190亿美元。国防和人力资源项目增量与此相似。

[16] 美国经济顾问委员会：《1960年总统经济报告》，华盛顿特区：政府印刷局，1960年，第6页。

[17] 摘自沃尔特·W. 海勒：《政治经济新维度》：马萨诸塞州剑桥：哈佛大学出版社，1966年，第31页。

[18] 美国经济顾问委员会：《1963年总统经济报告》华盛顿特区：政府印刷局，1963年，第74页。

[19] 沃尔特·W. 海勒：《政治经济新维度》：马萨诸塞州剑桥：哈佛大学出版社，1966年，第9页。

[20]《总统经济报告》，1963年，第68页。

[21] 尽管经济过热且通货膨胀率上升，约翰逊总统一直拒绝考虑增税，直到1967年越南战争爆发。1967年初他提议的附加税遭到国会强烈反对，一直到1988年年中才得以颁布实施。

[22] 戴维·C. 莫里、马克·S. 康姆莱特：《总统玩的游戏和不玩的游戏：总统规避行政部门预算程序》，《政策科学》，1964年第16期，第303-327页。

[23] 预算编制经典原理由J. 威尔纳·桑德森提出，见《预算原则》，《政治学季刊》，1935年，第236-263页。

[24] 拨款账户合并的数据由约瑟夫·P. 哈里斯提供，见《国会的行政控制》，华盛顿特区：布鲁金斯学会，1964年。

[25] 杰斯·博科赫德表示，“除分摊外，预算执行被视为部门责任以及机构管理”。(纽约：威利出版公司，1956年，第354页)

[26] 最近一次补拨款（P. L. 88-317）于1964年颁布。此前拨款委员会有单独的小组委员会处理拨款不足的问题。这些小组委员会已被解散。

[27] OMB A-10号通告禁止在总统预算发布前过早发布任何预算信息，如1937年预算的封面上便包含如下通知：“机密，必须严格保密，不得以摘要、概要或暗示等方式在收到允许阅读总统预算信息之前公布或提供……因此，必须格外谨慎，避免信息过早公开。”

[28] 有关拨款委员会组成和行为变化的具体描写见艾伦·希克：《国会与金钱：预算、支出和税收》，华盛顿特区：城市研究所，1980年，第十章。

[29] 摘自拉里·伯尔曼：《管理与预算办公室和总统：1921-1979年》，新泽西州普林斯顿：普林斯顿大学出版社，1979年，第4页。

[30] 总统行政管理委员会：《美国政府的行政管理》，华盛顿特区：政府印刷局，1937年，第20页。

[31] 有关预算局向总统幕僚机构进化的讨论见艾伦·希克：《曾经的预算局：关于总统机构的兴衰和未来的思考》，《法律与当代问题》，1970 年第 15 期，第 519–539 页。

[32] 摘自玛莎·德塞克：《无法控制的社会服务补助金支出》，华盛顿特区：布鲁金斯学会，1975 年，第 85 页。

[33] 见诺曼·M. 皮尔森：《预算局：从常规业务到总参谋部》，《公共行政评论》，1943 年第 3 期，第 139 页。

[34] 理查德·诺伊施塔特：总统与立法：集中许可的增长，《美国政治科学评论》，1964 年第 38 期，第 660 页。

[35] 有关计划—项目—预算制度目的的解释见查尔斯·L. 舒尔茨：《公共支出的政治与经济》，华盛顿特区：布鲁金斯学会，1968 年。

[36] 有关临时授权部分影响的讨论见路易斯·费希尔：《年度授权：双年度预算的持久障碍》，《公共预算与财务》，1963 年第 3 期，第 23–40 页。

[37] 有关国会支出的分析见约翰·F. 科根：《国会预算决策的演变与联邦赤字的出现》（未出版手稿），1988 年 8 月。

[38] 有关联邦补助金的变化模式见美国管理与预算办公室：《美国政府预算 1989 财年特别分析》。

[39] 见查尔斯·G. 道斯：《美国预算的第一年》，纽约：哈珀与罗出版公司，1923 年。

[40]“扣留”一词没有在小卢西斯·威尔墨丁《支出的力量》（康涅狄格州纽黑文：耶鲁大学出版社，1943 年）一书中使用。然而该词汇在 1942 年已经被使用了，见 J·D. 威廉姆斯：《预算局对资金的扣留：大学内案例计划》，托斯卡卢萨：阿拉巴马大学出版社，1955 年。

[41] 美国司法部：《司法部长官方意见》，华盛顿特区：政府印刷局，1898 年，第 3902 页。

[42] 魏劳毕：《国家预算制度与完善建议》，巴尔的摩：约翰霍普金斯大学，1927 年。

[43] 1950 年《一般拨款法》第 1211 条授权从拨款中保留资金“以备不时之需，或者鼓励人们在合适的时候储蓄，例如需求变化、提高运行效率或在这类拨款生效当天起出现的发展而导致人们开始储蓄”。

［44］《1974 年美国国会预算和财产控制法》第十章，PL 93 – 344。

［45］扣留控制程序使国会有机会改变主意，允许扣留继续进行。国会允许扣留资金的程度取决于国会与总统在预算上的关系。有关《扣留管制法》下最新实践的讨论请参阅第四章。

［46］有关权利增长的讨论，见 R. 孔特·魏法：《控制权利》，《美国政治新方向》，编辑为约翰·E. 查布与保罗·E. 彼得森，华盛顿特区：布鲁金斯学会，1986 年，第 307 – 341 页。

［47］实际支出（按 1982 年定值美元计算）在 1965—1975 年上涨了 1910 亿美元。拨给个人的资金占这轮涨幅的 90%（1730 亿美元）以上。

［48］引用《美国参议院、预算委员会、联邦计划的指数化》，委员会出版公司，1981 年 5 月，第 144 页。

［49］有关非常规支出的概念以及与预算外交易相区别的方式不同的讨论见艾伦·希克：《控制非常规支出：税收支出和贷款》，《公共预算与财务》，1986 年春第 6 期，第 2 – 19 页。

［50］有关税式支出的定义和评估见斯坦利·S. 苏里、保罗·R. 麦克丹尼尔：《税式支出》，马萨诸塞州剑桥：哈佛大学出版社，1985 年。

［51］这一观点被詹姆斯·T. 班纳特以及托马斯·J. 狄罗伦佐采纳，地下政府，《预算外公共行业》，华盛顿特区：卡托研究所，1983 年；以及丹尼斯·S. 伊珀利托：《隐藏的支出：联邦支出计划的政治学》，北卡罗来纳大学出版社，1984 年。

［52］1974 年的《国会预算法案》定义了该术语后，才构建了大多数关于税式支出的系列数据。因此，人们不能轻易判定增长的是 20 世纪 70 年代中期的税收优惠，直接贷款从 1965 年的 70 亿美元增加到 1975 年的 280 亿美元，翻了两番，担保贷款从 230 亿美元增加到 390 亿美元。

［53］20 世纪 80 年代引入了各种对信贷的控制措施，因而现在直接贷款与担保贷款计划每年均有限额。

第三章
经济与预算：财政压力的凸显

20 世纪 60 年代，经济和预算相互支持。财政—经济互利关系建立在三个相互关联的“成功基础”上：（1）广泛接受的经济运行理论；（2）通过灵活的预算和反应敏捷的经济有效地运用该理论；（3）向预算中稳定地注入经济增量资源。在总收支关系上以及增长、价格与就业间关系上的凯恩斯主义共识提供了一种高产、稳定的经济运行模式。该模式由联邦政府通过灵活的预算政策实施，可在短期内针对周期性波动进行调整。每年 4% 或以上的正常增长确保了经济增长可以支撑不断扩张的政府。

然而，在越南战争到欧佩克石油危机的这段动荡时期，这三个“成功基础”都消失了。预算灵活性首当其冲，其次是反应敏捷的经济。这些工具因滞胀的出现失灵，增量也在消失，或不足以支撑仍在扩张的预算。最后，围绕问题出在哪里以及如何使经济恢复健康的争议取代了财政共识。

混乱造成的结果是经济与预算不符，两者渐行渐远，以至于各自的表现不再受对方可预测结果的影响。这种分离在《格拉姆—拉德曼—霍林斯法案》的目标中被正式承认，而该法案的目的就是使预算状况与经济状况分离。[1]

本章的故事始于越南战争时期财政—经济互利关系的崩塌。20世纪70年代由于巨额赤字、经济持续恶化以及激烈的政策逆转，经济与预算渐行渐远。经济与预算关系的断裂促使经济学家及其他人士质疑先前接受的财政学说，并为解决当代问题提供了新的解决方案。其中最突出的就是供给侧概念，它切断了宏观预算与经济行为之间的联系。20世纪80年代经济和预算处于不同的发展轨道——经济不断增长，预算仍陷于赤字，政策已从灵活反应转向预先设定的目标。

财政—经济互利关系的崩塌：1967—1973年

林登·约翰逊总统在1965年经济报告中宣称："我认为经济衰退是可以避免的。"总统有充分的理由满足于经济的表现，并相信及时采取干预措施可以解决新出现的问题。几年前，当刺激措施促进了经济增长时，灵活性已通过了考验。约翰逊承认"到目前为止，过去的每一次扩张都以衰退或萧条结束"，但他坚持认为："失衡——而非进入老年期——才是对持续发展的威胁"。[2]

一年之内，总统就遭遇了失衡问题，但并不是他预期的那种。没有经济衰退的威胁，而是政府不得不解决经济过热问题，因为失业率已经从1965年2月的5%下降到一年后的3.7%，消费品价格则上涨了近3%。约翰逊总统的经济顾问极力建议增加税收，但约翰逊本人因为担心国会会阻碍或打断他的"伟大社会"倡议而拖延了整整一年。他在1967年1月要求征收6%的附加税并于同年8月将提议的附加税率提高至10%，等了近一年才获得了国会批准。[3]国会最终采取行动时，物价相比最初提出加税政策时已经上涨了5.5%。通货膨胀已变成了一个严重的问题。

预算的支出方面实际看来也非常死板。起初约翰逊拒绝考虑削减支出。他在1966年1月提交的1967年预算中辩称，强大的经济可以支撑“伟大社会”计划，同时还能负担东南亚的战争费用。

“这两项承诺都涉及巨大的成本。我们能够并且一定会满足这些成本……越南战争必须得到支持。而国内则必须坚定不移地朝着‘伟大社会’的目标继续前进。”[4]

下一期预算要求设置附加税，但总统仍然不愿削减其计划目标。但经济和政治形势很快就迫使他出手了。尽管经济潜力得到了充分发挥，但仍不能满足支出需求；1968财年的赤字最初预计为40亿美元，而最终变成了250亿美元。[5]随着财政状况的恶化，国会以附加税来威胁总统削减开支。经过旷日持久的博弈，约翰逊接受了国会的要求并同意立法，其中包括削减60亿美元并征收附加费。

这个行动明确表明，至少在战争期间，政府不能掌控一切，而必须权衡利弊并作出选择。正如约翰逊总统在1969财年预算中所承认的那样：“面对代价高昂的国外战争和国内紧急需求，我们必须设定优先事项。而‘优先事项’不过是选择的替代词。我们希望做的事不可能全部都做。因此，我们必须在对众多竞争资源的需求中谨慎地进行选择。”[6]

优先事项的用词已经渗透到预算辩论中。过去20年内，军事与经济的博弈、增税与削减支出的博弈、选择性需求与强制性需求的博弈都是导致预算冲突的因素。

20世纪60年代后期，人们普遍认为财政紧缩是暂时的。战争很快就会结束，和平的红利会进入财政结余之中，资源会重新丰富起来。[7]然而，经济与和平都没有使预算需求和资源达到平衡。附加税为赤字融资提供了一年的喘息机会，越南战争进入尾声减少了实际国防开支，但是转移支付的爆炸性增长不仅用尽了所有闲置资金，还产生了额外支出。1967—1973 年，这些支出在国民生产总值中的占比从 5% 上升到 8%；扣除通货膨胀因素后按美元计算，这个短暂的时期内转移支出增加了一倍。国会试图通过限制总支出来控制联邦支出；1967—1973 年国会推出了五项限制措施。这些措施总体上豁免了占据支出增量全部或大部分的强制性公共权利。[8] 因此出现了一个现在被大家熟悉的模式：选择性支出得到有效控制，但强制性支出并未得到有效控制。因此，对总支出的严格限制意味着选择性计划将被公共权利挤出。[9]

虽然政府尝试了积极的财政政策，但发现这类政策的效果非常有限，收入和支出都不如预期的那样容易支配。理论上这些财政总量可以根据条件上下浮动，但在实际运用中发现选择性干预长期看来都是不对称的：从政治上来看降低税率比提高税率更容易实现，而增加国内支出又比降低税率更容易实现。经济需要刺激时，干预可能及时且有效；需要控制时，干预就会显得迟钝且无效。据经济学家了解，财政政策是无法在一个不受政治影响、不考虑分立政府（立法和行政部门）和分立预算（选择性项目和强制性项目）实际情况的真空中进行。

财政不对称并不是唯一令人失望的事。经济对收入或支出调整的反应也低于预期。1969 年上台的尼克松团队将降低通货膨胀率作为主要财政目标。尼克松的经济学家愿意忍受一定程度的产出损失和失业率上升，但他们没有想到这项任务不仅困难重重而且代价高昂。他们认为失业率可能会略高于 4%，通货膨胀率会从 5% 的峰值回落，而且经济会稳定在完全就业/低通货膨胀状态。[10] 为了对这种调整进行管理，

1970 年和 1971 年他们编制了收支平衡的预算。在实现完全就业的基础上出现了巨大的转变，从 1968 年财政赤字 250 亿美元到 1969 年接近平衡，而且接下来的两年内每年都有盈余。[11]

事实证明，付出的代价高于预期，而收益却低于预期。经济出现了轻微衰退，1969 年初失业率为 3.4%，1970 年底猛增到 6%。更糟的是，通货膨胀率的变化也不如预期。1969 年物价上涨了 6%，第二年上涨了 5%。经过两年的努力缓解，通货膨胀率又回到了与尼克松总统上任时几乎相同的水平。1971 年 8 月，距离总统大选仅 15 个月，白宫放弃了已经拟好的政策，选择了全面控制工资和物价。[12]

预算政策在 20 世纪 60 年代后期一直很僵化，而经济在 70 年代初期也是如此。引发通货膨胀要比消除通货膨胀容易，而推高失业率要比降低通货膨胀容易。关于所出现的这些问题有很多解释。一些解释归因于政策失败，另一些解释则归因于经济。一种观点是，财政限制措施的失败是因为没有坚持这些措施或者至少没有坚持足够的时间。这个观点的关键是将规划的余额转换成了实际赤字。表 3.1 显示了 1970 年和 1971 年实施工资和物价严格管控前的两个财政年度计划与结果之间的差异。经济衰退削减了收入、增加了支出，但并没有消除经济的通货膨胀预期。如果尼克松政府任期更长一些，这些管控措施也许会起作用，但政治周期通常短于经济周期。经济学家认识到，政治耐心的缺乏才是对任何紧缩性财政政策的真正制约。

对高昂调节成本的另一个解释是劳动力市场的组成变化。随着更多年轻工人和妇女进入市场，似乎需要更多财政措施才能减轻通货膨胀压力。失业率为 4% 时这项任务无法完成。由于成本有可能高得多，因此成功的可能性低得多。

表 3.1　1968—1981 年估计和实际收入、支出和盈余或赤字

单位：10 亿美元

财政年度	收入			支出			盈余或赤字		
	初始估计	实际值	差值	初始估计	实际值	差值	初始估计	实际值	赤字增加或减少
1966	123.5	134.5	11.0	127.4	137.8	10.4	-3.9	-3.3	-0.6
1967	145.5	149.6	4.1	145.0	158.4	13.4	0.5	-8.8	9.3
1968	168.1	153.7	-14.4	172.4	178.9	6.5	-4.3	-25.2	20.9
1969	178.1	187.8	9.7	186.1	184.6	-1.5	-8.0	3.2	-11.2
1970	198.7	193.7	-5.0	195.3	196.6	1.3	3.4	-2.8	6.2
1971	202.1	188.4	- 13.7	200.8	211.4	10.6	1.3	-23.0	24.3
1972	217.6	208.6	-9.0	229.2	231.9	2.7	-11.6	-23.2	11.6
1973	220.8	232.2	11.4	246.3	246.5	0.2	-25.5	-14.3	-11.2
1974	256.0	264.9	8.9	268.7	268.4	-0.3	-12.7	-3.5	-9.2
1975	295.0	281.0	-14.0	304.4	324.6	20.2	-9.4	-43.6	34.2
1976	297.5	300.0	2.5	349.4	366.5	17.1	-51.9	-66.5	14.6

续表

财政年度	收入			支出			盈余或赤字		
	初始估计	实际值	差值	初始估计	实际值	差值	初始估计	实际值	赤字增加或减少
1977	351.3	356.9	5.6	394.2	401.9	7.7	-43.0	-45.0	2.0
1978[a]	401.6	402.0	0.4	459.4	451.0	-8.4	-57.7	-49.0	-8.7
1979	439.6	466.0	26.4	500.2	494.0	-6.2	-60.6	-28.0	-32.6
1980	503.0	520.0	17.0	532.0	579.6	47.6	-29.0	-59.6	30.6
1981	600.0	599.3	-0.7	616.0	657.2	41.2	-16.0	-57.9	41.9

注：初始估计是指预算中针对特定财年做出的估计。实际金额是本财年结束后第一份预算中显示的金额。这里显示的金额可能不同于历史系列文件中公布的金额。[a]表示1978财年的初始估计来自卡特总统提交的修订后预算。

资料来源：《美国政府预算》。

预算与经济之间的联系其实已经被削弱了，但还要经过几年以及再失望几次，人们才会全面看清这个问题。美国从预算和经济本应互相促进的局面转变为二者互相损害的局面。尼克松政府试图将预算政策建立在完全就业的基础上来稳定预算与经济的关系。这个概念用收入和支出来衡量预算平衡，如果完全就业就会实现预算平衡。1972 年的预算将完全就业预算描述为“一个自我实现的预言：我们要像已经实现了完全就业那样运行，这样才有助于真正实现完全就业。”[13]这种夸大其词的说法让人想到了增长时期的乐观主义情绪。其他人士则认为，采用这种措施只是掩盖了实际赤字。但还有另一个理由支持采用完全就业的概念。完全就业为限制赤字规模提供了一条实用的规则。1972 年的预算宣称，除非“在紧急情况下”，否则“绝不允许支出超出合理完全就业条件下税收体系产生的收入。”[14]这条规则旨在将 20 世纪 60 年代的财政盈余与 70 年代的财政压力联系起来。政府因此能够承担高于财政增量的支出，但高出的支出不会致使经济失衡。然而，随着情况恶化，完全就业的概念受到了挑战，并最终从预算中剔除。

无论是从常规角度还是从完全就业的角度来衡量，赤字和财政压力都将继续存在。财政盈余到底怎么了？1972 年布鲁金斯学会预算专家小组提出了这个问题。他们的答案值得引述，因为这反映了 10 年的乐观情绪如何变成下一个 10 年的悲观情绪：考虑到近年来的减税措施和联邦支出的大幅内在增长，在不久的将来，相对于经济规模而言，财政盈余可能比历史上经济繁荣的和平年代要小得多。同时，对联邦政府提供的公共服务需求可能会大得多。过去和平时期的问题是如何处理因经济增长而流入政府的资源。至少在不久的将来，问题似乎变成了努力找到足够的资源来满足对公共服务日益增长的需求。矛盾的是，现在社会绝对富裕程度的提高伴随着对联邦政府资源的挤压……尽管国民收入持续增长，但在公共部门内，设定优先事项任务的问题变得越来越尖锐。[15]

简而言之，预算本来就应当比经济增长更快。政府支出超过了增量，而且即使经济保持强劲增长也不会改变这种做法。只不过当时没有预料到，经济出现停滞后预算状况会变得多么糟糕。

财政政策的瘫痪：1974—1981 年

尽管经济和预算的互利关系遭到破坏，二者仍然相互依存。经济疲软不可避免地导致收入损失、支出和赤字增加。实用凯恩斯主义者认为这种关系很稳定。然而，在高通货膨胀率、高失业率的时期，经济和预算的联系意味着一个行业的困境会蔓延到另一个行业。人们曾经认为预算应当发挥稳定经济的作用，但在经济停滞时期，经济反而引起了预算的波动。

这种转变发生在 1974—1981 年，即从第一次欧佩克石油危机到罗纳德·里根选举期间。石油禁运发生在尼克松总统任期即将结束之时，总统和国会的关系变幻无常，但就在这个时期，各方下定决心努力稳定预算政策。保持完全就业、预算平衡的承诺促使白宫接受了赫伯特·斯坦所说的“旧时代宗教”。[16]尽管失业率徘徊在 5% 左右，但尼克松仍拒绝通过立法增加支出并扣押了国会增加的数 10 亿美元预算。如表 3.1 所示，在尼克松的最后三期预算（1972 财年到 1974 财年）中，每年实际支出与 18 个月前最初估计的总支出相差不超过 1%。[17]在这两个财政年度（1973 年和 1974 年）内，实际预算赤字远低于初始估计。这种财政约束对缓解通货膨胀没有太大的作用，因为对工资和物价的控制期结束、全球粮食短缺和石油供应紧缩等现象拉高了价格。1974 年 8 月尼克松辞职时，消费品价格比 1972 年 11 月尼克松成功连任时高 18%。

杰拉尔德·福特接任后，通货膨胀正在加速。担任总统后福特做的第一件事就是提议加税，以此作为他“打击”通货膨胀运动的核心内容。之后不到 3 个月他提议大幅减税，两个月后他又签署了一项更大的减税法案。这个政策逆转与同期不断攀升的失业率一样既突然又令人震惊。从增税提案到签署减税法的短短几个月内有 250 万工人进行了失业登记。在随后的几个月里，由于美国陷入第二次世界大战以来最严重的经济衰退，失业人数又增加了 100 万人。

1974—1975 年的经济衰退给财政政策制定者带来了一种令人烦恼的新局面。通货膨胀率伴随失业率一路攀升。这种经济融合违反了菲利普斯曲线中嵌入的公认经济真理，后者表明了工资通货膨胀与失业之间的稳定权衡。困境带来了一个新术语——滞胀——以及衡量经济压力的新指标——痛苦指数，即通货膨胀率与失业率之和。整个 20 世纪 70 年代该指数一直走高，到 70 年代末已超过 20%（见图 3.1）。该指数名字起得很好，因为它反映了相当一部分人口所经历的痛苦。该指数也是衡量政策失败的指标，尽管当时作出了解释，但通货膨胀率和失业率都很高的明显事实证明了政府没有能力管理经济。

关于滞胀的一种更有说服力的解释是，油价的急剧上升削减了产量（因为消费者的购买力降低了）并加剧了通货膨胀（因为辐射到经济其他部门的能源成本增加了）。但这种解释并没有努力向政客说明如何摆脱困境。实际上，滞胀在整个 20 世纪 70 年代变得更严重了，经济没有恢复到 1974 年前的就业率。图 3.2 和图 3.3 描述了整个 10 年内经济表现的逐步恶化趋势。在 20 世纪 70 年代的每个周期内，失业率的高峰和低谷均高于前一个周期。最高失业率从4.3%稳步上升到6.1%，再到8.9%，然后持续上升到80年代的10.6%。最低失业率表现出类似的趋势。整个80年代初期，消费品价格也在逐步上升，但随后逐渐下降。

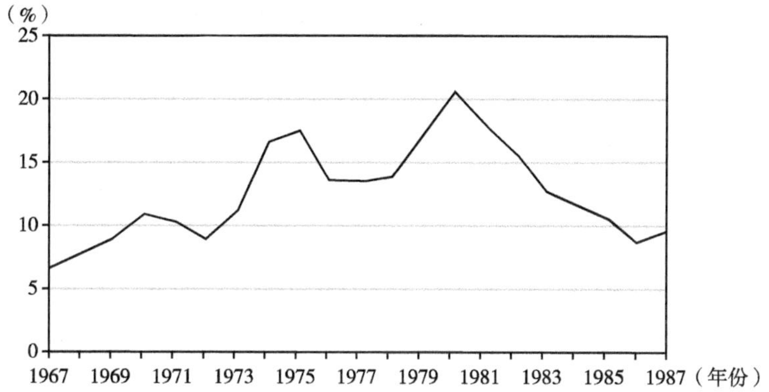

图3.1　痛苦指数（通货膨胀率和失业率）

注：通货膨胀：居民消费价格指数同比趋势。失业率：年均水平。

资料来源：《总统经济报告》。

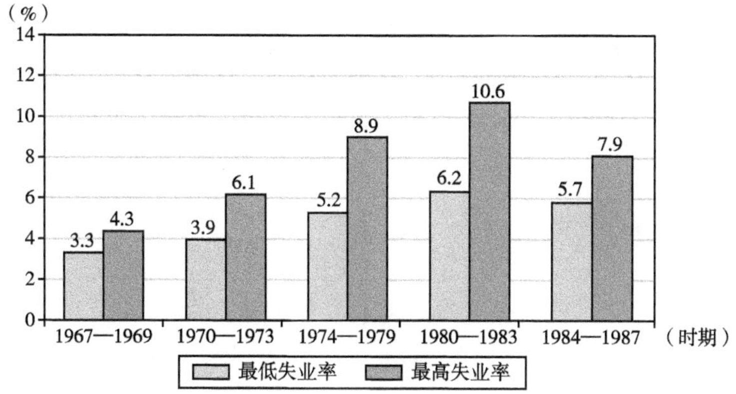

图3.2　1967—1987年的失业率：高峰和低谷

注：失业率：年均水平。

资料来源：《总统经济报告》。

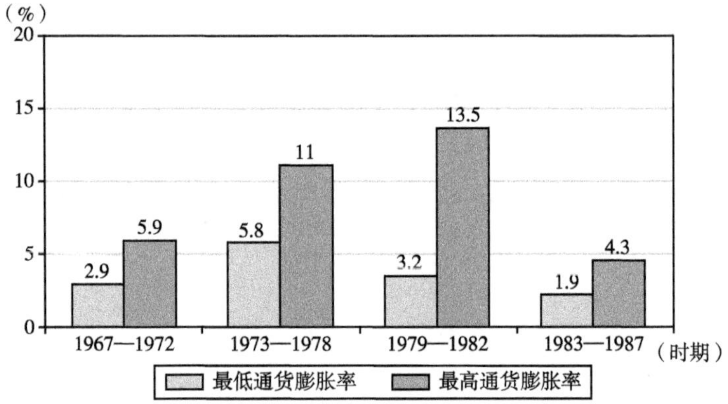

图 3.3　1967—1987 年的通货膨胀率：高峰和低谷

注：通货膨胀：居民消费价格指数的同比趋势。

资料来源：《总统经济报告》。

无论其原因是什么，滞胀都会破坏财政政策的稳定，并使政治家难以保持稳定的前进方向。为缓解一个问题而采取的预算行动将加剧另一个问题，导致政界人士在政策有机会发挥作用之前就退缩了。由此造成的结果是经济萎靡不振、财政政策不稳定以及预算结果往往与计划水平大相径庭。这些政策中的每一个缺陷都困扰着这个时期当政的两位总统——杰拉尔德·福特和吉米·卡特。

疲弱的财政响应

福特和卡特都必须避免采取会加剧通货膨胀或失业的行动。《1975 年经济报告》显示，“我们有时会发现，当我们试图同时实现多个目标时，这些目标并不总是完全兼容的。为实现一个目标而采取的行动有时会损害另一个目标。”[18] 福特总统制定了一项刺激计划，旨在避免长期失衡的同时快速提振经济。减税是暂时的，主要采取对前一年税收进行回扣的形式，支出也是如此。

可以预料，国会更倾向于在刺激方面更多地犯错。国会扩大了减税的规模，增加了一些反通货膨胀计划，并抵制了总统（1975 年末）将扩大减税与同等减少联邦开支联系起来的努力。[19]

国会与总统的预算政策之争贯穿了整个 1976 年这个大选年度，而同年有超过 700 万工人失业。国会通过了扩张性立法，福特多次行使了自己的否决权，但仍然提供了一些额外资金。不过经济对这些变化的反应总体较为温和，因为通货膨胀和失业问题使总统和国会都头痛不已。如果通货膨胀率一直较低，那么刺激措施的效果本应更强；如果失业率一直较低，那么抑制通货膨胀的力度本应更大。

1976 年民主党总统上台后，白宫与国会合作制定了一系列结合减税和增加支出的经济刺激计划来推动经济复苏。吉米·卡特上任后不久便向国会提交了一份修订后的预算，其中包括 300 亿美元的减税和支出增加计划（两年期），但他并不认为这个行动会对经济状况产生明显的促进作用，并预计修订后预算第一年将提高产出，而失业率第一年仅降低 0.2%，第二年仅降低 0.3%。[20]与预期一样，卡特和国会如果不冒再次发生通货膨胀的风险就不可能加快发展速度。

实际上，就业表现确实好于卡特的预期，但通货膨胀表现低于预期。1976 年实际产出增长了 6%，第二年增长了 5%，但价格也呈上升趋势，1977 年增长了 6.8%，1978 年增长了 9%。1979 年第二次石油危机导致通货膨胀率和失业率进一步攀升。1980 年是卡特总统任期的最后一年，这一年痛苦指数创下 20% 的最高纪录。

通货膨胀率与失业率的关系使财政政策陷于瘫痪。经济停滞不前时，二者均会上升，但经济开始复苏时，一个比率的改善将伴随着另一个比率的恶化。

不稳定的政策

财政响应疲软而且动摇了尼克松从约束财政到控制工资和物价的转变。面对经济的自由落体趋势，福特从提议增税转变为要求减税。卡特的政策延续了这种走走停停的风格，1977 年他提议实施立即减税，但就在国会即将采取相应的行动时他又突然撤回了自己的提议。这次反转是因为经济表现似乎好于预期。1980 年卡特又一次反转，他在提交预算两个月后突然将其废除，然后通过与国会领导人协商提出了修订后的版本。造成这次突然反转的原因是金融市场已近乎恐慌且利率高得离谱。

至少在过去 10 年内，20 世纪 70 年代的财政政策制定者会搜索每月或每季度的经济新闻来寻找经济发展方向的线索。但是 20 世纪 60 年代的微调与 70 年代断断续续的预算编制之间存在很大的差异。微调旨在稳定经济，政策变更会很频繁，但变更幅度很小且易于管理。政府会进行多次微调以避免重大调整。微调的隐喻表明有人承担责任，而且调整预算时可以确信会让经济保持平稳。这种调整并不是对失去控制或难以理解的迅猛发展的疯狂反应。20 世纪 70 年代的政策转变非常突然且幅度很大，这是因为政府从紧缩改为刺激然后再次反转。预算官员还没有弄明白当前的状况和未来的形势，而且也不确定他们的行动是否会产生预期的效果。最新消息对他们非常重要，因为预算是经济的抵押品。只要每月或每季度经济数据出现几次意外，政府的收入或支出计划就可能被撤销。

不断攀升的预算外支出

经济的突然波动触发了预算中的自动稳定因素。经济疲软和价格上涨相互矛盾，模糊了滞胀对收入的影响。前者减少了收入，后者则增加了收入，因此造成了经济活动减少而联邦收入增加的情况。这种意外模式对收入政策产生了影响，下一章将对此进行论述。然而，由于停滞和通货膨胀都刺激了预算外支出，导致支出仅朝一个方向变化，即上升。表3.2记录了每年以及从总统预算的初始估计到财年结束之间"相对不可控支出"的增长。[21]"相对不可控"支出在1975—1981年的年增长率达到或超过10%。这段时期结束时，这些支出是6年前的两倍多，部分原因是人口构成发生了变化，例如美国老年人口的增加，但是主要原因在于不利的经济条件。

表3.2　　1975—1981年相对不可控支出的估计值与实际值　　单位：10亿美元

财政年度	原始估计	实际支出	差额
			增加或减少（-）
1975	225.4	237.5	12.1
1976	262.8	267.7	4.9
1977	303.2	293.6	-9.7
1978[a]	335.4	333.9	-1.5
1979	375.3	366.1	-9.2
1980	405.7	439.4	33.6
1981	453.5	485.0	31.6

注：[a]表示这一年的估计为1977年2月发布的修订值。
资料来源：《美国政府预算》。

在某些年份，预算年度内发生的支出变化要大于各年度之间的支出变化。1981 财年预算是支出政策不稳定的一个极端例子。

卡特总统在这个财政年度提出的第一份预算（1980 年 1 月提交）建议总支出为 6160 亿美元，赤字为 160 亿美元。尽管预计的赤字较小，对于已经风声鹤唳的市场而言还是太大了。两个月后总统与国会领导人进行了闭门谈判，总统放弃了原来的预算并提交了一份新预算，新预算承诺实现平衡收支。尽管强制性账目大量增加，但新预算提议通过砍掉一些计划来降低总体支出。然而，不断恶化的经济状况和不断增加的转移支付迫使卡特放弃了任何实现预算平衡的希望。这个财政年度内卡特的第三份预算是在 1980 年 7 月更新时提出的，该预算预计比他先前的计划多支出 220 亿美元，而且包含 300 亿美元的赤字。到 1981 年 1 月，预计赤字激增到 550 亿美元，总支出达到 6620 亿美元。这个财政年度结束时里根已经上台，支出和赤字均略有下降，而且低于卡特的最终估计。然而，强制性账目的自动增加在改变总支出方面的作用大于白宫的所有选择性措施。经济已使总统梦破灭，从而迫使国家最高领导人屈服于失控的事态。不可抗力因素主导了公共财政。

财政混乱给预算程序造成了很大损失。预算每年周期性地出现又消失、消失再出现，实际上已成为一种连续性的活动。这种混乱不只是由白宫的反复无常引起的——尽管这种混乱状况不少——同时也是财政压力导致的。一个国家的财政宽松程度越低，它在本财政年度中可能通过的预算就越多。[22]即使预算受到不利冲击，富裕的政府也能够坚持到底；而受约束的政府则不得不进行中期调整。在极端情况下，“实际”预算——对应于实际交易的预算——只有在财政年度结束后才能知道。如果只能在事后知道收入和支出政策，那么预算就不可能成为财政政策的可靠工具。

20 世纪 70 年代的美国并未变成一个贫穷的国家，但它认为自己不如从前，而且缺乏足够的余地来承受财政压力。人均国民生产总值和可支配收入虽然有所增长，但经济提供的增量不足以支持支出增长。从预算的角度来看，压力不能只用国民生产总值增长或其他客观绩效指标的变化来衡量。相反，它代表了政府无力满足它收到的全部有重大政治意义的要求。如果联邦政府没有足够能力应对预算困境，这并非由于资源减少了——实际上资源并未减少，而是由于预算需求的增长幅度超过了资源的增长幅度。如上一章所述，支出本来就应当不断增长，并且收入增长会定期下调以应对经济衰退或弥补税级攀升。这一点将在下一章论述。

预算的结构性失衡被高通货膨胀率对预计收入和完全就业预算计算结果的影响所掩盖。20 世纪 70 年代税收尚未指数化，因此，通货膨胀对联邦收入有短期的积极影响。高通货膨胀率也扭曲了完全就业预算估计，削弱了其作为衡量预算对经济影响指标的可靠性。通货膨胀带动了潜在收入的增长，完全就业预算似乎比其实际更具限制性，使得引进财政政策时会偏向扩张性方向而不是原方向。

表 3.3 显示，1974—1981 年预算中发布的多年预期一直显示未来几年能实现预算平衡。这些预期假设当前的收支政策将继续有效，而且除了 1978 财年预算中发布的预期外，其余均以完全就业预算为基础。预算连续 8 年预计收入增长将远大于支出增长，从而将能弥补赤字并在几年内产生一定的盈余。

表 3.3　　1974—1981 年预计预算盈余

财政年度	预计盈余的最后一年	预计支出增长	预计收入增长	预计盈余
1974	1978	59	94	35
1975	1979	153	185	37
1976	1980	206	252	61
1977	1981	145	260	99
1978[a]	1982	147	233	29
1979	1983	253	328	65
1980	1984	228	348	89
1981	1985	413	573	148

注：[a]表示 1978 年预算提出的预计结果以当时实际和预期就业率为依据。所有其他数据以完全就业或高就业率预算为依据。

资料来源：1974—1981 年《美国政府预算》。

例如，1980 财年预算估计 5 年内完全就业收入增长将比完全就业支出增长多出 1200 亿美元，从而为增强各项计划提供 890 亿美元的缓冲资金。当然，额外支出将由增加的收入而非经济增长来承担。但是，当国会下调税率时，这个差额从未实现，而预期盈余变成了实际赤字。

财政共识的萎缩

经济运行良好时，财政政策收获了广泛好评。1965 年，米尔顿·弗里德曼坦言道："我们现在都是凯恩斯主义者。"1971 年，理查德·尼克松也承认："现在我也成了凯恩斯主义者。"这些言论并不意味着弗里德曼等货币主义者和尼克松这类财政保守主义者完全接受了凯恩斯主义的经济管理方法，但确实表明了社会的主流共识，即政府可以发挥积极作用。

经济发生波动时，对财政理论的信心也随之动摇。财政共识无法抵御滞胀对经济信心的打击。除了通货膨胀和失业共同造成的混乱和瘫痪外，人们还担心联邦政府相对规模会不断扩大，既然增量不足，政府规模扩大势必通过增加债务和税收负担来实现。更令人不安的是生产力增长的突然放缓及（一度）停顿。生产力在战后急剧上升之后（见表 2.2），在 20 世纪 70 年代末陷入停顿。经济学家困惑不已，提出了多种解释，但由于对问题的根源缺乏共识，他们无法就解决方案达成共识。[23]仍有人承认预算可能会对经济短期表现产生有益的影响，但越来越多的经济学家认为政府才是导致长期失衡和效率低下的原因。

1978 年的《汉弗莱·霍金斯法案》立场并不坚定，1979 年和 1980 年应对第二次石油危机不力，在这个背景下财政共识受到的侵蚀显而易见。1978 年的《完全就业法案》（即《汉弗莱·霍金斯法案》）最初被认为是一种让政府承诺将失业率控制在最高 4% 的手段，这样就能保证让希望就业的工人找到工作。然而，这个法案在执行时并没有什么约束力，仅要求总统制定 5 年目标降低通货膨胀率和失业率并提高产出。法案规定，通货膨胀率应当在 5 年内降至 3%，10 年内降至 0，但该法案也规定以不妨碍低失业率的方式实现这个目标。除例行公事的报告外，法案的目标在颁布后不久就被舍弃了。

《汉弗莱·霍金斯法案》的迅速消亡反映在 1979 年石油价格暴涨后的政府行动中。失业率超过 6% 并急剧上升时，1981 财年卡特的预算受到严格限制，而传统的完全就业措施却使该财政计划更加严格。利率暴涨到 20% 以上后，政策制定者必须决定先解决哪些经济问题，因为他们无法一次性处理所有问题。

经济混乱催生了一系列理论，在哪些方面出现了问题以及应当采取哪些措施来纠正问题上，其中一些理论与战后的正统思想背道而驰。尽管存在一些零散的共识，但不足以形成可行的财政政策。主流共识是货币政策和财政政策应当更紧密地协调，但对于是否应根据产出的长期趋势对货币存量的增长进行自动试点一直存在争议。[24]消除通货膨胀还需要做更多的工作，但是对造成通货膨胀的最初原因并没有达成共识。许多凯恩斯主义者认为，经济遭到的巨大冲击可以追溯到越南战争时期，严重的能源短缺加速引发了预期的通货膨胀。其他人士则将持续的通货膨胀归因于政府效率低下。

经济学思维倾向于关注长期发展，这与凯恩斯主义强调短期干预相反。这种转变是由于短期调整效果的不确定性，以及担心经济的长期潜力已受到微调措施的损害。对短期的关注不可避免地导致了需求刺激，与扩大未来产出相比，需求刺激立竿见影。没有什么办法可以在短时间内激发经济潜力，经济的规模很大程度上是由过去政策决定的。然而，现行政策能够影响现有潜力能发挥到多大程度？刺激需求的批评者认为，这种态势会随着时间的推移导致储蓄和投资不足、潜在产出增长缓慢以及高通货膨胀率。

转向长远观点使当前预算与当前经济的政策联系不再紧密。但是政治家们仍然需要一些权宜手段才能奏效。要想取得成功，财政政策必须融合政治学和经济学；在寻求改善经济的过程中，财政政策必须让政客和政府肯定政策所产生或承诺的好处。实际或预期改善必须具体且迅速，它不是几十年来财政审慎和生产性投资的产物。实用凯恩斯主义曾经很成功，因为它将经济成功和政治信誉融为一体。因此，为了达成新的财政共识，就必须再次实现类似的融合。此时出现了两种财政理论，二者可能延续了 20 世纪 70 年代对需求的积极管理。一种理论是被称为理性期望的思想流派。另一种是供给侧运动。前者对政策的影响有限，但后者在里根的经济计划中发挥了重要作用。

理性预期理论源于政府干预可能无效的观念。[25] 从财政刺激的影响逐渐减弱的观点开始，理性预期主义者得出的结论是反复干预会让经济参与者对政策变化不敏感。因此，随着时间的推移，通货膨胀已经导致更严重的代价，失业形势恶化，这种情况反之亦然。理性预期主义者认为，这种恶化是以下事实造成的：理性参与者已经预期到政府对经济波动的反应，因此采取了一些措施来提前削弱政府的努力。例如，随着衰退可能性的升高，企业家和其他人士会期望政府通过刺激措施加以应对，并将预期政策变化纳入自身行为之中。因此，如果随后出现衰退而且政府以预期的方式行事，那么其行为将无法产生预期的结果。在极端的形式中，理性期望意味着无论采取什么措施，政府都无法给经济表现带来重大变化。对于实体经济表现而言，需求管理是中立的因此也是无效的。[26] 市场的无形之手将胜过政府的有形之手。

理性预期让人们更加坚信政府应追求更稳定的预算。但财政政策不能完全依赖这一点。如果这一点发挥作用，那么政府将为经济失败承担责任，但又没有太多办法来解决问题。尽管对凯恩斯主义政策失去了信心，但政府仍然无法摆脱对经济的政治责任。

至少有三个因素决定了联邦政府的积极作用。第一，联邦政府的规模之大使其无法置身事外。政府消费或转移了 20% 以上的国民收入，政府的作为和不作为都会对经济产生同样显著的影响。第二，由于政治家可能因表现不佳而受到指责，因此他们倾向于以公认成功的方式行事。第三，如果政策失灵造成表现低于预期，那么政府有必要采取行动消除障碍以提高分配效率。

理性预期理论要求政府不再积极干预，而供给侧计划则要求政府进行干预，即便这样做只是为了纠正过去的政策失误。实际上，人们认为是政策缺陷导致了供给侧的变动。供给学派人士相信，只有用经济自身的工具来管理经济才会有良好表现，但他们也认为政府行动对于纠正过去的政策失误很有必要。尤其是他们将高通货膨胀率和高失业率归咎于通过抑制储蓄和投资来抑制生产力增长的政策。生产力低下会抬高单位成本，从而让通货膨胀更为严重，而且还会削弱美国在世界市场上的竞争力，从而加剧失业。

供给学派人士拒绝了凯恩斯主义坚持在通货膨胀与失业之间进行折中处理的主张。[27]他们坚信，减轻政府负担能够缓解这两个问题。他们不相信财政政策可以通过影响总体需求来影响经济行为的说法。正如一位权威供给学派人士所说："财政政策重点放在控制总需求上不会有任何回报。"[28]相反，政府改变不同经济活动中的相对价格——即成本和收益——就可以影响行为。税收负担和政府支出——并非总收入和总支出——的分布会影响工人、雇主和其他人的行为；对利息收入征税并允许扣除利息使借款比储蓄更具优势。高额税率在生产的市场价值与生产者的税后收益之间形成了一个"楔形"；生产者保留的价值小于他们创造的价值。楔形越宽，相对价格的扭曲就越大，因此采取破坏经济长期健康做法的动机就越强。

随着 1980 年罗纳德·里根当选美国总统，供给侧分析一度成为美国的财政政策，并有望轻松推动经济增长。新总统和供给学派同意减税和减少政府监管的干预以刺激经济增长、生产力提升、促进储蓄和投资并在与货币紧缩相结合的情况下稳定物价。

理性预期理论规定了哪些事政客们不能做，而供给侧计划则告诉政客们哪些事可以做。正如里根总统所运用的那样，供给侧不仅仅是一种关于经济运行方式的理论，还为政府应当扮演什么角色提供了参考模型。赫克罗和彭纳解释说，供给侧计划将经济失灵的问题与大政府失灵的问题联系了起来。这一政治理论行为将后者视为前者的主要原因。在这个主导概念下……里根经济计划的所有方面都是完全兼容且相辅相成的。所有这些都是政府掌权的手段，旨在释放市场经济的内在力量以实现持续经济增长。[29]

让政府采取供给侧政策是达成新财政共识的必要步骤，而且还必须让民众广泛认同是供给侧政策恢复了经济活力和预算效能。然而，1989 年里根离任时仍然未达成共识。引入供给侧政策后 8 年，人们对其取得的成就几乎没有任何共识。

赤字预算：1981—1989 年

从一开始，罗纳德·里根就将其成功当选总统押在了预算和经济上。上台后他没有采取理性预期的观点，即经济正处在自我调整的周期，因此政府袖手旁观合情合理。毫无疑问，里根的最终目标是减少政府干预，但上任第一年他就成了一个积极而坚定的干预者，他将大部分政治资本用于预算事务。他允许预算成为其政治议程的核心话题，利用预算与国会建立关系，并通过一系列黄金时段电视广播来塑造他的公众形象。

仔细梳理里根的成就会发现，他一开始的迅速成功与之后长时间陷入僵局形成了鲜明对比，令人十分惊讶。很少有总统能够如此迅速地根据自己的目标编制预算；也很少有总统离任时因预算摩擦和瘫痪而沮丧不已。里根上任第一年就熟练地向国会施压，要求国会修改国家优先事项，缩小政府规模并减轻税收负担。[30] 1981 年 8 月 13 日，里根签署了一项减税 7500 亿美元（5 年以上）和一项减税 1300 亿美元（3 年以上）的法案。然而，从 1981 年末到 1987 年末，在一次峰会上达成了“停火协议”后，总统和国会陷入了预算的持久战，双方都无法改变对方的基本立场。1987 年的预算峰会要求总统在其剩余任期内实行特定的税收和支出政策。为了遵守协议，里根不得不违背自己的喜好提交预算。里根在与其 1989 财年预算撇清关系时表示：“这项预算不能完全反映我的优先事项。”[31]

1989 年 1 月里根离任时在经济上取得了很多成就。经济连续 7 年保持增长，创下了和平时期的纪录。经济增长创造了 1500 万个工作岗位，失业率降至略高于 5% 的水平——这是 20 世纪 70 年代初以来的最低水平。经济繁荣伴随着通货膨胀率和利率的急剧下降，尽管在里根即将卸任时二者又开始上浮，但仍远低于卡特时代的峰值。然而，任期内的几次失败让他的成绩大打折扣，包括经济成果分配不均。其中高收入群体获益最大，低收入者则进一步掉队。[32] 储蓄继续显著下降，生产力增长比先前扩张时期更缓慢。减税及其他供给侧政策都未能实现储蓄和生产力的预期提升。[33]

就预算与经济的关系而言，最令人担忧的是赤字支出激增。里根当选前，供给学派同意预算赤字不应成为减税的障碍。有人认为，赤字与其他预算总额一样对经济表现影响不大。一些人认为减税的成本会通过刺激联邦收入增长收回；

另一些人则认为，减税措施带来的额外储蓄将使政府能够平衡赤字。[34]然而，里根上任时对赤字支出的弊端持有相当传统的观点，并将平衡预算作为政府的主要目标。作为里根成功竞选主题的延续，他在就职演说中抨击了预算赤字：

几十年来，我们的赤字不断增加，用我们自身的未来和我们子孙后代的未来换取了当下暂时的便利。延续这一长期趋势肯定会带来巨大的社会、文化、政治和经济动荡……现在是时候……让政府量入为出，减轻这种惩罚性税负了。这些将是我们的首要任务，我们在这些原则上不会做出任何妥协。[35]

两周后，里根在全国电视广播中承诺结束赤字预算时给出了更具体的步骤。他用一张图显示了收入与支出之间的差距，总统指着这张图承诺将缩小这一差距，因为“接下来的几年内将继续削减支出，直到两条线最后相互交会，即实现了预算平衡”。[36]

这两条线从未交会过。它们很快就开始渐行渐远，而里根任期内最接近平衡的时候是他的第一份预算，其中赤字为 1280 亿美元。里根政府在努力完善预算细节时，消除赤字的困难就显而易见了。1982 财年的第一份修订后预算（1981 年 3 月提交）预计在总统第一个任期结束时会有少量盈余，但前提是实现尚未确认的 440 亿美元储蓄。[37]政府越来越看清预算前景时，收入与支出之间的估计差距便显著扩大了。里根在签署支出和减税法案后不到一个月就发起了“九月攻势”以进一步削减支出。这次国会拒绝了，正如之后里根每次要求推行大幅削减计划都会遭到国会拒绝一样。表 3.4 显示实际赤字比 1982 财年预测高出 540 亿美元，比 1983 财年预测高出 1040 亿美元。在他的剩余任期内，里根必须决定要么解决巨大赤字，要么充分加以利用。他继续公开发表言论向赤字宣战，而他的预算政策却利用赤字限制了国内支出。[38]

表 3.4　1982—1988 年收入、支出和赤字的估计值与实际值　　单位：10 亿美元

财政年度	收入			支出			赤字		
	初始估计	实际值	差额	初始估计	实际值	差额	初始估计	实际值	差额
1982[a]	650.3	617.8	-32.5	695.3	728.4	33.1	45.0	110.6	65.6
1983	666.1	600.6	-65.5	757.6	796.0	38.4	91.5	195.4	103.9
1984	659.7	666.5	6.8	848.5	851.8	3.3	188.8	185.3	-3.5
1985	745.1	734.1	-11.0	925.5	946.3	20.8	180.4	212.3	31.9
1986	793.7	769.1	-24.6	973.7	989.8	16.1	180.0	220.7	40.7
1987	850.4	854.1	3.7	994.0	1004.6	10.6	143.6	150.4	6.9
1988	916.6	909.0	-7.6	1024.3	1064.0	39.7	107.8	155.1	-47.3

注：初始估计是指预算中针对特定财年做出的估计。实际金额是本财年结束后第一份预算中显示的金额。这里显示的金额可能不同于历史系列文件中公布的金额。[a]表示 1982 财年的初始估计来自里根总统提交的修订后预算。

资料来源：《美国政府预算》。

尽管预算赤字是里根之前的标准操作程序，但他的赤字与先前赤字之间存在巨大的差异。先前赤字较小，而里根时期的赤字很大。一些统计数据放大了这种差异。20 世纪 70 年代的预算赤字平均为 350 亿美元；而里根时期的赤字平均超过了 1700 亿美元。里根时期的赤字在国民生产总值中的平均占比为 4% 以上，而他上任之前的 10 年平均占比仅为 2%。到里根时代落幕时，国债（增长快于赤字）几乎增加了两倍，从 1 万亿美元增加到 2.8 万亿美元。

将消除赤字作为竞选纲领的总统如何导致了美国历史上最大的预算失衡？里根在任时拒绝签署支出削减措施提案，而是经常对国会造成的巨额赤字提出严厉谴责。表 3.5 列出的数据并不能证明这一说法，表 3.5 将 1986 财年的实际预算结果与总统 1981 年公布经济计划时的预测进行了比较。1986 年的数据之所以令人鼓舞有两个原因。首先，1986 年是里根政府在 1981 年公布全面预算政策后公布预测细节的最后一年；其次，1986 财年的赤字为 2210 亿美元，是有记录以来的最高水平。1981 年预测 1986 财年的盈余为 280 亿美元。因此，预测与结算相差 2490 亿美元。造成这个缺口 2/3 以上的原因是收入短缺，其余部分来自增加的利息支付。在转移支付和国内计划上的国会支出确实比预期多了一些，但是这些增量在很大程度上被国防开支的削减所抵销。总体而言，国会的作为或不作为不是造成巨额赤字的重要原因。[39]（由于通货膨胀率远低于 1981 年预测，该表低估了实际国内支出的增长而高估了国防开支的削减幅度）

根深蒂固的赤字背后的经济因素是供给学派与批评者之间的冲突。前者将赤字归因于里根成功遏制了通货膨胀以及美联储大幅收缩货币供应量，从而导致 1982 年经济衰退的错误行为。后者指出了里根经济计划的前后不一，而且税收与支出减少之间也存在失衡现象。除了这些解释，还可以加上20世纪80年代的经济增长特征。

表3.5　　1981年里根预测与1985年里根预算的对比　　单位：10亿美元

项目	1981年预测的1986年预算[a]	1986年实际预算	对预测盈余与实际赤字差额的贡献	
			金额	百分比（%）[b]
预算收入	940.2	769.1	171.1	68.7
国防支出	342.7	291.1	51.6	-20.7
个人支付	445.7	449.4	3.7	1.5
州与地方政府补助金	45.1	59.5	14.4	5.8
净利息	62.8	136.0	73.2	29.4
其他支出	58.4	87.3	28.9	11.6
抵销收入	-42.3	-33.0	9.3	3.7
预计盈余	28.2	-221.2	-249.4	100

注：1986财年军队退役支出估计为176亿美元，该数据列于国防支出类别而非个人支付类别中。

[a]表示由于1981年后计算及分类方法发生变化，1986财年预测和财政预算不一定严格吻合。

[b]表示百分比为每个类别在1981年预测280亿美元盈余与1986年实际2210万美元赤字之间2490亿美元差额中的占比。

资料来源：1981年预测来自1982年财政预算修订（1981年3月）表17和表18；1986年预算来自历史表格：美国政府1989财年预算。

供给学派的解释

该学派认为低估赤字主要是因为高估了通货膨胀。里根最初预测，消费品价格的涨幅将在1982年降至8.3%，在

1983 年降至 7.0%。实际上，这两年内消费品价格仅分别上涨了 6.1% 和 3.2%。由于价格上涨幅度远低于预期，因此减税幅度大大超出计划而且实际支出的减少幅度也大大缩小了。[40] 1985 年个人所得税进行了指数化改革（分三个阶段，共计削减 25%），其采用的实际边际税率远低于预期。里根 1981 年的经济计划以逐渐减少货币供应量为基础。[41] 联邦储备委员会紧缩货币的速度和力度大大超出预期时，经济衰退随之而来并且名义国民生产总值显著低于预测。仅 1986 年一年，名义国民生产总值（决定税收总额）就比 1981 年的预测水平低了将近 7000 亿美元。

批判性解释

1981 年实施了 7500 亿美元减税（5 年内），而同时实施的支出削减规模小得多，二者并不匹配，因此从一开始就注定会出现巨额赤字。不仅没有实现 440 亿美元的削减，而且政府批准的削减幅度远低于要求的削减幅度。1981 年的计划是在 3 年内削减 2000 亿美元的计划支出。国会根据自身计算仅削减了约 1300 亿美元，而实际削减值低于这个数字。[42]

而且，1981 年的经济计划也不符合要求。它既不能实现货币目标，也无法预测名义国民生产总值。政府为提高名义国民生产总值而提出了高通货膨胀预期。[43] 通货膨胀率的下降和货币供应量的紧缩暴露了里根政策的矛盾之处。

增长不足

赤字最显著的特征是在持续最久的和平扩张时期也会一

直持续。美国并没有摆脱20世纪80年代的预算赤字。根据国会预算办公室发布的基线预测，即使继续实施现行政策，它也无法摆脱90年代的赤字。

为什么20世纪80年代是美国历史上第一个发生长期扩张后赤字比先前衰退期赤字更大现象的和平时期？答案很简单，尽管经济增长得以维持，但仍不足以跟上支出增长的步伐。将20世纪80年代的经济表现与前几十年进行比较就能明显发现增长不足。20世纪50年代实际国民生产总值增长47%，60年代增长49%；70年代增长32%；现在距离90年代只剩1年，80年代的实际国民生产总值只增长了约25%。由于联邦预算本来就应当不断增长，因此要避免巨大赤字每年就需要达到超过2%—3%的增长速度。

不仅导致庞大赤字的原因备受争论，应当采取什么措施来改善赤字的问题也同样如此。供给学派通常倾向于较小赤字，但并不希望通过提高税收来实现。财政保守派和凯恩斯主义者担心巨额赤字会消耗美国原已微薄的储蓄，而且挤走私人投资或者迫使美国大量举借外债。

经济学家和其他人士对供给侧激励措施的作用会争论一段时间，但这样做并未恢复各方的财政共识。或许能够证明里根时代的巨额赤字在经济上是可以控制的，但巨额赤字强有力地传达了政策失败的信息。威廉·尼斯坎南说："我们的同行从未像现在一样对赤字的经济影响感到如此困惑。"[44]然而，即使那些认为赤字过大不会造成持久伤害的人士也不能声称这是预期的结果，或是在财政规范基础上选择的结果。相反，赤字是众多行政和立法作为与不作为的结果，同时也是经济带来的意外产物。

将预算与经济隔离

与其他因素相比，巨额赤字才是导致 20 世纪 80 年代预算冲突的主要原因。在这个问题上各路政治家都达成了一致意见——必须减少赤字。为此，需要将预算政策与经济表现隔离。预算与经济分离的关键手段是一套减少赤字的目标，这些目标不随环境变化而变化。1985 年《格拉姆—拉德曼—霍林斯法案》规定了一系列年度赤字削减措施，最终承诺在 1991 财年实现预算平衡。为了实现其目标，《格拉姆—拉德曼—霍林斯法案》建立了自动隔离程序，通过该程序可以取消大量预算资源，从而将每年的预测赤字减少到预设水平。

由于《格拉姆—拉德曼—霍林斯法案》的目标是按 6 年期设定的，因此必须忽略预算所受的周期性影响。因此，采用固定的财政准则与较少地运用预算进行短期调整这两种做法是一致的。这也反映了人们日益认识到，赤字是一个无法通过经济增长解决的结构性问题。20 世纪 80 年代初出现巨额赤字时，常规做法是将其分解为周期性和结构性两个部分，前者是经济疲软造成的，后者是收入和支出的长期失衡造成的。然而，到 20 世纪 80 年代中期人们已经普遍意识到，由于周期性短缺通过增加债务负担和利息费用加剧了未来的结构性失衡，这种分类导致了巨额赤字的持续存在。由于利息支出已占年度赤字的一半以上，显然目前的周期性问题将成为未来的结构性缺陷。

为了稳定债务和利息负担，预算目标变得更加有限和保守。平衡预算或至少减少赤字再次成为平衡经济的首要任务。人们普遍支持这样一种观点，即只有通过减少赤字来缓解自身的结构性问题，预算才能产生财政效益。鉴于20世纪70年代的起伏和80年代的赤字，更稳定的预算政策本身就是有益的。

设定财政目标之前，货币政策也经过了类似的历程，联邦储备委员会宣布了货币总量每年增长的目标范围。其他工业化民主国家也采用的货币供应量目标主要是在以下因素的刺激下产生的：经济状况的不确定性、对周期性政策信心不足以及从政策调整到经济影响的时间间隔过长。[45]

已经有人提出将《美国宪法》中平衡预算的财政规范制度化。这将使既定目标在《格拉姆—拉德曼—霍林斯法案》流程之外迈出一大步，而且除危机时期外还可以将预算与经济隔离。参议院于1982年批准了一项要求平衡预算的宪法修正案，但未能获得众议院2/3的必要赞成票。宪法目标在本质上比法定目标更加严格。前者只能通过漫长的修正过程进行变更，而后者可以通过立法进行变更。

与其说《格拉姆—拉德曼—霍林斯法案》目标是预算的目标，不如说它是预算的影响因素。它的主要作用是影响当前预算决策，而不是让政府采取行动确保在预定时间内实现目标。作为一项政治声明，该法案的目标必须简单。它不能陷入经济的复杂问题或预算的细节之中。它的优势在于易于理解，而非分析性和复杂性。由于在提出支出要求之前先设定了总体目标，因此政府面临着额外资金的压力，而这些额外资金带有广受支持的限制性规范。[46]《格拉姆—拉德曼—霍林斯法案》隐含的概念是预算政策应着眼于纠正自身失衡而不是经济失衡，而这个概念并非完全可行。与经济完全隔离是行不通的，因为如果出现经济衰退，那么收入的敏感性和——较小程度上——对经济状况的支出将迫使预算偏离该法案的路径。国会承认《格拉姆—拉德曼—霍林斯法案》中的这种联系，允许其自行选择在增长乏力或预测经济衰退时暂停赤字目标。此外，该法案仅要求按计划——而不是实际情况——遵守目标。如果经济或任何其他因素阻碍了目标的实现，那么在作出最终预测后无须采取纠正措施。实际上，在迄今为止完成《格拉姆—拉德曼—霍林斯法案》流程的任何财政年度（1986 财年到 1989 财年）内都未能实现该目标。

即便经济大环境合适，只要国会认为目标过于烦琐，就可以对其进行修改。1987 年国会就修改了目标，计划在随后的几年内减小赤字削减幅度，并将实现平衡的财年推迟到 1993 年，还有可能随时进行进一步修改。[47]

由于《格拉姆—拉德曼—霍林斯法案》尚未在经济衰退条件下运行，因此其财政可行性尚未经过真正的检验。联邦政府是否会在较长时期内不关注经济对预算的影响或预算对经济状况的影响仍有待观察。隔离墙可能无法承受 20 世纪 70 年代经济所遭受的巨大冲击，也无法承受 1982 年短暂但急速的下滑。

结　论

本章考察的时期开始于预算与经济相辅相成，结束于使预算状况与经济表现分离的政策。在此期间，人们起初就财政政策达成了共识，但最后就什么才是适当的行动方案产生了分歧。它从小额赤字开始，以真正的巨额赤字结束。

无论是赤字引起了动荡还是动荡引起了赤字，赤字都是这一时期尤其是里根时期预算的主线。如果赤字小很多，那么近年来的预算历史将大不相同。预算编制本应以更平静、更有序的方式进行，国会本应更切实地遵守既定程序，总统预算本应维持其权威的影响力，而且政府的预算能力本应受到更少的质疑。

赤字可以衡量预算需求与政府满足这些需求的能力之间的失衡状态。这个时期的教训之一是一般的经济增长不足以纠正这种失衡状态。如果20世纪70年代和80年代的经济能像前两个10年内一样扩张，那么赤字将保持在适度水平，而且不会使联邦政府失去预算编制的能力。

鉴于其经济表现，联邦政府要恢复预算平衡只有两大选择。一是创造额外收入以弥补不断增加的预算需求，二是减少预算需求以适应可用资源。赤字的持续存在表明政府没有采取足够措施落实这两种选择。第四章将论述削减支出的困难，而第五章将考察税收方面的内容。

注释

［1］该声明中有一个重大例外情形。尽管《格拉姆—拉德曼—霍林斯法案》的目标是预先设定的，但如果预计会出现经济衰退或发生“增长衰退”——连续两个季度实际增长率低于1%，可以暂停实现目标。

［2］美国政府：《1965年总统经济报告》，华盛顿特区：政府印刷局，1965年，第10页。

［3］关于附加费的争论见劳伦斯·C. 皮尔斯：《财政政策形成的政治学》，加利福尼亚州太平洋帕里萨德：古德伊尔出版公司，1971年，尤其是第七章。

［4］《美国政府预算》（1987财年），第35页。

［5］由于失业率低于4%，完全就业预算赤字也是250亿美元。

[6]《美国政府预算》(1969 财年)，第 8 页。

[7] 约翰逊总统 1968 年的《经济报告》似乎很乐观："但终有一天和平将会回归……我们会将3%的产出（用于战争的国家产出占总量的百分比）——在一年或两年内——加到每年 4% 的正常增长上。"《总统经济报告》，1963 年 2 月，第 28 页。

[8] 支出限制的经验见艾伦·希克：《国会与金钱：预算、支出和税收》，华盛顿特区：城市研究所，1980 年，第 32－43 页。

[9] 发生排挤的情况反映在以定值美元计算的支出上，即名义支出增加了，但不足以适应通货膨胀。例如，1968—1973 年，选择性国内支出从400 亿美元增加到530 亿美元，但扣除通货膨胀因素后，1973 年的支出低于 1968 年的支出。

[10] 赫伯特·斯坦（当时为经济顾问委员会成员）描述了政府的期望："政府对形势的发展有非常理想的期许。失业率将上升到略高于4%的水平，这是普遍认为可以让通货膨胀率保持稳定的失业率。失业率略高于4%时，通货膨胀率就会下降……通货膨胀率完全下降后以及对价格实现稳定的期望变得足够强烈时，社会将实现完全就业（失业率为 4%）。"赫伯特·斯坦：《总统经济学》（第 2 版），华盛顿特区：美国企业研究所，1988 年，第 150 页。

[11]《美国政府预算》(1972 财年)，第 9 页。

[12] 控制分为两个阶段：第一阶段是对工资和物价进行 90 天完全冻结；第二阶段允许最多上涨 5.5%。

[13]《美国政府预算》(1972 财年)，第 7 页。

[14]《美国政府预算》(1972 财年)，第 9 页。

[15] 查尔斯·L. 舒尔茨等：《设定国家优先事项：1973 年预算》，华盛顿特区：布鲁金斯学会，1972 年，第 409 页。

[16] 见赫伯特·斯坦：《总统经济学》（第 2 版），华盛顿特区：美国企业研究所，1988 年，第 187 页及之后。

[17] 这些年（以及随后几年）中的每一年，实际支出都低于财政年度过半时发布的修订后预算。这种模式表明有一种趋势，即高估了修订后预算中的支出，这样好让下一年的预算要求比较起来显得更有利。关于这种模式的另一种可能解释是，各机构不愿承认财政年度

中并非所有计划支出的资金都会使用。

[18] 美国政府:《总统经济报告》, 1975年2月, 第7页。

[19] 国会的确在延长减税行动中包含了反支出保证 (PL94-164), 但这份声明没有约束力, 第二年就被忽略了。见《1975年国会季刊年鉴》, 华盛顿特区: 国会季刊出版社, 1976年, 第134页。

[20] 美国管理与预算办公室:《1978财年预算修订》, 华盛顿特区: 政府印刷局, 1977年, 第10页。

[21] 1974年《国会预算法》第601条对这些数据的发布作出了规定: 因此, 1975年是管理和预算办公室报道估计支出与实际相对不可控支出之间差额的第一个财政年度。

[22] 连续预算编制以及重复、消失预算的主题由娜奥米·凯顿和艾伦·威尔达夫斯基提出, 见《贫穷国家的规划和预算》, 纽约: 威利出版公司, 1974年。

[23] 有关理由的讨论见爱德华·F. 丹尼森:《经济增长放缓的原因: 20世纪70年代的美国》, 华盛顿特区: 布鲁金斯学会, 1979年, 另见鲁道夫·G. 彭纳在《挑战领导地位》中关于"经济增长"的解释, 伊莎贝拉·索希尔主编:《挑战领导地位》, 华盛顿特区: 城市研究所出版社, 1968年, 第67-100页。

[24] 稳定的货币政策论点与米尔顿·弗里德曼相关: 见《货币稳定计划》, 纽约: 福特汉姆大学, 1959年。

[25] 有关理性预期理论的讨论见大卫·G. 图尔克《供给侧经济学论文集》中的"理性预期和供给侧经济学: 匹配还是不匹配?", 大卫·G. 莱波:《供给侧经济学论文集》, 华盛顿特区: 税收经济学研究所, 1982年, 第65-92页。

[26] 从逻辑的极端来讲, 理性预期是指"经济上的任何问题都不可能是政府造成的。政府既不会帮忙, 也不会伤害。"莱斯特·C. 瑟罗:《危险的趋势: 经济学的现状》, 纽约: 兰登书屋, 1963年, 第144页。

[27] 时任联合经济委员会主席的参议员劳埃德·本特森在介绍委员会1980年年度报告时, 对供给侧原则表示了赞同:"美国在20世纪80年代期间不必通过定期拉动经济衰退的吊桥来对抗通货膨胀。1980

年报告指出，生产力的提高以及稳定财政政策和一年内货币供应量的逐渐减少实现了稳定经济增长，因此可以显著降低80年代的通货膨胀而不会提高失业率。”美国国会、联合经济委员会：《联合经济报告》，1980年，引自《参议院报告》（96－618），第1页。

［28］诺曼·B. 图尔：《供给侧分析与公共政策》，出自莱波，同上，第25页。图尔继续说道：“……赤字规模不应视为为了达到指定水平（或就业、产出、收入等的增长率）而进行政策操纵的相关变量。”

［29］休·赫克罗、鲁道夫·G. 彭纳：《里根政府的财政与政治战略》，弗雷德·I. 格林斯坦主编：《里根总统任期：一次早期评估》，巴尔的摩：约翰·霍普金斯大学出版社，1983年，第28页。

［30］对里根早期预算成就的分析见艾伦·希克：《预算是怎样获胜，又是怎样失败的》，载于诺曼·J. 奥恩斯坦主编：《总统与国会：里根第一年执政评估》，华盛顿特区：美国企业研究所，1982年，第14－43页。

［31］见《总统预算信息》，《美国政府预算》（1989财年），第1－6页。

［32］见约瑟夫·J. 米纳里克《家庭收入》，以及伊莎贝拉·索希尔《贫穷与下层社会》，出自索希尔。

［33］供给学派对20世纪80年代的低储蓄率及其他政策失败都给出了解释。他们指出由于战后婴儿潮，很多年轻人因购买住房组建家庭而难有积蓄。见保罗·克雷格·罗伯茨：《供给侧经济学——理论与结果》，《公共利益》，1988年第93期，第35页。

［34］见多恩·富勒顿：《论税率和政府收入颠倒关系的可能性》，美国全国经济研究所，第467号工作文件（1960年4月）。

［35］该就职演说重印于《1982年国会季刊年鉴》，华盛顿特区：国会季刊出版社，1982年，第11－12页。

［36］这篇演讲发表于1981年2月5日，载于《1982年国会季刊年鉴》，第13－15页。

［37］里根的预算局长戴维·斯托克曼描述了尚未确认的储蓄在政治上的用途——这种储蓄被称为“魔术星号”——内容如下：“如果无

法及时找到储蓄——并且也找不到的话——我们将发出欠条通知书，我们将它叫作‘确认的未来储蓄’。这非常有创意。一个“魔术星号”项目将耗费300亿美元……400亿美元……无论代价是什么，在统计出实际批准的单个预算削减数后，我们都将竭尽全力在1984年内平衡预算。”见戴维·A. 斯托克曼：《政治的胜利：里根革命缘何失败》，纽约：哈珀与罗出版公司，1966年，第124页。

[38] 里根与国会的预算冲突以及他巧妙利用赤字压缩联邦支出的记录见约瑟夫·怀特、艾伦·威尔达夫斯基：《预算之战》，加州大学出版社（即将出版）。

[39] 同样的结论见约翰·C. 韦彻：《解释赤字》，载于菲利普·卡根主编：《当代经济问题：经济赤字》，华盛顿特区：美国企业研究所，1985年，第5页。

[40] 罗伯茨认为“关于赤字的预测不准，并不是因为对经济增长感到乐观，而是因为对通货膨胀感到悲观。美联储迅速降低通货膨胀率到远低于政府预期，此时预算计划就崩溃了。1981年实现的名义上的帽子‘削减’支出转化为实际支出的增加，而通货膨胀率会逐步降低的收入预期则未能实现。”

[41] 见《经济复苏计划》，1981年2月18日，第22－23页。

[42] 计算1981年实际支出削减问题的讨论见约翰·W. 埃尔伍德：《美国国内支出削减》，新布伦瑞克：交易书籍出版公司，1962年。

[43] 苏·斯坦，第200－271页。

[44] 威廉·尼斯卡侬：《〈格拉姆—拉德曼—霍林斯法案〉及其他政治意外》，美国经济协会1987年会上发表的论文，第9页。

[45] 见经济合作与发展组织，货币目标与通货膨胀控制（巴黎：1979年）。

[46] 英国政府于1904年发布的公共支出论文提出了预先设定的目标：“有些人会认为，在没有明确了解各个项目含义的情况下，考虑公共支出总额没有必要，做决策就更没有意义了，政府认为这种想法是多年来一直造成公共支出上升的主要原因。有必要将论述反过来，首先确定可以和应当提供的东西，然后制定支出计划，各个程序均与该决定一致。”《下一个十年：公共支出与税收进入90年代》（9189号

指令），1984年3月，第13页。

[47] 下表反映了1985年《格拉姆—拉德曼—霍林斯法案》规定的最大赤字水平以及1987年修正案中规定的已修订水平（单位：10亿美元）。

财政年度	1985年版	1987年版
1986	171.9	—
1987	144	—
1988	108	144
1989	72	136
1990	36	100
1991	0	64
1992	—	28
1993	—	0

第四章
削减预算与支出增长

预算是一个需要适应时代机遇和需求的过程。预算作为政府有效的政策和管理过程，必须适应不断变化的条件。预算在资源稀缺和资源充足这两种不同情况下的应用是不同的，产生的效果也不同。在第二章中，我们看到了预算如何适应战后经济和项目扩张。20 世纪 70 年代出现了更严峻的形势，20 世纪 80 年代联邦预算的削减加速预算调整，这促使预算政策从鼓励扩张性支出调整为限制支出的增长。要减少支出，人们的预期必须改变，资源配给的能力也需要提高。

预算调整一直很困难，不仅仅是因为增加支出比缩减支出更加容易，而且因为经济的增长时期加强了对预算支出的强烈要求，同时削弱了对支出的控制。关键的预算增长是强制性支出的增长，特别是指数化津贴，以及里根大幅增加国防开支的决心。本章集中讨论里根执政期间为减缓支出增长而作出的调整。它面临的问题反映在了这一章的标题之中：在削减项目的同时，支出却回归上升。造成这一问题的原因包括：（1）削减开支的政治困难；（2）在削减开支的情况下，当前预算编制的特点仍然可能会推动支出水平上升；（3）削减预算方式是否是合理且有计划的。

削减工具

经过几十年的实践，立法和行政部门的预算制定者逐渐拥有了对联邦开支进行小幅调整的能力，用以完成当年的预期目标。行政和立法部门的会计会把重点放在与前一年水平不同的支出上，在经济扩张占据主导地位时，政府会逐渐增加支出；而在财政紧张或政府经济需求强劲的时候，政府会减少支出增长幅度（或减少支出规模）。这种根据当前经济情况调整每年开支的能力使政府能够在经济状况周期性波动的情况下也能保持预算平衡或接近平衡。

削减预算开支的手段相对简单但却足以实现目标。预算编制人员会估算可用的资源，并对各机构提示的项目清单进行筛选，以确定哪些项目可以获得资金。他们会设置一些操作规则来获得预期的结果：例如不批准增加开支的申请，推迟采购或减少其他费用，以及取消空缺的职位，通过给予行政机构低于通货膨胀率的预算调整来节约资金，特别是在预算紧张的情况下，甚至可以直接从行政机构手中收回一些资源。

但是，目前政府无法仅仅通过重新调整过去控制预算开支的程序来对预算开支施加约束了。旧的预算控制措施是为选择性支出而设计的（主要是机构运作的开支、国防开支和一些重要项目支出），这些开支几乎占了经济增长前段时期联邦政府开支的全部。之前的控制措施集中在年度审查中。这些年度审查是行政和立法的预算机构在各部门的支出预测值的基础上开展的，其效力取决于总统和国会的选择：比以往年度拨款更多，还是更少。而现在大多数的预算支出都发生在强制性支出上，比如指数化津贴和利息支付。这些强制性支出不能通过总统审查和拨款审查得到有效控制。不论对方提出什么样的建议，或者拨款人做出什么样的决定，开支数额都将由现行法律决定，而不是由新的预算决策来决定。为了控制强制支出的增长，有必要设计新的预算支出削减工具，以在现有法律规定和支付计算公式下节约开支。本章先研究了削减选择性支出的工具，然后讨论可用来削减强制支出的方法，包括发行政府担保的贷款等。

削减选择性支出

当罗纳德·里根（Ronald Reagan）在1981年试图缩减国内政府规模时，并没有要求削减联邦政府项目的开支。让国会通过削减预算的提案是一项艰巨的任务，但是总统和国会之间的关系渐渐稳定下来，形成了一种合适的分工之后，总统通常会提出比前一年更高的开支要求，而密切监督预算增量规模的拨款委员会有可能会拒绝部分开支增加的要求。这种行为模式使拨款委员会既可以削减开支，也可以增加开支，从而满足国会议员面临的压力——也就是扩大项目和削减预算。[1]

罗纳德·里根建议的选择性支出水平远低于以前的水平，这打乱了拨款委员会舒适的日常工作，使他们难以宣称他们既在削减开支，又在丰富预算项目。但是仅仅要求更少的预算开支不足以使总统在国会中获胜。拨款委员会被迫在两种情况之间作出选择时，很有可能逐渐表现为渐进主义者。从短期来看，总统的声望和政治技巧可能足以赢得胜利。但是，即使国内拨款被削减，一旦与国会的关系恢复到更正常的模式，经济也是可能继续恢复增长。为了获得持久的预算开支削减，总统需要新的手段来处理选择性支出的拨款。1981年，里根转向使用预算协调这一工具，这一过程通常与强制支出有关。我们将在本节后面讨论削减强制支出时使用的这个工具。

里根继承了另一个可以用来削减军需品预算的武器——扣留资金的权力。我们在第二章中指出，虽然扣留资金是一种老做法，但在新政之后取消扣留一词反映了拨款概念从“扣留支出”转变为“授权主持”。扣留导致总统与国会之间定期发生冲突，并导致了1974年《扣留管制法》的出台，该法案中规定了解决两个部门之间争端的基本规则。该法案使总统能够提议扣留并给予了国会推翻扣留的权力，这既有可能扩大也可能限制总统的权力。最终是扩大还是削减总统的权力，取决于总统或国会在行使各自的扣留权力时表现出来的魄力。

根据1974年的法案，总统可以推迟或提议撤销拨款。除非众议院或参议院反对，否则推迟使用资金的决定将生效；而取消先前拨款的这种决定，只有在提出后45天内成为法律才生效。[2]杰拉尔德·福特（Gerald Ford）和吉米·卡特（Jimmy Carter）——第一批拥有这种权力的总统——在撤销和推迟拨款方面都取得了一些成功（见表4.4）。但是，罗纳德·里根在上任伊始就比他的前任更多地利用了扣留程序。里根在1981年建议撤销了150亿美元的拨款，比福特和卡特在过去6年里提出的总数还要多。国会批准了其中的120亿美元，并且通过了递延当年和下一年大约110亿美元的拨款。里根早期的扣留成功使他在削减选择性支出计划方面有了一个快速的开始，并且有效展现了一个有效调节总统和国会之间冲突的预算流程是如何成为一个强有力的预算削减工具。

选择性支出预算和强制性支出预算

随着强制性支出在预算中的占比越来越高，政府需要新的工具来处理这些问题。几乎 2/3 的预算花费在公共权利和利息上，这不能通过扣留或拨款来削减。[3] 为了避免采用双重标准，即选择性支出项目受到有效控制，而强制性支出项目则不受监督，国会在一个全面的预算过程中统一了这两种类型的开支。[4] 1974 年《国会预算法案》是在政府各部门和各单位的关注中产生的，但如果几乎所有的开支都继续用于由拨款委员会控制的选择性支出项目的话，它可能就不会颁布。[5]

《国会预算法案》将选择性支出和强制性支出合并为两项年度预算决议，一项决议计划在当年早些时候在国会就拨款和其他预算相关提案立法之前通过，另一项在当年晚些时候在这些措施的工作完成之后通过[6]。制定《国会预算法案》的过程中，国会中有相当多的意见认为应该对开支进行严格控制，但是实施的法案本质上是一个中立的手段，开支可能会根据国会的决议增加或减少。1975—1980 年，新的预算程序可能对支出产生了适度的增量影响；在里根执政的第一年，即 1981 年，它被大胆地用于大幅削减选择性支出和强制性支出。[7] 里根上台后不久，预算决议的关键内容为实施总统提出的许多削减计划铺平了道路。

就其本身而言，预算决议作为削减支出工具的效用非常有限，它可以先切一刀，但实际上无法从预算中削减项目。首先，该决议是一个共同决议案，不是一个法令，因此，它不能制定或改变法律。其次，该决议提出了总支出和广泛的优先事项，但没有明确具体的项目。预算决议中阐述或假定的政策只有在拨款法案和其他预算措施中执行时才有效。

有限的使用范围使预算决议作为一个预算削减工具具有一定的潜在优势。议员们在考虑具体项目的资金水平之前，会先对总支出和赤字规模进行投票。因此，他们在投票的时候并不能准确地知道之后所削减的预算开支具体是哪方面开支。当然，如果国会不能实施预算决议中预期的削减，这一优势可能会变成一个缺点。1981 年，一些为里根提供了取胜优势的摇摆党成员被说服支持削减决议，他们得到保证他们以后可以投票去支持需要更多拨款的项目。[8] 接下来的几年里，这些议员一方面会通过投票削减联邦开支来“做正确的事情”，同时也会转而投票支持一些拨款较高的大众项目来“做正确的事情”。[9]

通过和解削减

对于强制性预算项目而言，未能完全执行预算决议中通过的政策的问题尤其严重。除非国会通过立法，收回现行法律规定的福利，否则预算削减不会实现。总统能发挥的作用可能非常有限，因为国会可以忽略他提出的削减福利的建议，就像经常对福特和卡特建议削减福利时的态度一样。20 世纪 70 年代，预算决议一再假定通过减少公共权利就可以实现“立法节约”。但是，为了实现这些假定的节约，最初设计福利计划的那些委员会不得不启动立法，否定他们过去的成绩。毫不奇怪，他们很少有人愿意这样做，结果是立法机构的不作为战胜了预算政策，所承诺的预算节约就消失了。

解决这个问题的办法在里根上台前一年就出现了，当时国会最初使用了 1974 年《国会预算法案》中建立的预算和解程序。预算和解的最初目的是使第一项预算决议通过后作出的支出和收入决定与第二项决议最后确定的政策保持一致。例如，如果国会拨款超过第二项决议所允许的数额，它可以利用预算和解办法将支出削减到预算水平。在财政年度即将开始之前不久，当支出计划已经确定的时候，预算和解程序将被激活。然而事实证明，预算和解不能以这种方式使用，因为国会在9月收回仅在一两个月前提供的资金是不现实的。

1980年，国会将预算和解从第二项决议转向第一项决议，并将预算和解过程定位于旧的公共权利而不是新的拨款。[10]预算和解的力量来自预算决议中所采纳的指导一些委员会报告其管辖范围内支出变化的指示。这些指示告诉每个指定的委员会它们必须节约的金额，而且通常会设定一个报告执行立法情况的最后期限。尽管指示没有明确哪些项目将被削减，但是受影响的委员通常会对削减的范围有一个认知。预算决议附带的报告有时会对需要削减的项目作出一定的假设，但委员会不受这些预期的约束，他们也可以通过其他项目的削减来实现节约开支的目标。受影响的委员会将他们的建议提交给预算委员会，预算委员会将提案包装成一个综合《预算和解法案》，不作任何实质性修改。[11]然后，国会根据参议院的快速程序和限制众议院可以提出的最低限度修正案的特别规则，审议整个法案。[12]

预算和解在1980年最初使用时，其幅度是相当有限的，支出节约基本上仅限于在一个财政年度内，总额仅有40亿美元。一些委员会为了迎合他们的目标，提议开展暂时性的预算节约，在下一年会自动到期，或者他们会修改支付某些款项的日期。1981年，预算和解的时限被延长到3年，期望其更长的影响力将促使各委员会产生永久的节余。那一年的预算和解是里根总统所寻求的大部分削减措施得以实施的手段。

根据当时的估计，国会在3年内削减了约1600亿美元的预算授权和1300亿美元的支出，远远超过其他任何一年的节约。[13]虽然少数几个委员会的削减幅度比指示的要少一些，但大多数达到了他们的节约目标，有些甚至超过了目标。

这些巨额节余是由于当年预算和解范围的扩大所带来的。该指示涵盖了年度拨款法案供资的强制性公共权利和选择性支出。事实上，大约60%的削减来自选择性支出的账户。将预算和解计划延伸到选择性支出账户是里根预算目标实现的重要原因。没有它，总统无法保证削减会持续下去。即使拨款委员会在1981年提供的资金减少了，但在随后的几年里，拨款委员仍然可能会恢复增加拨款的行为。

对拨款使用预算和解是一个复杂的程序，需要将授权委员会纳入这一过程。为了削减今后的拨款，有必要将今后的授权降低到已确定的或预计的水平以下。[14]如果这些规定得到遵守，较低的授权将限制国会在随后几年拨款的数额。

控制贷款和担保

20世纪80年代早期，贷款和担保的金额急剧增长。1981年，直接贷款总额几乎达到400亿美元，高于1974年颁布《国会预算法案》时的190亿美元。在同一时期，担保贷款的年度数量从300亿美元激增到830亿美元。

美国管理与预算局和预算委员会在20世纪80年代初采取行动，设立一个与定期预算程序平行并受类似管制的信贷预算。随着信贷预算的发展，贷款和担保受到三套立法决定的控制——授权、拨款和预算决议——与国会管理直接支出的行动类型相同。授权立法规定了每一个信贷计划，并且在大多数情况下，限制了可能在任何时候未清偿的数额或担保。

这种控制早于信用预算制度。[15]拨款法案规定了每个有信贷活动的账户每年可以发放的贷款或担保金额的限额。目前，每年约有 1/3 的直接贷款和 3/4 的担保贷款都规定了拨款限额。每项预算决议都限制直接贷款义务和担保贷款承诺的总额，并将这些数额分配给预算中的各项职能项目。这些额度是今后一年的最高限额以及后续两年的目标。

在里根总统任期接近尾声时，美国管理与预算局提议更充分地整合信贷预算和直接支出。它建议联邦预算将新贷款的补贴价值记作经常支出。在直接贷款的情况下，贷款面值与转售时带来的金额之间的差额将作为补贴成本编入预算，在担保贷款的情况下，补贴将是政府购买再保险的成本，但这项计划没有得到国会的批准。[16]

削减多少?

在里根总统执政期间，削减预算工具的使用情况如何？本节讨论的工具和直接与资金使用用途相关的预算削减有所不同。最确定的预算削减工具是 1981 年和 1982 年通过《扣留控制法案》的撤销预算程序进行的削减。撤销预算要求国会同意并取消以前的拨款。尽管撤销 1 美元并不意味着节约了 1 美元——撤销的一些基金可能已经失效——但是还是能削减数 10 亿美元的联邦预算支出。同时期做出的预算递延数额更难以评估。一些机构降低了未来的支出水平，但许多机构只是将资金的使用转移到了下一年。

信贷控制对贷款活动的影响也很难衡量。一些证据表明，许多预算拨款限额要远远高于预期的信贷水平，而且并没有有效地限制贷款或担保的数量。[17]然而，近期的直接贷款却急剧下滑。在 1985 年增加到 530 亿美元（在实行新的信贷管制之前）之后，直接贷款债务在 1988 年减少到 270 亿美元（这是一个总额，因此不包括偿还贷款或出售资产）。这比其他任何领域的预算下降幅度都要大。贷款担保也有所减少，从两年前达到的 1590 亿美元峰值减少到 1988 年的 1000 亿美元。[18]下降的部分原因可能是信贷控制，但毫无疑问，部分原因是其他因素减少了机构对联邦援助信贷的需求，例如利率大幅下降，以及农业和住房这两个急需信贷的部门发生了变化。我们不应排除这样一种可能性：一些信贷活动已经转移到了预算之外（超出了新的控制范围），转移到了联邦政府资助的企业。[19]这些企业发放的贷款额从 1981 年的 1190 亿美元飙升到 1988 年的 4250 亿美元，远远超过联邦机构直接或担保贷款的增长。[20]

衡量预算和解进程能实现的削减存在一些问题，其中最重要的是“基数”的估计，这是一个重要的测量标尺，将在下一节进行讨论。另一个问题是，在 1981 年的第一波削减之后，国会恢复了一些福利或提高了授权/拨款水平。大卫·斯托克曼（David Stockman）抱怨道：“每年他们削减、增加部分福利条款到其他立法中去。1984 年的赤字削减法案和 1985 年的农业法案都增加了这些条款。”[21]医疗补助计划是另一个在 20 世纪 80 年代后期通过的扩大福利的计划，该计划在 20 世纪初被削减。由于这些政策变化和许多预算削减的临时状态，政府可以把每年预算削减的数额加起来，从而过分夸大通过预算和解节约的费用。

那些密切关注这些数字的人普遍认为，联邦开支已经大幅削减，但远低于 1981 年宣称的水平。大卫·斯托克曼估计，1986 财政年度的支出比继续执行里根总统之前的政策可能会少 520 亿美元。[22]国会预算办公室（Congressional Budget Office）公布了一个略高的估计，即 1985 财政年度的支出比里根执政前减少了560亿美元。[23] 根据国会预算办公室的说法，削减的预算开支几乎平均分配给了国内的强制支出项目和选择性支出项目。但由于后者在预算中所占的份额要小得多，它承担了过高比例的预算削减。

尽管削减开支已经迫使选择性支出下降，但它们通常只是减缓或稳定了强制支出的增长。个人收入（几乎所有的津贴）从1981年占GNP的10.8%下降到1988年的10.4%；非国防选择性支出下降得更快，从GNP的5.2%下降到3.3%。[24] 强制支出的增长速度超过了通货膨胀；非国防选择性支出的增长速度则要慢得多。扣除通货膨胀因素后，在里根执政期间，个人收入增长了15%以上，而实际选择性支出下降了35%以上。相关报告中的非国防选择性支出的跌幅显然被资产出售等花招夸大了。然而，极有可能的是，通过冻结和一些预算削减，这一领域的预算项目失去了真正的资源。[25]

选择性支出项目的变化表明，一些旧的削减工具可能比新的更有效。最适合削减强制支出的预算和解程序似乎比拨款程序的影响力弱。相较于指示预算委员会削减强制支出，预算赤字和总统否决权的威胁更大程度上拖累了预算开支。其中一个原因是，与大多数强制支出不同的是，几乎所有选择性支出项目每年都需要新的拨款，除非国会采取行动削减福利，否则强制支出将继续增加。另一个原因是，在一开始就服从于里根的要求后，国会弱化了一些用于削减预算的工具。

弱化工具

在里根总统执政期间，白宫一直在努力削减国内开支，但 1981 年以后，这些努力基本上都失败了。国会在某些方面终止了一些项目，然而，更常见的情况是，尽管预算环境受到限制，但国会仍坚持执行各项计划，仅对通货膨胀进行了部分调整。一年前国会提出的预算节约项目，到了第二年就被里根取消了。这种模式一直持续到里根时代结束。里根在 1989 年 1 月提交的最后一份预算案呼吁通过终止或减少 80 个项目来节约超过 300 亿美元。实际上，该预算中提出的所有终止计划都是之前里根预算中提出的要求，但当时均遭到国会拒绝。

1982—1989 年，预算冲突和僵局旷日持久。里根一再要求削减预算开支，但国会拒绝大多数人的要求。当然，总统和国会的行为都是按照其政治日程表来安排的，情况也在发生变化。随着选举的临近，里根放缓了削减预算开支的要求，并且更愿意向国会传授预算和解的方法。连续三个选举年——1982 年、1984 年和 1986 年——政府都制定了减少赤字的措施，1987 年预算首脑会议协议的谈判则着眼于第二年的选举。

这些赤字减少的特点被描述为类似分期付款的“首付”(Down Payments)，即通过相对较小的收入和支出调整相结合，对赤字进行适度的削减。每年国会通过的削减预算开支数额都比里根要求的数额少很多，而且国会还公开使用基线预测来宣扬其削减预算的成就。

国会不仅对总统“就说不”。在断然拒绝白宫的过程中，国会大大削弱了政府削减预算的能力。白宫也在一定程度上削弱了政府的预算削减能力，主要的手段包括提出不切实际的预算削减要求、利用夸大的预算数字宣称削减的幅度比实际削减的幅度更大，以及在设计账目过程中和国会竞争等。结果，乔治·布什（George Bush）在 1989 年入主白宫时所能使用的削减工具远不如8年前的里根那么有效。预算没有为了增长重新编制，但也未能从联邦支出中切下一大块。基线的存在造成了支出削减的表象，但掩盖了一个事实，即里根执政第一年用来削减开支的一些手段已经被国会和行政部门弱化了。

基线的魔力

为了解释国会如何限制政府的支出削减工具，有必要从一个具有广泛政策影响的技术问题开始——用于定义和衡量削减幅度的基线。基线是一个合法的概念，但是它的使用却存在一定问题。在熟练的操纵者手中，它已经成为联邦预算的炼金术，能够让支出从增加变为减少。

几十年来——可能从联邦预算一开始——削减预算支出就被定义为低于以前的支出水平或低于总统要求的数额。然而现在削减却通常指的是低于基线的开支水平。几乎所有关于削减预算或减少赤字的提法都以基线作为参考点。因此，如果不首先计算基线，就不可能衡量被削减的预算金额。

基线假设现有的项目将在不改变政策的情况下继续运行。它根据通货膨胀估计数和规定的工作量变化调整预计支出。[26]一个简单的例子将展示如何构造和使用基线。一个项目每年花费1亿美元，并且预计每年参与者人数增加5%，通货膨胀率为5%，那么下一年的基准值大约为1.1亿美元，第二年为1.21亿美元，第三年为1.33亿美元。这些假设性的推断对其背后的假设前提是非常敏感的。任何计划将预算支出削减到这些假设水平以下的行动都将被认为是削减，即使支出仍高于前一年的水平。

政府有两个主要工具来帮助将支出降低到基线以下。一种是减少对选择性支出项目的拨款；另一种是修改公共权利项目的符合资格的规则或支付率。假设一个包含上述支出项目的选择性支出计划在下一年度获得了1.05亿美元的拨款，使用他们的"旧数学方法"，拨款委员会将记录为500万美元的增长。这种传统的计算方式有一个很大的优势。它不需要对未来行为或条件做任何假设，而只是基于过去的行为，没有必要去估计未来会发生什么，也没有必要去估计明年的通货膨胀率会是多少。而在使用基线时，同样的1.05亿美元拨款则会被计算为预算削减。将增加转化为减少的政治优势是巨大的，因为它使拨款委员会能够继续发挥削减预算和融资方案的历史性作用。

对于公共权利项目的基线计算要稍微复杂一些。在这些项目中，过去的支出可能不是未来预算的可靠指南。如果国会不采取任何行动，未来的支出几乎肯定会因合格受益人数量和支付率的变化而不同于过去的水平。例如，每年由于老年人口的增加以及强制性的通货膨胀调整，社会保障成本自动上升。要使社会保障支出保持不变，就需要削减符合资格人数或支付额。如果国会改变社会保障或其他福利，它只能估计对未来支出的影响。在计算公共权利的预算削减时，基线的计算人员必须对立法行动可能带来的行为变化做出假设。如果继续执行现行政策，就必须对未来支出做出估计，并估计变化对这些预计支出水平的影响。这两组数字之间的差别是在基线上的增加或减少。为了避免基本估计数的中期变动可能造成的混乱、矛盾和误解，在制定预算和解指示时所用的假设一般在预算周期中保留。它们通常不会根据后来的经济数据或程序数据进行修订。假定条件与实际条件之间的差异将导致比发出预算和解指示时预期的节余更高或更低。

因此，在基线预算中，所有报告的预算削减都是假设的。只有在实现经济或方案假设的情况下，才能实现假定的预算节余。实际行为和假设行为之间的任何偏差都会导致对报告的预算削减的高估或低估。预算削减的真实规模很难确定，因为基线中包含的详细假设没有公布，而且随着以后数据的出现，这些假设也没有调整。关于基准线，唯一可以确定的是官方数据很可能是错误的。

基线计算不是学术活动，而是联邦预算的指标。正如美国管理与预算局前官员蒂莫西·J. 穆里斯（Timoghy J. Muris）所写，它决定了“项目提案的命运”。国会预算办公室的估算是项目分析的起点，也是确定提案是否超过国会预算决议分配的终点。[27]基线是如何在预算编制中发挥决定性作用的？人们对基线的最初兴趣来自《国会预算法案》第605条，该条款要求总统对“在美国政府的方案和活动在本财政年度保持与本财政年度相同的水平，且政策不改变的情况下，将纳入下一财政年度预算的预算支出和拟议预算授权”做出估算。

基线（当时这个概念被称为“现行政策基准线”）是由参议院预算委员会在20世纪70年代中期制定的，当时国会预算程序刚刚启动。[28]该委员会希望采取一项中立的措施，不受总统预算的影响，使国会能够区分新行动导致的支出变化，以及过去的决定、经济状况和其他非立法因素导致的预算支出变化。这个基线使委员会能够衡量国会对预算的影响。据推测，基线与国会预算之间的任何差异都将归因于政策的变化。

这一基线还使参议院预算委员会能够宣称，尽管其拨款超过了总统的建议，但它仍在削减预算。基线的这一特征非常受委员会的欢迎，因为委员会在早期需要非常努力地证明他们在满足项目需求的同时也控制了支出。但经过几年的使用，当前的政策基线受到了参议院共和党人和一些民主党人的强烈抨击，他们认为这种基线具有扩张性偏见，扭曲了公众对国会在预算方面所作所为的看法。[29]作为回应，该委员会转而采用“目前较低”的基线，与目前的政策版本不同，该基线没有夸大自主拨款。当时的法律基线大大低于当时的政策预测，而且由于通货膨胀对前几年的复合影响，两者之间的差距在可预测的未来每一年都会扩大。例如，在1979年，国会预算办公室估计，在现行政策假设下，第一年的基线支出将比现行法律预测高出2.5%，第二年为5.5%，第三年为8.3%。[30]

1981年，新上任的美国管理与预算局主任大卫·斯托克曼（David Stockman）带来了国会的基线概念。但他没有采用现行法律的基线，而是采用了更广泛的现行政策措施。这使他能够在选择性支出计划中要求总体上更高的预算节约，并且在公共权利中要求同样夸大的节约。当斯托克曼公开鼓吹削减预算开支时，他向记者威廉·格雷德（William Greider）透露，削减预算开支过于夸大了。“那里没有我们看到的那么多……这是由人为设定的国会预算办公室基线计算出来的。这就是为什么它看起来那么大。但这不是……这些数字简直太棒了。在国会预算办公室的基线上，政府永远不会提升到那些级别。”[31]预算专家约翰·埃尔伍德（John Ellwood）估计，如果使用现行法律基线而不是现行政策措施，《预算和解法案》的预算授权节约将会减少37%，支出节约将会减少72%。[32]按现行政策计算，1982财政年度核对节余估计为350亿美元，但按现行法律计算，节余仅为100亿美元。

为什么共和党人在 1981 年接受了这个政策，而就在几年前，共和党人还斥责当前的政策概念是偏颇和扩张性的，而国会的民主党人会赞同这个衡量削减的方法呢？简单而充分的答案是，共和党人希望扩大报告中的预算节约，而民主党人希望实际的预算削减比他们表面上看到的少。目前的政策基线允许共和党人要求更多的预算节约，而民主党人要求更多的项目，这对于面临艰难抉择的政治家来说是一个幸福的组合。

随着 20 世纪 80 年代预算困境更加严峻，所有的预算制定者都赶上了当前的政策潮流。众议院预算委员会计算其预算决议，大多数授权委员会根据基线报告他们的建议。“当前政策”标签已经去掉，但这是基线预测中几乎总是使用的度量方法。[33]尽管拨款委员会仍然将自己的行动与先前的拨款和总统的要求进行比较，但他们也发现，躲在基线后面很方便。1987 年和 1989 年，总统和国会谈判人员利用这一基线，敲定了峰会预算协议。当达成这些协议时，他们只公布对基线的修改，基线数字没有公布，以前的支出水平也没有公布。

基线已经成为一道密不透风的屏障，将预算内部人士——他们知道这些数字意味着什么——与包括经验丰富的预算观察员在内的外部人士分开，后者除非揭示了这些数字背后的假设，否则无法弄清楚预算正在做些什么。如果他们能够做到这一点，局外人将会发现，基线在许多方面阻碍了预算削减。首先，正如已经提到的，它允许预算制定者将超过以前支出水平的增加标记为削减。这种转变在 20 世纪 80 年代特别有用，因为里根对许多国内项目的要求低于以前水平的偏好阻碍了国会声称其控制了预算并为授权项目提供了充足资金的能力。如今，这一基线取代了总统的预算，使国会能够因削减预算而获得好评。

其次，总统和国会夸大了所宣称的赤字削减，将基线提高到不切实际的高水平——远高于可能的支出数额。国防开支、联邦支出和医疗保险是使用这一策略最受欢迎的三个领域。1984 年，国会通过了一项预算决议，该决议主要基于与白宫达成的一项协议，该协议假定在三年内削减赤字 1490 亿美元。超过 1/3 的节约（580 亿美元）是通过将未来国防开支的增长控制在低于基线水平来实现的。这些节约是在国防建设开始放缓，拨款甚至不可能接近基线水平的时候提出的。1986 年也使用了类似的会计手法，申报了 220 亿美元的国防费节余，尽管拨款比上一年高出了 80 亿美元。

联邦支出一直是操纵基准线的肥沃土壤。每个基线都假设联邦政府的支出每年都有所增加。任何低于假设利率的增长都被记录为赤字削减，即使国会实际上并没有将拨款减少到与假设的预算支出节约相当的数额。医疗保险也会被人为操纵，因为基线假设医院和内科医生的报销率增长幅度比可能的增长幅度更大。完成宣称的预算节约只需要将偿还额提高到比基线假定的数额更低的水平。据报道，在 20 世纪 80 年代，国会已经从中削减了 500 亿美元，但是医疗保险的支出增加了两倍。

最后，构建基线所用的规则使创造性预算制定者能够通过临时调整支出来制造削减。国会将这些全都归功于暂时性预算节约，这些预算节约在紧接着的一年里减少了支出，但对长期支出没有影响。在计算削减的美元价值时，基线记分员不区分非周期性调整和更持久的程序修改。例如，在 1981 年和 1982 年，国会通过暂时减少各州的医疗补助支出、补偿给医院的医疗保险、军队和公务员退休金的生活费调整以及食品券分配额，声称可以节约大量的预算和解费用。[34] 暂时性预算节约是最好的一种方式，因为它不像永久预算节约那样只能发生一次，而是可以一次又一次地重复计算。[35] 例如，数 10 亿美元已经被宣称为节约，但这只是因为联邦政府将加薪从 10 月推迟到了明年 1 月。由于延期应该是暂时的，因此明年的基线假定加薪将在 10 月恢复。如果再次推迟，额外的预算节约会再次发生。

基线规则还会引起一些操纵财政日程表的行为，比如将项目增加推迟到其他年份。如果国会立即增加一个项目的开支，增加的开支将会在当年或者明年的基线上显示出来。然而，如果这一增长计划在两到三年后生效，它将不会作为支出增长出现在当前或未来的基线上。到真的要增加支出的时候，它将安全地作为旧的支出被囊括到基线中，而不是作为一个基线的增加项。

尽管基线被误用甚至有时会带来一些误解，但是它仍然是现代预算的必要工具，也是现代预算的重要组成部分。政府不能在没有作出基准假设的情况下明智地为公共权利进行预算。此外，基线为比较立法行动和行政行动提供了统一的措施，它考虑到了通货膨胀对公共支出的不可阻挡的影响并提供了一个简单的手段来衡量政策变化对预算的美元影响。然而，在 20 世纪 80 年代，基线确实获得了另一个名声不太好的用途——扼杀政府削减开支的能力。

拨款更少和更多

20 世纪 80 年代对于国会拨款者来说是一个充满压力的时期。几十年来，他们的角色一直是削减预算和增加开支。过去的总统们都在要求相对大幅度的预算增加，这些增加在国会拨款时被削减了。但是，当里根呼吁大范围削减国内项目时，拨款委员会无法继续他们原来的角色。由于预算被总统预先削减，拨款委员会不能像过去那样行事，削减更多的预算将迫使支出远远低于国会所希望的水平，这又会违背他们增加项目资源的目标。

通过削减预算，里根促使拨款委员会成为项目倡导者。然而，这并不是一个容易的转变，因为这些委员会的许多成员仍然认为拨款是一个削减联邦开支的过程。这就是基线起作用的地方，它使拨款委员会能够根据被膨胀的基线而不是总统的较低要求来确定削减。拨款行动通过国会年度预算决议与基线挂钩。尽管他们对国会的预算程序持谨慎态度，并对国会干涉他们的职责领域感到不满，但拨款委员会还是利用预算决议为自己辩护，以免总统抱怨他们“破坏”了预算。只要该决议在基线范围内并且拨款在决议范围内，这些委员会就可以辩称他们以负责任的方式行事。此外，委员会利用总统要求的大幅增加国防开支的机会，将资金转移到其他部门，同时又能保持在预算之内。

拨款委员会的行为在表 4.1 到表 4.3 显示的数据中很明显，这些数据来自国会预算办公室未公布的文件。这些表仅限于 1986—1989 财年，因为缺乏前几年的可比数据。这些表格只包括选择性支出的拨款，即拨款委员会管辖的预算部分。在使用这些表格中的数据时，必须注意三个事项。首先，国会预算办公室的计算不同于美国管理与预算局的计算，特别是关于国会行动的预算影响。其次，国会预算办公室会将某些金额从选择性支出的账户重新分类为强制支出。因此，这些数据不应用于比较不同财政年度的预算水平。最后，一些会计科目因为技术因素或记账花招失真了。

表4.1显示，预算决议对选择性支出的总预算授权在4年中的每一年都低于基线，但在其中两年高于总统的请求。该决议始终低于基线，使国会和拨款委员会免受总统的抱怨，并使他们能够声称他们正在削减开支。然而，值得注意的是，几乎所有的削减都局限于国防和国际事务项目。在过去4年中，预算决议比选择性支出的拨款账户基线低了大约750亿美元，但其中600多亿美元是由于削减了国防和国际项目。在国会拨款预算低于总统要求的两年（1987年和1988年）中，国防开支的大幅削减导致了整个资金缺口。除国防之外，国会在这些年里每年都比里根希望的多拨出200亿美元。预算决议为拨款委员会在国会批准的预算范围内将资金从国防账户转移到国内账户铺平了道路。

表4.2阐明了拨款委员会如何平衡为项目融资的需求和削减预算之间的相互冲突。它报告了4年期间2000多项拨款决定。（每个拨款账户代表每年的一项决定）该表涵盖了所有选择性支出的国内项目，但已逐步取消的收入分享职能、小规模的一般政府职能以及属于公共权利的医疗保险和社会保障职能除外。表4.2中的条目表明，国会拨出的资金经常超过总统的要求。以每个账户的总额衡量，大约一半的选择性支出拨款决定高于总统的预算，略高于基线的部分。数据表明，拨款委员会没有用单一的决策规则覆盖预算。有时候他们超出了总统的预算，但是低于基线，有时候低于预算和基线，有时候高于两者。在预算紧缩的环境下，由于国会的优先事项已经取代了总统的优先事项，账目之间发生了很大的变化。

其中一些变化发生在国内项目之间，因为各拨款委员会相对于预算决议规定的职能分配具有相当大的独立性。[36]正如前面提到的，最重要的转变是从国防项目转向国内项目。

表 4.1　1986—1989 财政年度预算决议、基线和总统预算中规定或选择性支出的预算授权

单位：10 亿美元

	1986 年				1987 年		
	基线	总统预算	预算决议		基线	总统预算	预算决议
国内项目	135.7	118.2	122.7	国内项目	127.5	107.7	126.3
国防和国际项目	349.1	316.5	322.7	国防和国际项目	321.6	344.3	310.0
总数	484.8	434.7	445.4	总数	449.1	452.0	436.3
	1988 年				1989 年		
	基线	总统预算	预算决议		基线	总统预算	预算决议
国内项目	140.2	122.3	141.8	国内项目	143.7	140.0	142.0
国防和国际项目	322.2	333.4	307.2	国防和国际项目	326.9	318.4	318.4
总数	462.4	455.7	449.0	总数	470.6	458.4	460.4

注：有关这些数据的解释，请参见文章内解释。国内项目包括除国防和内政以外的所有预算职能。表中只包括拨款，不包括国会影响支出水平的其他行动。国会预算办公室重新估算了总统的预算。

资料来源：未公开的国会预算办公室文件。

表 4.2　　分析拨款行为：选定预算的职能（1986—1989 财政年度）

职能部门	拨款的次数					
	高于总统预算和基线	高于总统预算，低于基线	低于总统预算，高于基线	低于总统预算，低于基线	等于总统预算，高于基线	等于总统预算，低于基线
司法行政	66	21	31	66	1	3
农业	2	30	17	50	0	3
商业和住房信贷	23	24	18	56	4	3
社区和地方发展	37	41	6	34	5	2
教育、培训、就业和社会服务	87	39	27	77	2	12
能源	15	18	5	31	9	10
科学技术	21	2	19	17	2	2
健康	79	39	17	88	3	3
收入保障	42	28	1	13	1	1
国际事务	57	25	21	88	9	22
自然资源和环境	105	78	20	93	19	15
交通	76	48	32	51	0	1
退伍军人福利和服务	15	10	1	21	6	1
总数	625	403	215	685	61	78
占所有拨款行为的百分比（%）	(30.2)	(19.5)	(10.4)	(33.4)	(3.0)	(3.8)

注：此表仅包括拨款，不包括国会影响支出水平的其他行动。计算基于国会预算办公室重新估算的总统预算。表中不包括拨款高于总统预算并等于基线的 5 个案例和拨款与总统预算和基线相等的 14 个案例。

资料来源：未公开的国会预算办公室文件。

向这个方向转移资金的过程从预算决议开始，一直持续到国会拨款为止。表 4.3（A－D）将每项职能的选择性支出总额与总统要求、基线和预算中假定的数额进行了比较。最能说明问题的是国内和国防、国际类别的分类汇总。在每一年，用于国防和国际项目的拨款总额都低于总统的要求和基线；在所有这些年中，国内选择性支出的拨款总额都超过了总统的要求。在其中的 3 年里，国防和国际开支的削减足以完全抵销国内开支的增加，因此总的自由支配经费低于总统的要求。

1989 财政年度的拨款是这种模式下的一个例外，也是现代历史上国会拨款超过总统要求的少数几年之一。出现这种反常现象仅仅是因为国防预算的削减比前几年少，而不是因为国会超出总统国内要求的幅度特别大。里根 1989 年的财政国防要求符合 1987 年预算峰会的条款，因此，国会无法对此进行大幅削减。[37] 在没有大幅度削减国防开支的情况下，即使是在国内项目中适度增加拨款，也会导致选择性支出拨款总额超过总统的要求。

在里根执政期间，总统要求大幅增加国防预算，为扩大国内拨款腾出了空间，并允许拨款委员会继续扮演其削减预算和增加项目资源的传统角色。当根据预算峰会协议，里根缓和了他的国防经费申请时，国会预算中已经没有足够的空间来扮演这个角色了。国会被迫在削减预算和加强国内项目之间作出选择时，它选择了后者。

据报道，管理预算局官员向里根汇报，由于在国防上要了那么多，他为国内项目增加拨款打开了大门。但总统显然并不买账，因为他致力于国防建设，并认为他在国防上要的越少，得到的就越少。如果里根是正确的，那么与总统要求更少的国防预算相比，他的行动可能导致了更高的国防和国内拨款。

表 4.3A　1986 财政年度选择性支出的预算决议、基线和总统预算拨款的比较　单位：10 亿美元

拨款比较				
职能部门	拨款	总统预算	基线	预算决议
国内项目				
科学技术	9.3	0.2	0.4	0.5
能源	5.9	-2.1	-2.9	-0.5
自然资源和环境	13.6	-0.9	-1.8	-1.5
农业	2.1	-0.1	-0.2	0.8
商业和住房信贷	2.6	-0.7	-0.8	-0.3
交通	10.3	-1.7	-2.1	-0.2
社区和地方发展	5.7	-0.6	-1.3	-0.3
教育、培训、就业和社会服务	21.3	-0.5	-1.8	-1.1
健康	10.3	0.1	-0.4	-0.1
收入保障	15.8	10.6	-2.2	-0.2
退伍军人福利	10.8	-0.1	-0.3	-0.4
司法行政	6.7	0.3	0.1	A
综合政府事务	7.5	1.1	0.2	0.4
一般用途财政援助	0.6	0.1	0.6	0.6
免税额	0.0	-1.5	-0.9	2.1
国内综合	122.5	4.2	-13.4	-0.2
非国内职能部门				
国防	288.3	-4.9	-37.1	-14.9
国际项目	18.7	-4.5	-4.9	-0.7
非国内事务总和	307.0	-9.4	-42.0	-15.6
总和	429.5	-5.2	-55.3	-15.8

注：有关这些数据的解释，请参见文章内解释。国内项目包括除国防和内政以外的所有预算职能。表中 A：数额小于 5000 万美元。此表仅包括拨款，不包括国会影响支出水平的其他行动。计算基于国会预算办公室重新估算的总统预算。由于四舍五入，数字总和可能不匹配。这些备注同样适用于表 4.3A 到表 4.3D。

资料来源：未公开的国会预算办公室文件。

表 4.3B　1987 财政年度选择性支出的预算决议、基线和总统预算拨款的比较　　单位：10 亿美元

拨款比较				
职能部门	拨款	总统预算	基线	预算决议
国内项目				
科学技术	12.5	3.1	3.2	3.4
能源	4.2	-0.1	-1.2	-1.0
自然资源和环境	16.7	3.2	1.7	2.2
农业	2.3	0.6	0.1	0.2
商业和住房信贷	2.8	-1.5	-0.3	0.1
交通	24.4	17.1	13.6	13.5
社区和地方发展	5.7	1.3	-0.5	-0.3
教育、培训、就业和社会服务	24.1	5.4	1.6	0.1
健康	12.1	2.3	1.4	1.2
收入保障	13.5	5.1	-2.7	-1.1
退伍军人福利	11.4	0.8	0.2	0.3
司法行政	8.4	1.5	1.7	1.4
综合政府事务	8.4	0.5	1.4	1.2
一般用途财政援助	0.6	0.6	0.6	0.6
免税额	0.0	-0.4	-1.0	-1.0
国内综合	147.3	39.5	19.8	20.8
非国内职能部门				
国防	286.3	-34.7	-15.4	-6.7
国际项目	17.7	-5.6	-2.2	0.7
非国内事务总和	304.0	-40.3	-17.6	-6.0
总和	451.2	-0.8	-2.1	14.9

表 4.3C　1988 财政年度选择性支出的预算决议、基线和总统预算拨款的比较　单位：10 亿美元

拨款比较				
职能部门	拨款	总统预算	基线	预算决议
国内项目				
科学技术	10.7	-0.7	0.2	-0.6
能源	5.7	0.4	-1.0	-0.3
自然资源和环境	16.4	1.8	-0.5	A
农业	2.3	0.5	A	0.2
商业和住房信贷	2.9	0.9	-0.4	-0.2
交通	10.9	2.4	-0.5	-1.1
社区和地方发展	6.3	1.2	-0.5	-0.3
教育、培训、就业和社会服务	25.2	4.5	0.4	-1.6
健康	13.0	-0.9	0.4	-0.2
收入保障	13.7	3.9	-0.9	-1.5
退伍军人福利	11.8	0.1	-0.2	-0.2
司法行政	8.7	0.2	-0.2	-0.4
综合政府事务	8.7	-0.1	0.3	A
免税额	0.0	0.0	-0.9	0.7
国内综合	136.3	14.2	-3.8	-5.5
非国内职能部门				
国防	292.1	-20.5	-11.4	2.3
国际项目	17.8	-3.0	-0.9	0.4
非国内事务总和	309.9	-23.5	-12.3	2.7
总和	446.3	-9.4	-16.1	-2.7

表 4.3D　1989 财政年度选择性支出的预算决议、基线和总统预算拨款的比较　单位：10 亿美元

拨款比较				
职能部门	拨款	总统预算	基线	预算决议
国内项目				
科学技术	12.7	-1.2	1.5	-0.3
能源	6.1	-0.7	-0.3	0.5
自然资源和环境	16.9	1.7	-0.3	0.9
农业	2.3	0.2	-0.1	0.1
商业和住房信贷	2.8	0.5	-0.2	A
交通	11.6	2.3	0.5	0.5
社区和地方发展	6.5	0.7	-0.7	0.7
教育、培训、就业和社会服务	26.3	-0.1	A	-1.0
健康	14.3	0.7	0.8	0.8
收入保障	13.8	0.3	-0.9	-0.9
退伍军人福利	12.2	0.2	-0.2	0.1
司法行政	9.6	-0.2	0.5	0.2
综合政府事务	9.0	-0.2	-0.3	0.2
免税额	0.0	0.1	0.0	0.0
国内综合	144.1	4.3	0.3	1.8
非国内职能部门				
国防	300.0	-0.3	-8.3	-0.3
国际项目	18.2	0.1	-0.4	0.1
非国内事务总和	318.2	-0.2	-8.7	-0.2
总和	462.3	3.9	-8.3	1.9

为了将资金从国防拨款转向非国防拨款，国会不得不削弱总统的投票权，国会将全部或大部分经常拨款法案打包成一个综合性的持续性决议，提交给总统，由他决定是否接受。1986 财年的 13 项经常拨款法案中有 7 项是以单一措施颁布的。1987 年和 1988 年的所有财政拨款都在总括性的持续决议中提供。

持续不断的决议迫使总统接受比单独向他提交拨款法案更高的国内开支。里根本可以否决这些综合性措施，但如果他否决了，结果可能是混乱的预算冲突、政府机构的关闭、以及可能比持续决议提供的更低的国防拨款。此外，国会巧妙地将总统想要的东西包装成了持续的决议，比如援助尼加拉瓜的反政府武装。国会巧妙地以总统的要求来挟持里根接受这些综合措施。

1989 年的财政拨款以个别法案的形式颁布，并未使用持续决议形式。1989 财政年度的预算峰会完成了前几年持续执行的决议工作。这些工作在总统和国会领导人之间达成一项无否决权协议，涵盖了所有国内和国防预算拨款。这些协议保护了双方最重要的利益。国会在国内项目上得到了更多的支持，而总统在国防方面得到的支持也比单独行动时得到的多。总统削减了预算中的开支，国会在其预算决议中削减了开支，但拨款仍在继续增加，尽管增长率仅略高于通货膨胀率，同时低于国民生产总额的增长率。

扣留权的消失

拨款不是总统控制选择性支出的机会。总统可以利用 1974 年的《扣留控制法案》（ICA）来提议撤销或延迟资金。扣留数额是总统和国会预算关系的晴雨表。当总统主导两者关系时，国会倾向于接受扣留；当国会主导时，它通常会拒绝扣留。因此，按照《扣留控制法案》规则运作的每位总统都有不同的成功率，这并不令人感到意外。表 4.4 表明，杰拉尔德·福特面临着由反对党控制的国会，他提议撤销的资金中只有 7% 被取消。由于拒绝采取行动，国会强制释放了超过 90% 被扣留的资金。吉米·卡特受益于民主党对国会的控制，但是他仍然获得了不到 40% 的撤销提案的批准。

在罗纳德·里根的八年总统任期内，他提议撤销资金的成功率几乎与他的前任相同。但是里根的前两年和后六年之间有着惊人的不同。1981 年和 1982 年，里根说服国会取消了 160 亿美元的拨款。但在 1983—1988 年，里根在资金撤销中只赢得了 4 亿美元。因此，撤销成功率从 1981—1982 年的 69% 下降到 1983—1988 年的 2% 。国会的否决变得如此可以预见，以至于里根在 1988 年甚至都不屑于提出撤销计划。

关于预算递延的记录也遵循了类似的过程，但要追踪这一过程，必须区分日常行动和寻求改变政策的行动。例行的预算递延是由《反赤字法案》（Antideficiency Act）授权的，在预算项目目标可以无须支出全部金额就可以实现的情况下，该法案允许扣留资金。由于例行的预算递延不会改变政策，国会一般会同意其中的 99% 。但是，政策性预算递延——旨在减少项目或支出水平的政策预算递延——受到了更为严格的审查。多年来，国会只同意了略多于一半的政策性预算递延。在这一点上，里根在他任期的头两年也比之后的 6 年成功率更高。在他 1981—1982 年提交的政策性递延中，超过 90% 的预算递延被允许继续执行，而在他剩余的总统任期内，这一比例仅为 35% 。

表 4.4　　1975—1988 年撤销和递延　　单位：10 亿美元

撤销	提议	接受	接受占比（%）
福特（1975—1977 年）	7405	530	7.2
卡特（1977—1981 年）	6946	2580	37.1
里根（1981—1982 年）	23269	16080	69.1
里根（1983—1988 年）	20011	400	2.0
撤销总额	57631	19589	34.0
政策递延			
福特	23904	14145	59.2
卡特	12905	7314	56.7
里根（1981—1982 年）	6788	6174	91.0
里根（1983—1988 年）	22333	7736	34.6
日常预算递延			
福特	16623	16610	99.9
卡特	17943	17928	99.9
里根（1981—1988 年）	66817	66284	99.2
日常递延总额	101383	100820	99.4

注：对于撤销来说，接受的意思是国会通过了撤销资金的法案；对于预算递延来说，接受意味着国会没有不赞成预算递延。日常预算递延是在《反短缺法案》授权下的延期，其他所有延期均为政策延期。

资料来源：美国预算管理办公室。

在 1981 年和 1982 年，里根利用扣留权利来控制开支，而国会也利用扣留权来控制总统。在撤销的情况下，这种逆转所需要的不过是态度的改变。国会没有像在《扣留控制法案》发布初期那样按照总统的建议行事，而是以不作为取胜。然而，递延是另外一回事，因为如果国会什么都不做，总统就会获胜。通过改变游戏规则，国会将预算递延程序转化为国会控制的工具。取得这一进展的第一步是 1983 年最高法院在查达（Chadha）诉 INS 案中的裁决，该裁决认为所有立法否决（包括国会可以推翻资金延期的方法）都违反了美国宪法。当时，查达（Chadha）被视为对国会权力的打击，因为它剥夺了立法机关废除某些行政行为的能力。根据查达（Chadha），当总统推迟拨款时，国会似乎不再有有效的追索权。几年之内，很明显，由于国会没有权力推翻延期决定，因此国会会想办法限制总统提出延期决定的权力。这个问题在1986年也出现了，当时里根推迟了大约100亿美元他不想同意的支出。国会的反应是在当年的补充拨款法案中加入一项条款，废除大部分的政策预算递延。[38]1987年，在修订《格拉姆—拉德曼—霍林斯法案》的过程中，它采取了更有力的行动，终止了总统对支出进行政策延期的权力。[39]罗纳德·里根是美国历史上第一位明确禁止延期拨款以减缓联邦开支或减少赤字的总统。他的无能反映在这样一个事实上：里根在1988年没有提交任何一份推迟政策的文件，这是自《扣留控制法案》颁布以来第一年没有使用这种类型的扣留权力。

里根认为，总统扣留权力的削弱是限制政府控制预算开支能力的主要因素。在他担任总统的最后一个星期六的广播讲话中，曾经专门谈到了这个话题。“裁决已经出来了”，里根宣称：“目前的系统不工作。你能想象吗，一个家庭主妇或一家企业的负责人要被迫花光所有的预算，即使他们可以有结余？自1982年以来，我已经多次要求国会收回不必要的资金，83%的情况下他们都拒绝了。大多数时候，他们甚至没有提出来进行投票；他们只是简单地说，不，花光它。”[40]

这个结论并不像里根描述的那么简单。扣留是一种有限的动力。它只能针对拨款，而不能针对公共权利。国会将扣留视为“第二次行动”，总统有机会通过撤销或推迟他在拨款时未能获得的资金。扣留既是为了钱，也是为了权力。扣留造成的损失无疑增加了联邦政府的开支。更重要的是，它已经削弱了总统的权力。

削弱和解过程

预算和解在1981年是各类政策或者效果产生差异的原因。如果没有它，即使是像里根这样受欢迎和有说服力的总统也可能不会获胜，也很难赢得国会投票通过的许多预算削减法案。1981年以后，预算和解在国会预算中反复出现，但是其效力减弱了。1981年实现的巨额预算节约与近期批准的微不足道的预算节约之间存在着巨大差距。事实上，1981年实现的节余大大超过了在启动和解的所有其他年份所要求的总支出的减少额。尽管如上所述，预算节约估计数可能面临着严重挑战，但毫无疑问，预算和解作为削减工具的潜力已经削弱。这种削弱的明显证据来自1987年为执行总统和国会谈判达成的预算协议而制定的预算和解措施。据报道，这项措施从1988财政年度仅削减了不到40亿美元的开支，而下一年度也只削减了大约60亿美元。即使这些相对较少的金额也会因为基线技巧和其他预算花招被夸大。一个真实的数据显示，1987年股市崩盘所带来的预算节约几乎可以忽略不计。

这种预算削减工具的弱化不是偶然发生的。它是由国会领导人和委员会策划的，他们不想赋予总统和预算委员会有效的削减权力。削弱预算和解权利并不难，因为它并不是一个内在有效的进程。无论在哪个阶段，预算和解都取决于国会参与者是否愿意让预算和解发挥作用。预算和解是一个脆弱的进程，因为它存在严重的内在弱点。尽管《国会预算法案》指示各委员会对预算和解指示作出回应，但如果委员会未能做到这一点，并没有有效的制裁。指导手册并没有规定要删减哪些项目，或者如何衡量节约的费用。如果委员会编造虚假或不切实际的预算节约，预算委员会不能单方面找更恰当的预算削减来替代。他们可以要求参议院批准替代性的预算节约方案，但是议会并不总是一个解决委员会之间冲突或者作出艰难选择的好地方。即使当合法的预算节约被建议时，也不能保证它们会实现。《国会预算法案》并不要求国会颁布《预算和解法案》，它只规定，国会在预算决议的指示下，准备并考虑这样的措施。[41]

鉴于这一进程的局限性和参与者的多样性，预算和解能够发挥效用简直是个奇迹。由于里根的非凡影响力，这个计划在 1981 年成功了。在随后的几年里，这种做法之所以奏效，仅仅是因为国会在每次实施这种做法时，都将预算和解塑造成一个略有不同的进程。在新进程的第一波冲击消失之后，委员会获得了将预算和解转变为完全不同于最初设计目标的敏锐性。他们让预算和解服务于自己的目的和利益，而不是服务于削减赤字的目的和利益。20 世纪 80 年代的预算和解其实已经是从一个强迫各委员会违背其意愿行事的进程转变为一个推进其自身立法目标的工具。当预算和解首次被应用时，那些憎恨预算和解的委员会在过去 10 年中学会了如何利用预算和解。曾经是预算委员会在推动预算和解，现在是立法委员会大声疾呼，要求得到它带来的机会。

预算和解进程范围的缩小说明了这种转变。1981 年，对强制性支出和选择性支出都进行了预算和解。然而，从那时起，由年度拨款决定开支的选择性授权就一直被禁止使用。国会中压倒性的观点是，只有通过正常的授权拨款途径才能削减选择性支出的项目。[42]预算和解的范围缩小只有一个原因——减少预算和解进程的敌对情绪。预算和解的范围越广，就必须说服更多的委员会来节约开支，结果就会产生更多的不满情绪。在 1981 年预算和解的高峰期，大约有 30 个众议院和参议院委员会，还有几乎所有有立法管辖权的委员会都参与了预算和解进程。许多授权委员会对不得不在他们缺乏财政控制的项目上节约支出感到不满。拨款委员会对这种侵犯其管辖权的行为感到愤怒，两个委员会都指责预算委员会攫取了太多权力。[43] 随着预算和解的减少，敌意减轻了，但是削减开支的机会也减少了。

一些委员会在这个过程中玩弄花招，建议节约的钱比指示中要求的要少，并采取会计手段和其他夸大实际节约的花招。预算委员会通常不会挑战其他委员会适度展示其独立性，而且他们通常愿意接受 80% 或 90% 的预算和解资金。预算委员会必须在他们挑起的斗争中有所选择。与萨姆·雷伯恩(Sam Rayburn) 传说中的建议一致，他们在 1982—1988 年通过“独自行动”相处得很融洽，即使在削减开支未能达到指示的情况下也是如此。

这种适应性的态度表明了他们对预算花招反应的特点。当 1986 年的《预算和解法案》将 1987 财政年度的 6.8 亿美元的税收款项转移到前一财政年度时，预算委员会对此置若罔闻，并将这一数额视为削减开支。同样的法律因为先前立法中的削减而受到赞扬，而且它还有许多其他虚假的节约，以至于在国会上被公开称为“歪曲真相”。[44]

医疗保险一直是创造性预算的一个特别肥沃的领域：付款时间表提前、推迟或延长；医院和实际报销费率冻结和重新冻结；临时拨款延长，以便第二次或第三次申请节余。[45] 基线的特殊规则已经被仔细研究过，旨在提高支付额，并将增加额作为削减额。由于预算和解带来的节约骤然下降，这种花招也随之升级。1987 年的《预算和解法案》中有几项条款声称要在不削减服务的情况下削减医疗保险支出。一项条款延长了即将到期的 B 部分保险费收回 25% 项目成本的要求，另一项条款则临时减少医院的资本支出，第三项条款延缓了医疗保险索赔的处理。[46]如果把这些花招造成的支出减少从总数上删除，1987 年公布的预算节约数额也就微不足道了。

一些《预算和解法案》增加了对孕妇和低收入儿童的医疗补助。[47]这些“甜头”诱使一些委员会支持医疗保险的削减，因为这项计划的节约抵消了医疗补助的增加。根据基线工作的方式，委员会已经能够隐藏项目扩张对赤字的真正影响，通过获得短期预算节约的信贷，同时逐步增加这些“甜头”。

一些委员会破坏了预算和解的初衷，把它变成一种工具，用来颁布与预算或削减赤字毫无关系的其他立法（包括全部授权）。参议院通过了伯德规则（Byrd Rule）——禁止在预算和解草案中插入无关条款——该规则减少了但却没有删除无关条款。通过利用预算和解的特别程序——众议院有限的规则、参议院对议员席位修正案的时限和限制，各委员会推进了本来可能在议员席上受到质疑或缺乏足够动力单独颁布的立法。1986 年颁布的一项《预算和解法案》表明，这一过程已经成为吸引非相关人员的一块磁石。尽管这项法案几乎没有减少赤字，但它有一些条款帮助因外国竞争而失业的工人，重新授权小企业管理局，建立一个烟草支持计划，重新授权公共广播公司，对海外石油收入作了几十项改变。公正地解读其立法历史表明，这项措施之所以实施，主要是因为其他包袱，而不是为了减少赤字。

具有讽刺意味的是，随着预算和解对赤字的影响减弱，它反而越来越多地被贴上了削减赤字法案的标签。削减赤字并没有消失，但它已成为比现实更具象征意义的东西。在一个困难的政治世界里，国会处于削减预算和增加支出的重压之下，国会议员不必做太多事情，仅仅因为能够在赤字问题上做一些事情而获得赞誉，实在是一件非常美妙的事情。

政治的胜利

国会利用以及后来弱化其削减预算支出工具的行为，看起来只不过是立法上的花招罢了。[48]国会授予并削弱了扣留资金的权力；它通过预算和解程序从预算中削减了数10亿美元，然后把这一过程变成了阻挠大幅削减的手段；它操纵基线假设和拨款决定，以花费更多资金，同时声称它正在削减预算。但是，国会拒绝批准里根的许多削减计划，远不止是为了谋取政治优势。国会正在应对对它产生强大影响力的行为，内因往往是由外因驱动的。

预算变得越来越政治化。政治活动增加的迹象来自预算细节的泄露、拨款限额的开放和货币法案最低限额修正案数量的增加。媒体对预算问题的关注比以往更多，利益集团也在监督着经济的发展。更多的财政冲突会带来更多的预算选择的即时分析，同时也会造成更多的政府提议的替代方案。立法辩论日益分裂化，实质性问题往往会被缩小到其所涉的经费问题。在20世纪80年代的一些会议上，参众两院超过50%的点名表决都与预算有关，[49]其他观点常常被排挤出去。

政治活动的增加虽然并不局限于预算，但它不可避免地增加了预算制定者压力。统计数据显示，近10年来，美国国会的问题急剧增加，政治行动委员会的数量和它们所掌握的财政资源都有所增加，驻扎在首都的记者和“华盛顿代表”的数量也有所增加。[50]政治活动家对预算结果的影响是不确定的，但很明显，里根缩减国内政府支出的努力并没有诱使资金要求者退出联邦预算舞台。有一些证据表明，他们对州和地方政府的关注有所增加，但额外的活动并没有减轻预算压力。[51]

1981 年让这些挥金如土的人们措手不及。他们被里根的巨大声望和所提出的全面改革方案所淹没，他们不熟悉削减预算的新角色。之后，他们很快就学会了如何推翻这些规定，并成功地反对一再削减联邦开支。

正如大卫·斯托克曼在《政治的胜利》中承认的那样，里根的预算革命屈服于政治反对派。对斯托克曼来说，这主要是贪婪的政治，农民靠联邦政府的救济过活，企业保护他们的补贴贷款，城市为穷人寻求援助，但却把钱用于建造网球场和购物中心。这就是政治拨款和选票交易。斯托克曼认为，政府已经变得如此庞大和慷慨，以至于在钱眼中进食已经成为各社会阶层和经济状况的美国人共同参与的国民运动。[52]

国会议员们把要求公共利益的呼声视为民主政治。他们对公众舆论的变化和国内选民的偏好具有极高的敏感度。因为公众舆论站在他一边，里根在 1981 年获胜。而由于大多数美国人不支持他的预算政策，他在随后的几年里都失败了。

表 4.5 是从《华盛顿邮报》和美国广播公司新闻网（ABC News）相隔 6 年进行的两次民意调查中抽取的，它为这种转变提供了令人信服的证据。[53] 1981 年，医疗保险是大多数受访者希望增加的唯一国内计划。到了 1987 年，日托、社会保障和医疗补助也加入了这个行列。更能说明问题的是，希望削减开支的人比例下降。除了医疗保险，表 4.5 中报告的所有项目都显示，赞成在 6 年内削减开支的受访者比例呈下降趋势。在 1987 年，食品券是这项调查中唯一的非国防项目，超过 1/4 的受访者希望能削减支出。

表 4.5　　对于国内项目的态度变化　　单位:%

你认为下列哪一项联邦政府项目的支出需要增加，减少或者维持现有水平？		
	1981 年	1987 年
大学生贷款		
增加	22	46
减少	29	14
持平	48	39
日托项目		
增加	38	57
减少	15	8
持平	46	34
医疗（对贫困人口的医保）		
增加	44	61
减少	13	6
持平	41	32
医疗（对于老人的医保）		
增加	57	74
减少	3	3
持平	39	22
食品券		
增加	15	27
减少	49	26
持平	33	45
社会保障		
增加	49	63
减少	8	5
持平	40	31
失业保险		
增加	23	33
减少	25	12

续表

	1981 年	1987 年
持平	49	52
对于音乐和艺术的补助		
增加	13	16
减少	43	24
持平	41	59

资料来源：《华盛顿邮报》、美国广播公司新闻网（ABC News）。

当公众改变主意时，国会也改变了它的行为。它不能无视公众意见而与里根保持一致。不能仅仅通过拒绝里根的要求来回绝他，它还不得不停止使用几年前就开始使用的削减工具。

公众舆论和国会行为的转变不仅仅反映了纯粹的贪婪。这一转变是对联邦政府财政和美国人民福利之间非同寻常的联系的表现。为了解释这一发展，让我们回顾一下第二章中提到的一个主题。政府的发展和公共开支构成的变化使得预算编制过程更加透明，国会成为一个更具渗透性的机构。公共权利是预算生活的一个事实，也是一种政治心态。那些得到万亿转移支付支出中超过半数者与预算休戚相关，一点不亚于提交正式申请的联邦机构。但是，他们是预算过程的局外人，与承包商、州和地方政府以及医院等其他局外人一样，他们必须使用政治手段，而不是行政渠道来影响预算结果。尽管增加游说和对预算的关注是国家政治中更大变化的一部分，随着转移支付日益发展，这种变化也越发明显。

表 4.6 显示，在过去 30 年中，接受政府直接财政资助的人数大幅度增加。这些数字令人震惊。大约有 4000 万美国人每月收到社会保障支票。超过 2000 万人依靠联邦援助来支付医疗费用。大约有 2000 万人使用代金券购买食品。大约有

1400万人生活在社会福利住房之中，大约有1000万人在福利名单上。受益人口的增加有一部分是受到人口趋势的驱动，比如美国老年人口的增加。其中一些是由经济环境推动的，比如美国持续的贫困。不管原因是什么，压倒性的证据表明里根的削减并没有影响主要的转移支付项目。

表4.6　　政府主要转移项目的受益人　　单位：100万美元

项目	1960年	1970年	1980年	1990年
社会保障	14.3	25.8	35.4	39.5
医疗保险	0	19.9	27.5	33.2
医疗补助	0	14.5	21.6	25.8
学校午餐	13.6	22.4	26.6	25.0
食品券	4.3	8.5	19.3	18.1
公助住房	1.6	3.5	10.4	14.0
向有受抚养子女的家庭提供援助	3.0	7.4	10.6	10.9
补充保障收入[a]	2.8	2.9	3.7	4.2
妇女、婴儿及儿童补充营养项目	0	0.1	2.0	3.8
退伍军人补助金	4.0	4.7	4.7	3.6
失业保险[b]	2.1	2.1	3.8	2.4[c]

注：由于重复——有些人从两个或两个以上的方案中获得福利——受益人的人数无法加起来以确定接受转移支付的总人数。[a] 表示包括先前的程序；[b] 表示每周平均保险失业率；[c] 表示1987年的数据。

资料来源：《美国政府预算》，1990年，第36页，总统经济报告中的事业保险数据，1989年，表B-42。

政府转移支付项目不仅仅是预算中的项目，他们是数百万美国人的主要收入来源。[54]在1970年，转移支付，包括那些来自非联邦来源的转移支付，约占美国个人总收入的10%；在20世纪80年代，他们一直提供约15%的个人收入。

正如表 4.7 所报告的，超过 40% 的家庭（家庭和无亲缘关系的个人）收到了政府的转移支付。1/5 以上的家庭领取社会保障金，大量家庭领取其他形式的援助，如失业补偿或公共援助。

表 4.7　　将政府转移支付作为收入来源的家庭和无亲缘关系个人

	1980 年		1986 年	
	拥有这一收入来源的所有家庭数量（千人）	拥有这一收入来源的所有家庭百分比（%）	拥有这一收入来源的所有家庭数量（千人）	拥有这一收入来源的所有家庭百分比（%）
有收入的家庭和无亲缘关系的个人总数	60178	100	64328	100
收入来源				
社会保障[a]	13879	23.1	14754	22.9
补充保障收入	1649	2.7	1773	2.8
公共援助公共援助或福利	3570	5.9	3653	5.7
退役军人收入	2352	3.9	1678	2.6
失业保障	5984	9.9	5143	8.0
工人补偿金	1364	2.3	1703	2.6
政府转移支付	26355	43.8	26447	41.1

注：由于一些家庭从两个或两个以上的方案中获得补助，因此不应将家庭数目相加来确定总的补助金额。[a]表示包括铁路退休金领取者。

资料来源：美国人口普查局的最新人口报告，P－60 系列。《美国家庭、家庭和个人的货币收入：1969—1986 年》。

政府转移支付在帮助低收入者方面特别重要。人口普查局对转移支付的详细审查（见表 4.8）发现，对于数百万美国人来说，他们的生活水平仅仅只是在贫困线上一点点，如果没有转移支付，1986 年将有 5000 多万人陷入贫困。通过转移支付，大约2300万人摆脱了贫困。具有讽刺意味的是，大部分扶贫工作都来自没有特意测试过的项目，特别是社会保障和医疗保险，这些项目惠及所有符合年龄条件的人，不论他们的收入如何。

表 4.8　　1986 年贫困人口数量　　单位：百万人

目录	政府转移支付增加收入之前		政府转移支付增加收入之后		贫困人口的减少	
	数量	占比（%）	数量	占比（%）	数量	占比（%）
年长人口（65岁以上）	13.3	47.5	2.5	9.0	10.8	81.1
18—64岁人口	22.1	15.0	14.3	9.7	7.8	35.3
青年人口（18岁以下）	15.1	24.0	10.8	17.1	4.3	28.8
白人/任何年龄	37.3	18.4	19.1	9.4	18.2	48.8
黑人/任何年龄	11.7	40.4	7.5	26.0	4.2	35.9
西班牙裔/任何年龄	6.4	34.0	4.4	23.4	2.0	31.3
所有人口/任何年龄任何人种	50.6	21.2	27.6	11.6	23.0	45.4

注：相关概念的定义和衡量方法请参照资料来源。政府转移支付包括社会保障和其他措施及无须接受经济调查的转移支付，医疗保险和医疗补助的可替代价值，以及食品和住房福利的价值。

资料来源：美国人口普查局的当前人口报告，P－60系列，第164－RD－1；《衡量福利和税收对收入和贫困的影响：1986》。

由于数百万公民的生活水平直接依赖于这种或那种形式的公共援助，政府不可能大幅度缩减转移支付方案，否则将面临严重的政治和经济后果——不一定来自穷人，而是来自更富裕的受益者。减少转移支付将对受益人产生与减少工人工资同样的财政影响。在这两种情况下，可支配收入都会立即出现明显的损失。随着津贴计划的成熟，政府与公民之间形成了一种隐性的社会契约。这被广泛视为一种道德义务，只有在真正特殊的情况下才能被打破。福利的普及使美国人产生了这样的期望：政府将为他们提供养老保险，并在他们生病或失业期间提供帮助。当金融状况或总统命令的改变产生调整开支政策的压力时，这些根深蒂固的期望就不能置之不理。那些计划通过期待承诺的社会保障福利来退休的工人无法在他们到达或接近退休时迅速改变工作方向。如果社会安全网被取消，依赖政府援助的人可能也无法自行转移到其他工作或者生活环境。

随着预算在政治上变得更加重要，在秘密进行预算过程的情况下秘密调整支出变得更加困难。当政府考虑缩减开支时，它不得不考虑可能发生的令人尴尬的泄密、负面新闻、内部的背叛以及来自受影响利益集团的巨大压力。即使政府有意削减开支，这条道路在政治上也是困难的。

粘性支出

削减预算的政治约束以及国会可用工具的减少导致了“粘性支出”的产生，即使对紧缩政策有所反应，预算方面的要求也是微弱的。[55]即使政府试图缩减开支，粘性支出也往往会上升。这些支出有多种形式：条约和其他国际承诺、支付本金和利息的债券、支付服务提供者的合同义务、支付符合条件的人员的权益和其他承诺。

大多数粘性支出是可控的，但不能仅仅通过拨款行动。为了避免预算支出，产生这一义务的昂贵法律必须废除。这就是为什么控制粘性支出的主要工具——缩小预算和解范围——对削减预算支出的努力具有如此大的破坏性。

粘性支出正在逐步趋于上升。由于过去的决策对未来预算具有决定的作用，即使没有新的承诺，支出也会持续增加，联邦支出对预算状况的变化相对不敏感。支出变动趋势的证据可以在最近的联邦预算中找到。例如，在20世纪80年代末，国防开支的持续增长很大一部分是由于20世纪初批准的军事建设。由于几年前订购的武器已经交付，每年的支出增加了数10亿美元。在1980年，只有360亿美元的国防支出来自前一年的合同。1988年，先前承付的这类支出为1150亿美元。

支出上升在参与者人数稳步增加的转移支付中最为明显（见表4.6）。当罗纳德·里根担任总统时，社会保障和医疗保险每年增加大约50万参与者。这两个和其他一些福利方案的支出都有上升，原因是养老金、食品券支付和退伍军人福利方面的生活费调整以及医疗部门的通货膨胀压力。

20世纪80年代，这种支出向上的变动趋势是联邦支出逐年上升的主要原因。表4.9显示了每年支出增长的百分比，这是由于社会保障支出、医疗保健费用、利息收费、上年度的合同和其他承诺的增加。尽管这些数据并不像表中显示的那么精确，但它们也显著地体现了趋势。[56]在每一年中，大部分政府部门支出的增加由粘性支出的上升造成。在1986年和1987年的两年中，超过100%的增长归因于这些支出。这意味着预算中剩余的、不具粘性的部分可能已经被削减了。在其他年份，粘性支出的上升占了支出总额增长的2/3或更多。

这种现象对华盛顿的预算指标意味着什么？他们并没有因为支出的增长而获得多少赞誉，因为所有或大部分都来自过去的决策。他们也没有新的福利可以分配，因为大部分或全部增加的收入在他们做出单一决策之前就已经花掉了。他们的不幸在于既要因预算糟糕的财务状况被迫削减开支受到指责，也要因过去承诺要求的总开支上升受到指责。对他们来说，20 世纪 80 年代的预算编制是一件令人沮丧和不愉快的苦差事。

表 4.9　　1981—1988 财政年度粘性支出的年度增长占支出总额增长的百分比　　单位：%

财政年度	社会保障	净增长	医疗保险	其他强制性成本	往年的合同	由粘性支出造成的增长所占百分比
1981	26	20	12	9	7	74
1982	22	23	12	14	18	89
1983	21	7	12	26	11	76
1984	17	49	15	-49	38	70
1985	11	19	12	9	18	69
1986	23	15	15	32	44	129
1987	65	19	61	-2	30	174[a]
1988	19	22	16	3	2	63

注：管理与预算局事先对这些数据的计算和分类进行了修订；因此，一年的预算中取得的数据可能无法与从另一年的预算中取得的数据进行严格的比较。这些数据不包括“未分配的员工股份、员工退休金”。[a] 表示这些百分比可能具有误导性和夸大性，因为会计上的花招降低了总支出的增长。

资料来源：1981—1984 年的数据来源于《美国政府 1986 年预算》汇总表 18；1985—1988 年的数据来源于《1990 年财政预算》中的历史表格，表 8.1。

许多粘性支出是以权利形式出现的，这一事实极大地复杂了根据财务状况调整支出模式的任务。从政治上讲，改变一个法案比仅仅削减预算更难实现；剥夺法律赋予的权利可能比反对增加开支的要求更难。在“应享公共权利的国家”，预算监护人不能仅仅通过不作为来驳回申请。相比之下，申请人可以通过让法律为自己说话来达到目的。指数化和其他造成支出偏离的原因也对保护者不利。他们不能仅仅通过保持目前的水平来限制支出。即使他们只是试图削减开支增长，他们也必须像预算削减者一样，试图取消承诺给受益人的福利。

结　论

在里根时代，预算变成了一场持续的斗争。预算制定者寻求削减开支，结果却发现支出再次回升。国会最终放弃了尝试。当下一批预算消息可能显示支出或赤字与以前一样高的时候，为什么还要承担削减计划的责任呢？从这个角度来看，削弱预算的削减能力是对不断上升的支出的合理反应。

然而，政治家们不能忽视巨大的赤字。如果他们自己不能完成开支的削减，他们就不得不想出其他方法来完成这项工作。1985 年，他们发明了一种新的切割工具——扣留程序。《格拉姆—拉德曼—霍林斯法案》的这一创举有一个很大的优势：削减将是自动进行的，不会留下任何政治痕迹。把国会推向《格拉姆—拉德曼—霍林斯法案》的道路是：预算政策冲突扰乱了既定程序，并将预算变成了每年需要完成的困难的并会引起分裂的家务活。预算，正如我们将在第六章中看到的，成为了一个即兴的过程，每年的程序均根据当时的机会量身定做。

注释

[1] 关于“旧的”拨款程序最完整、最有见地的叙述仍然是理查德·F. 芬诺的《钱包的力量：国会的拨款政治》，波士顿：利特尔 & 布朗出版社，1966 年。

［2］延期和撤销是相互排斥的类别。每一次扣留都被归类为一个或另一个。《扣留管制法》规定了防止利用推迟程序取消资金的规则。超过一个财政年度或在某一段时间内不得提出延期，因为这段时间内将不允许使用资金。在撤销的情况下，45 天为“连续会期”，国会休会期不计入 45 天。

［3］一般来说，由信托基金资助的公共权利是永久拨款，而由一般收入资助的公共权利则会得到年度拨款。根据《国会预算法》，拨款委员会在审查新公共权利和提议削减方面有一些有限的管辖权，但他们并没有在很大程度上行使这种权力。

［4］在《国会预算法案》通过的 6 年前，行政预算通过信托基金和联邦基金的结合实现了统一。统一预算使总统能够对预算总额作出决定。

［5］国会于 1972 年成立了预算控制联合研究委员会，建议修改立法预算，该委员会强调拨款委员会的管辖权薄弱。见其 1972 年 4 月 18 日的报告。

［6］国会在 20 世纪 80 年代初放弃了第二项预算决议。这一变化正式纳入了 1985 年确立格拉姆—拉德曼—霍林斯进程的立法规则。这项单一的决议应该在每年 4 月 15 日前通过。

［7］一些对国会预算程序持批评态度的人声称，该程序具有支持开支的倾向。他们指出，与拨款不同的是，在预算决议中，成员对不连续的项目进行表决，他们决定广泛的功能优先项。他们认为，这样做的效果是增加互投赞成票的规模或得到支持的回报。现在，国会不再通过为议员所在地区或州的项目增加若干资金来获得支持，而是为主要项目提供数亿美元或更多的资金。本文作者认为，1981 年的事件清楚地证明了如何利用预算程序大幅削减联邦开支。

［8］艾伦·希克在《预算如何取得和失败的》一文中讨论了 1981 年的发展。诺曼·J. 奥恩斯特林：《总统与国会：评估里根的第一年》，华盛顿特区：美国企业研究所，1982 年，第 14 – 43 页。

［9］为了阻止这种行为，众议员大卫·欧贝每年都提出一项综合措施，其中包括预算决议和所有经常性拨款法案。服从计划在艾伦·施克的书《整体和部分：国会预算的部分和整合方法》（美国国会，众

议院预算委员会，1987年2月）中有所讨论。

[10] 这种转变以及1980年和1981年早期使用预算和解的情况在艾伦·施克的《预算和解与国会预算程序》（华盛顿特区：美国企业研究所，1980年）中进行了讨论。第五章将讨论利用预算和解来修改税收立法。

[11] 有些年份，众议院分别就委员会的建议采取行动，然后在与参议院开会时将立法纳入一项综合措施。

[12] 《国会预算法案》规定了参议院审议核对法案的时限。因此，这项措施不能被阻挠。尽管众议院没有类似的限制，但众议院通常采用一项特别规则，为审议核对法案设定限制性条款。

[13] 这些估计数是众议院预算委员会在审议核对法案时做出的，并在众议院预算委员会《审查核对过程》中公布（众议院预算委员会印刷，1984年10月，第32页）。

[14] 众议院第二十一条规则禁止未经授权的拨款，包括超过授权数额的拨款，参议院第十六条规则也有类似的限制，但要弱得多。两院都有程序，使它们能够绕过规则并适当超过授权的水平。

[15] 信贷预算的日益突出反映在1990年财政预算中整个部门对信贷预算的投入上。该部分解释了信贷预算的概念和应用。参见美国管理与预算局，1990财政年度，第6部分。

[16] 改革的解释同[15]资料来源，第6-22页。

[17] 关于拨款限额的数据来自管理与预算局、美国政府预算：1990财政年度，特别分析F部分。

[18] 见美国政府1990财政年度预算，历史表，第14节。

[19] 联邦政府资助的企业是由联邦政府建立的私人组织。1990年财政预算确定了9个这样的企业。因为金融企业是私有的，他们的交易不包括在预算之内。不过，财务报表附于财务预算附录。

[20] 参见艾伦·希克：《联邦资助企业：下一次预算危机?》，《税务基金会，税务特征》，1989年1月/2月。

[21] 大卫·A. 斯托克曼：《政治的胜利：里根革命为何失败》，第405-406页。

[22] 同注释[21]，第401页。

［23］见国会预算办公室《1985—1989 财政年度基线预算预测》，1984 年 2 月，附录 D。

［24］个人支付的数据取自政府管理和预算局的历史表格。政府管理和预算局没有将支出分为强制支出和选择性支出两类。国会预算办公室报告说，1981 年的强制开支占 GNP 的 10.7%，1988 年占 GNP 的 10.5%，而 1981 年非国防开支占 GNP 的 5.7%，1988 年占 3.7%。参见国会预算办公室：《经济和预算展望：1990—1994 财政年度》，1989 年 2 月，表格 F-6。

［25］管理与预算局，历史表格，表 11.1。

［26］强制性的工作量变化是法律所要求的，例如增加社会保障或食品券参与者的人数。这些变化不包括自主项目工作量的增加，例如专利局处理的专利数量的增加。

［27］蒂莫西·J. 穆里斯："预算基线的使用和滥用"，未发表的文件，1989 年 1 月，第 32 页，这篇知情的文件提供了大量的例子，说明基线是如何被操纵来扭曲削减规模。

［28］本段和本小节其他几段的部分内容改编自艾伦．希克的《在奥斯汀》，第 30 - 32 页。

［29］参议院预算委员会主席埃德蒙·马斯基在 1978 财政年度起草的第一份预算决议时承认："人们越来越多地认为，目前的政策数字代表了一个夸大的数字……里面有水分。"引自艾伦·希克：《国会与钱：预算、支出与税收》，华盛顿特区：城市研究所，1980 年，第 263 页。

［30］美国国内开支削减的两种基线进行比较。约翰·W. 埃尔伍德《新布伦斯瑞克：交易书》，1982 年，第 34 - 39 页。

［31］引自威廉·格雷德：《大卫·斯托克曼的教育》，《大西洋月刊》，1981 年 12 月，第 51 页。

［32］同注释［30］资料来源，第 45 页。

［33］美国政府的预算，1990 财政年度，特别分析 A 部分中讨论了目前使用基线的做法和问题。

［34］国会预算办公室在《1985—1989 财政年度基线预算预测》（1984 年 2 月）第 78 页中讨论了这些费用对预算的影响。

[35] 穆里斯，同注释[27]，第49页估计，20世纪80年代宣称的70亿美元医疗保险节约款项是由于临时补助的延长所造成的。

[36] 拨款委员会不必遵守预算决议中规定的功能拨款。当众议院预算委员会根据《国会预算法》第302条(a)款向众议院拨款委员会拨款时，会为每项职能规定一个数额。参议院预算委员会向拨款委员会分配款项，但不会明确规定款项使用的预算功能。

[37] 国会将资金转移到国内项目的能力也受到预算峰会上国际项目资金数额达成协议的影响。

[38] 见《国会季刊年鉴》，1986年，第576－578页。

[39] PL 100－119；修订后的《扣留管制法》第1013(b)条。

[40] 每周总统文件汇编，第24卷，第51期(1988年12月26日)，第1643页。

[41]《国会预算法案》有一些软弱无力、无效的制裁措施来刺激对《预算和解法案》的行动。经过修正的该法案第310(f)条规定，国会必须在6月15日之前完成对任何所需的《预算和解法案》的行动。它还规定了众议院(在7月)反对休会决议的程序问题。

[42] 不能通过自主拨款有效控制的“准公共权利”仍须遵守核对指示。众议院预算委员会将准权利定义为“通过支出发挥作用的计划是强制性的，但在法律上是自由裁量的计划。从技术上讲，拨款委员会可以控制此类项目的开支，但这种方法通常不现实。”众议院预算委员会，预算和解过程审查(1984年10月)，第49页。食品券就是一个类似权利的例子。

[43] 1981年，众议院预算委员会编写的预算和解指示通过议员修正案覆盖了更多的委员会并产生了更大幅度的削减。尽管预算委员会倾向于更加克制地使用预算和解程序，但是他们却被指责为过度使用预算和解程序，预算委员会还被指责为过度使用权力。

[44]《1987年萨图诺总括〈预算和解法案〉：国会对P.L. 100－203的行动摘要》，《国会研究服务处第88－296号报告》(1988年4月12日)回顾了该法的立法历史和规定。

[45] 参见艾伦·希克的文章，《控制“不可控制的”：为医疗保健预算》收录在杰克·A. 迈耶和马里昂·艾因·卢文的《收取未来的医

疗保健费用》一书中，华盛顿特区：美国企业研究所，1987 年，第 13 - 34 页。

［46］第六章回顾了 20 世纪 80 年代医疗保险立法的这一特点和其他特点。

［47］穆里斯，同注释［27］，第 48 页估计，1987 年的预算和解法在 5 年期间增加了 36 亿美元的支出，但由于大部分增加的数额将在 1991 年和 1992 年支出，因此在制定该措施时没有将其计入基线。

［48］这一节中的一些标题是从大卫·斯特克曼的书中摘取出来的，这本书记录了里根总统任期内的早期预算斗争。

［49］有关预算相关的数据是从艾伦·希克的《预算过程中的危机：行使政治选择》中摘取，华盛顿特区：美国企业研究所，1986 年，第 42 - 43 页；同样也参见诺曼·奥恩斯坦等人的《国会生命统计，1987—1988 年》，华盛顿特区：国会季刊，1987 年，表 7 - 9 和表 7 - 10。

［50］奥恩斯坦（Ornstein），同注释［49］，包含了大量关于国会邮件、竞选资金和其他政治活动衡量标准的趋势数据。

［51］参见哈罗德·沃尔曼和弗雷德·泰特尔鲍姆在《里根总统和美国的统治》一书中的“利益集团和里根总统”。莱斯特·M. 萨拉蒙和迈克尔·S. 隆德（华盛顿特区：城市研究所，1984 年，第 297 - 333 页。

［52］在《政治的胜利》中，斯特克曼表现出对民主政治的敏锐理解。以下是他书的后记中的一些节选。“美国民主政治把我的反福利国家理论弄得一团糟……不管它有什么实质价值，它都建立在人民的意愿与政治家的行动严重不一致的幻觉之上。但过去 5 年的政治史大多否定了这一主张。我们对 5000 亿美元福利国家预算中的每一项都进行了动荡的全民公投……国会众议员和参议员最终提供了他们选区的要求……华盛顿的支出政治确实反映了来自分散在全国各地的多元化、活跃的选民碎片提出的异质性和狭隘的要求。你在政客们的大厅里看到的做法可能并不明智，但这是选民们唯一想要的。”第 376 - 377 页。

［53］在里根总统任期的最后几年进行的许多调查中，人们普遍支持增加或稳定开支。例如，1987 年为《时代》杂志进行的一项民意调查发现，以下多数人支持增加住房保障：老年人医疗保健项目

(78%);环保项目(73%);无家可归者救助项目(71%);穷人医疗保健项目(71%);母亲和婴儿营养项目(55%);中低收入住房项目(54%);大学生贷款和助学金项目(52%)。调查时间:1987年3月30日,第37页。

[54] 下表摘自《1988年统计摘要》(表678),显示了自1970年以来收入来源的趋势(单位:%):

项目	1970年	1975年	1980年	1983年	1986年
工资和薪金支出	66.3	63.7	60.7	59.1	59.1
转移支付	10.3	14.2	14.4	15.6	14.7
其他[a]	23.3	22.1	24.8	25.3	26.3
个人收入	100	100	100	100	100

注:[a] 其他:其他劳动收入、业主收入、个人租赁收入、个人红利收入、个人利息收入、个人社会保险缴费支出。

[55] "粘性"这个概念是从经济学中借用过来的,在经济学中,它被用来解释为什么价格有时在适应不断变化的市场条件方面反应缓慢。"粘性支出"比"不灵活"或"刚性"支出更受欢迎,因为后面的形容词表明支出根本不调整。证据表明,调整确实发生了,但不像支出不那么"粘性"时可能发生的那样反应迅速。

[56] 表4.9中的数据受到管理和预算局对相对可控和相对无法控制的支出进行定期重新分类的影响。由于这些重新分类,管理和预算局的历史数据系列只能追溯到1985年。因此,表4.9中的数据来自几个可能彼此不兼容的不同来源。另一个复杂因素是,不同类型支出的细分受到会计伎俩、补偿性捐款和其他变化的影响。虽然如此,该表仍然提供了关于预算趋势的有用数据,尽管不够精确。

第五章
征税能力不足

预算能力并非仅仅从政府控制开支的角度来评估。有效的预算编制还需要有能力将收入和支出联系起来，并根据对公共资金的要求决定应筹集多少资金。当一国政府长期存在赤字时，必须评估其征税能力，以确定赤字在多大程度上是由于预算收支两方面联系不足造成的。

与美国各州和地方政府相比，联邦政府在收入和支出之间的联系本来就比较松散。由于缺乏严格的平衡预算要求，并且拥有特别的资金来源，联邦政府可以为支出进行预算，而不必明确考虑增加支出是否会迫使税收或其他收入来源上调。地方政府通常每年都会对税收政策进行审查，而联邦政府则不同，它可以把估计的税收收益率作为一个给定值，然后再决定是否允许支出超过收入，以及超过多少。

由于战后经济增长和补偿性财政政策，财政收支之间的联系放松了。长期的增长使人们对本国经济有能力创造足够的资源为各种方案提供资金产生了信心；补偿性财政行动使由于周期性条件造成的收入短缺合法化。正如在第二章中所讨论的，政府更倾向于将预算定位于经济的潜力，应用凯恩斯主义使政府较少关注实际或预计的收入。此外，如果实际收入低于计划水平，则不必在财政年度采取任何纠正行动。财政收入的短缺会被视为一种对经济复苏的帮助。

20 世纪 60 年代末和 70 年代初不断恶化的预算条件引起了人们对收支关系的关注。1967 年，国会以约翰逊总统提出的附加税作为削减开支的筹码，拒绝在税收立法上采取行动，直到与白宫就开支问题达成协议。然而，这种安排是临时性的，它没有将收入和支出决定持续地结合起来。

国会在 1974 年设立了预算程序，力求使收支联系制度化。该法令规定，每项预算决议都应规定联邦收入的建议水平，以及联邦收入总额应增加或减少的金额（如果有的话）。[1]为了确保税收政策的制定与国会的预算决定保持一致，1974 年的法案禁止在春季预算决议通过之前审议税收立法。[2]通过《国会预算法案》的预算和解程序，国会可以指示众议院筹款委员会和参议院财政委员会报告税法的变化。预算和解过程使国会第一次能够将收入和支出立法合并为一项单一的措施。[3]为了强制执行预算决定，防止减税增加已批准的赤字，《国会预算法案》剔除了导致总收入低于最终预算决议规定水平的立法。

《国会预算法案》明确规定，赤字可以来自收入政策或支出政策，它设计了一个程序，将以对称的方式对待预算的双方。[4]该法案通常依靠程序规则来确保国会在其批准的预算框架内进行立法。[5]

尽管有这些规则，重大的收入决策有时仍独立于预算过程。最主要的例子是 1986 年的《税收改革法案》（TRA），这是自第二次世界大战以来影响最深远的税收立法。《税收改革法案》的结构是在给定的年度内保持收入中性。也就是说，新税制在这段时间内产生的预期收入与它所取代的税制相同。由于预算赤字在 1986 年达到了 2210 亿美元的峰值——也就是

《税收改革法案》颁布的那一年——国会在不产生额外收入的情况下彻底改革税法似乎令人惊讶。对收入中立的承诺有效地将税收立法与当年的预算行动隔离开来。收入中立排除了预算委员会和其他关注赤字的机构对税收政策的影响。1986 年 3 月，就在参议院财政委员会开始认真研究这项措施的时候，一个由 50 名参议员组成的跨党派小组写信给里根总统，敦促其推迟交通运输法：虽然我们认为税收改革是一项重要的事件，但我们不认为它应该在采取进一步行动减少赤字之前先行一步。我们仍然认为，赤字是我们国家面临的最紧迫问题……因此，在国会和白宫之间达成一项坚定、明确的协议之前，我们不认为美国参议院应该考虑或讨论税收改革。[6]

金融委员会（在白宫的鼓励下）无视这一请求并提出了另一项法案，该法案在参议院获得压倒性支持，并对最终的立法产生了强烈影响。税收改革与预算的分离是如此彻底，以至于当发现通过《税收改革法案》在第一年产生的 110 亿美元收益在随后几年变成了收入损失时，参议院批准了一项很快就被遗忘的修正案，该法案宣布在确定格拉姆—鲁德曼—霍林斯赤字目标达到的情况下，这些波动不应计算在内。[7]

由于国会通过税收中性立法的情况极其罕见，因此，《税收改革法案》并不能代表 20 世纪 70 年代和 80 年代批准的许多其他税收措施。但是，《税收改革法案》确实证明，国会在 1974 年法案中寻求的税收和预算政策的密切协调并非总是能实现。一些收入措施实际上与预算挂钩，而另一些措施则更多地受到经济政策或其他因素的影响。1980 年的《预算和解法案》、1984 年的《削减赤字法》和 1987 年的《预算和解法案》都是由预算决定推动或驱动的。这些措施中的每一项都试图通过增加联邦收入来减少赤字。但另一批税收措施在国会获得通过，他们与预算的联系要弱得多，其中包括1975年、1976年和1977年颁布的减税政策。这些法律是在经济紧张和税负增加时期通过的。因此，与其说他们受到预算状况的影响，不如说他们受到了减轻税收压力这一愿望的影响。1981年的法律是一个特例。它不是在程序上与国会预算过程相联系，而是里根经济计划的一个关键部分，它与当年的预算决定密切相关。表5.1列出了这些法律和其他法律颁布时对收入的预期影响。通过对两种措施的比较，可以得出一个明确的框架。与预算松散地联系在一起的立法所减少的收入远远超过与预算政策正式整合在一起的法律所增加的收入。

表5.1　1975—1987年主要税收法案产生的收入影响

单位：10亿美元

税收法案/年份	估计产生的收入影响				
	第一年	第二年	第三年	第四年	第五年
节税法案（1975）	-22.8	未统计			
税制改革（1976）	-15.7	-12.8	-6.8	-7.4	-6.2
节税和简化税收法案（1977）	-2.6	-17.8	-13.8	未统计	
收入法案（1978）	-19.3	-37.5	-44.2	-52.1	-58.0
综合预算和解法（1980）	3.6	2.5	4.2	7.0	11.1
原油暴利税法案（1980）	6.1	12.2	16.3	19.2	20.0
经济复苏税收法案（1981）	-37.7	-92.7	-150.0	-199.2	-267.7
税收平衡与财政责任法案[a]（1982）	18.0	37.7	42.7	51.8	63.9
削减赤字法案（1984）	1.1	10.6	16.5	22.5	25.2
一体化综合预算调解法（1985）	0.8	2.5	2.8	2.9	3.1
税制改革（1986）	11.5	-16.7	-15.1	8.0	12.0
综合预算调解法（1987）	9.1	14.1	15.1	未统计	

注：本表包括一般收入，不包括用于社会保障信托基金或其他方案的立法收入。这些估计数是税务联合委员会在特定立法颁布时作出的。估计数字可能与税收措施的实际效果有所不同。

[a]表示包括合规条款对收入的影响。

资料来源：税务联合委员会。

与预算有关的收入措施的主要目标是为政府筹措资金。与预算不完全等同的税法还有其他目的，包括控制政府开支，稳定和重新分配税负，通过税收制度提供补贴和其他福利以及将资金专用于指定项目。鉴于这些措施对收入的影响大于与预算有关的措施的影响，可以公平地得出结论，收入的产生往往从属于其他立法目标。

本章回顾了自1974年《国会预算法案》颁布以来通过税收立法实现的各种税收政策目标。在完成这些回顾之后，本章最后评估了收入和预算政策之间的联系。

控制政府支出

与政府通过税收立法为支出提供资金的概念相反，最近的行动表明，政府通常为相反的目的——削减支出——立法。利用税收立法来控制支出是基于这样一种预期，即支出将上升到消耗所有可用收入的水平。根据这种观点，政府拥有的越多，政府支出也就越多。因此，限制资源或减缓资源增长速度，实际上就将支出降低到了原本的水平之下。

与联邦政府相比，剥夺财政收入可能是各州和地方政府的核心有效控制手段，因为后者需要平衡运营预算，而联邦政府可以通过增加赤字来避免削减支出。从20世纪80年代末来看，似乎很明显，1981年颁布的大规模减税政策以及随之而来的赤字都限制了联邦支出的增长。“我们相信，”米尔顿·弗里德曼（Milton Friedman）在1988年写道，“赤字一直是国会开支的唯一有效限制……依靠赤字来控制开支固然是次好的解决方案，但总比什么都没有好。”[8]

1981 年的《经济复苏税法案》(Economic Recovery Tax Act, ERTA) 的主要目标是通过强制赤字来控制开支，该法案在 5 年内削减了约 7480 亿美元的联邦收入。在评估联邦政府以这种方式行事的程度时，必须区分税收立法的动机和后果。表 5.1 显示，与 1975 年以来颁布的所有其他法律（影响社会保障和其他未列入表中的指定用途税的法律除外）相比，《经济复苏税法案》对收入的影响不成比例。由于联邦政府被剥夺了如此多的收入，所以可以理解的是，由此产生的赤字被一些人视为《经济复苏税法案》的真正目的，而不仅仅是一次严重政策失误的最终结果。参议员丹尼尔·莫伊尼汉(Daniel Moynihan) 对这一观点进行了激烈的辩论。在 1983 年的一篇文章中，莫伊尼汉主张“赤字是有目的的……任何大规模削减像所得税这样根本性的东西都会带来巨大的收入损失。这是有意为之的”。[9]

在这种情况下，动机分析非常重要，因为它触及了当代赤字问题的核心，即赤字是因为政治意愿的缺点还是预算机制的缺陷。莫伊尼汉的观点获得了一些支持，比如里根在众议院就 1981 年税收措施进行关键投票前不久发表的电视讲话：

如果减税政策落到你们身上，美国人民……那些归还给你们的钱将无法提供给国会使用，在我看来，这就是整个争议的根源所在。你是否有资格享受自己的劳动果实，或者政府是否有一些支出和花费的权利？[10]

尽管毫无疑问，里根希望限制支出，但这并不能证明他会通过设计赤字来实现同样的目标。1981 年要求公众支持他的税收立法的电视广播也承诺了他将在几年内实现预算平衡。[11]此外，在他漫长的总统任期即将结束时，里根本人也将赤字视为了他最明显的失败。[12]

公正地解读历史记录，里根既希望减少开支，也希望减少赤字。但是，一旦赤字变得根深蒂固，总统就不会对此采取太多行动。他确信，通过增税来减少赤字将产生额外支出，他更喜欢一个赤字更大的小政府，而不是一个赤字更小的大政府。

1981 年本可以采取更多措施，将税收立法与赤字问题联系起来，但为了缓解短期赤字问题，减税措施被延长了一些。然而，这些削减的规模在最近几年有所扩大。在 5 年的时间里，国会减少了 7500 亿美元的税收，比里根要求的多了大约 300 亿美元。但是第一年的削减仅仅是里根最初要求的 2/3。将大部分的削减转移到以后年份，反映了未来会自行解决问题的这一观点。鉴于里根的压倒性胜利，纳税人的态度以及共和党和民主党之间的竞争等因素，减税措施没有充分注意到长期的预算影响是可以理解的。

稳定税负

20 世纪 70 年代中期以前，税收政策往往是由不确定性和惰性决定的。从 1949 年、1954 年到 1969 年对国内税收立法进行修订的间隔时间很长可以看出，主要的税收立法并不频繁。国会经常修改税法，并且每年通过一些次要的税收法案，但这些对预算的影响很小。

不断扩大的经济增长使政府不需要通过立法的改变来增加额外的收入。事实上，由于累进个人所得税，联邦收入增长速度快于经济增长速度。如果任其自生自灭，累进所得税将把纳税人推向更高的边际税率等级。为了扭转这种趋势，国会不时地调整纳税等级。对立法行动的一个更严重的刺激是20世纪70年代末和80年代初的滞胀。在实际可支配收入不断下降的时候，高通货膨胀和低增长的双重因素加重了数百万美国人的税负。以通货膨胀调整后的美元计算，单职工家庭的税后收入中值（包括社会保障税）从1972年的7743美元下降到1981年的6523美元。[13]实际可支配收入的下降伴随着税负的增加。表5.2改编自约瑟夫·米纳里克(Joseph Minarik)的计算，显示了从1965—1980年每5年平均税率和边际税率的变化。收入只有中等家庭收入一半的纳税人的平均税率从1965年的2.5%上升到1980年的5.4%。中等收入家庭的平均税率从1965年的7.9%急剧上升到1975年的9.6%和1980年的11.6%。边际税率的趋势也急剧上升，特别是对于那些处于或高于收入中位数的人来说。[14]

表5.2　四人家庭平均税率和边际税率相较于家庭收入中值数

单位：%

财政年度	1965	1970	1975	1980	1984
中值的一半					
平均税率	2.5	6.0	2.7	5.4	6.0
边际税率	14.0	16.8	26.0	16.0	14.0
中值					
平均税率	7.9	10.0	9.6	11.6	10.3
边际税率	17.0	19.5	22.0	24.0	22.0
中值的两倍					
平均税率	12.0	14.7	15.2	18.3	16.0
边际税率	22.0	25.6	32.0	43.0	33.0
中值的五倍					
平均税率	20.4	25.0	28.1	32.4	26.1
边际税率	39.0	49.2	53.0	59.0	49.0

续表

财政年度	1965	1970	1975	1980	1984
中值的十倍					
平均税率	30.9	33.9	37.8	41.4	33.3
边际税率	53.0	59.5	62.0	68.0	50.0

资料来源：约瑟夫·米纳里克：《做税务选择》，华盛顿：城市研究所，1985年，表4和表5。

税率的螺旋上升使个人所得税从1975年占个人总收入的9.8%上升到1981年的11.6%。[15]在这些年里，个人所得税收入占国民生产总值的比例从8.0%攀升到9.6%的历史新高。[16]

为了应对不断飙升的税负，国会连续4年减税：1975年、1976年、1977年和1978年。然而，减税的幅度相对温和，并且没有完全补偿税级的攀升。由于当时平均每年约600亿美元的预算赤字，国会愿意提供的救济金额显然受到了限制。国会在减少赤字和减少税收的压力之间左右为难，试图两者都做到一点，但两者都未能实现。

罗纳德·里根（Ronald Reagan）通过使减税和削减赤字的目标是兼容的而非敌对，避免了这种窘境。通过提倡减税以刺激经济和减轻税负，里根在1981年获得的税收减免（如表5.1所示）大大超过了前10年颁布的减税。这些削减措施对税率产生了预期的影响。如表5.2所示，到1984年，等于或高于中等收入水平的家庭的平均和边际税负普遍低于10年前的水平。然而，请注意，与20世纪60年代和70年代的通行税率相比，这些负担至今仍然很高。

这种税负的上升引发了大众对税收制度的不满，使政客们更难支持增税，并导致1986年的税收改革开始强调降低边际税率。纳税人不满的强有力证据来自政府关系咨询委员会（ACIR）发起的年度民意调查。如表5.5的第一部分所示，

1972 年首次进行这项调查时，只有 19% 的受访者认为联邦所得税是最糟糕的税种。[17] 到 1980 年，36% 的人认为这是最糟糕的税收。显然，20 世纪 70 年代的减税并不足以缓解人们对联邦税负的不满。直到 1986 年税率大幅降低，不满情绪才有所缓解。

只要通货膨胀水平适中，通过立法定期调整税负就会获得政治上的好处。政客们可以因为减少税收而获得赞誉，同时仍然可以为政府提供不断增加的收入。但当通货膨胀飙升时，人们就指责政客们没有采取足够的措施来保护纳税人免受税率攀升和税收升级的影响。为了避免指责，国会在 1981 年（1985 年生效）将所得税等级与消费者价格变化挂钩。[18] 通过自动调整，指数化带走了政府的大部分“通货膨胀红利”；因此，只有通过经济增长或明确增加税收，实际收入才能大幅增加。

分配利益

除了稳定税负，国会还减少了税收，以便为特定的纳税群体提供福利。从这个角度来看，税收立法已经成为支出立法的政治替代品。国会不是通过征税来支付账单，而是通过税收立法来向部分人口分配福利。

提供公共利益的权力是税收立法所固有的，国会提供的利益主要有两种：一种是，在减少广大纳税人纳税义务的过程中，它重新分配了税负，使一些群体最终支付的份额比以前更少。另外一种是，在修改税法时，对某些纳税人给予特殊优惠。近年来，美国国会采用了这两种方法。

重新分配税负

当国会减少税收时，通常会重新分配税负。所有的纳税人都可以减少他们的纳税额，但并不是所有人都减少到同样的程度。在累进税制结构中，再分配的结果是不可避免的。如果所有纳税人都得到同样的美元减免，收入较高的人将承担更大份额的税负。然而，如果所有纳税人都得到同样的减税百分比，那么对富人而言，减税的美元价值将远远高于穷人。

20 世纪 70 年代，赤字限制了减税额度，加剧了再分配利益的竞争。在一个固定的减税预算范围内，一部分纳税人得到的更多，而其他纳税人得到的更少。表 5.3 显示，低收入纳税人在 1975 年和 1976 年的立法中获得了大部分福利，而高收入纳税人从 1978 年和 1981 年的措施中获益最多。以美元和百分比计算，1975 年和 1976 年，收入低于 10000 美元的人比收入高出一倍或更多的人减少的钱更多。这种倾斜是通过调整标准扣除额、退还过去的税款和统一的税收抵免来实现的。此外，国会还建立了劳动收入抵免制度，使某些低收入者有权从政府获得超过其纳税义务的补贴。

然而，到了 20 世纪 70 年代末，国会面临着刺激投资和资本形成的强烈要求。作为回应，它将 1978 年减税的大部分好处给予高收入人群和企业。1978 年颁布的法律规定，6 万美元等级纳税人可以享受到相当于 2 万美元等级纳税人减税金额 5 倍的税收优惠。它还降低了资本利得税和对申请高额减免和豁免的个人的最低税率。

这些再分配行为让纳税人感受到增税的负担，而企业领导人也仍在抱怨税法阻碍了储蓄和投资。随着众议院民主党和白宫之间竞标战的结束，国会在 1981 年大幅削减税收，以

表 5.3　1975—1981 年在不同法规出台时按收入等级估算的个人所得税减免额（适用于已婚夫妇[a]）

单位：美元

收入等级	1975 年《税收改革法案》			1976 年《税收改革法案》			1978 年《收入法案》			1981 年《经济复苏税法案》		
	立法前	减免数	减免百分比	立法前[b]	减免数	减免百分比	立法前	减免数	减免百分比	立法前	减免数[c]	减免百分比
5000	98	296	—[d]	98	398	—	-300	200	—	-500	0	—
10000	867	252	29.1	867	216	24.9	446	72	16.1	374	83	22.2
15000	1699	170	10.0	1699	180	10.6	1330	97	7.3	1233	281	22.8
20000	2660	200	7.5	2660	180	6.8	2180	167	7.7	2013	464	23.1
30000	4988	100	2.0	4988	180	3.6	4232	315	7.4	3917	914	23.3
40000	7958	100	1.3	7958	180	2.3	6848	536	7.8	6312	1438	22.8
50000	n. a.			n. a.			9980	627	6.3	9323	2158	23.1
60000	n. a.			n. a.			13496	862	6.4	12634	2928	23.2
100000	n. a.			n. a.			28880	1002	3.5	27878	5822	20.9

注：“n. a.”表示数据不可用。负数表明，有些人超过其纳税义务获得可退还的劳动收入抵免。

这些估计数是在立法时由立法问题联合委员会根据其关于标准扣减和（或）可扣除个人开支的假设作出的。

[a] 表示为 1981 年《经济复苏税法》提供的数据涉及有两名成人的单职工家庭。其余的立法，获益人数没有特殊性。

[b] 表示由于 1975 年的减税只是暂时的，因此 1976 年的税收改革法案与 1974 年的税收法案相比较。

[c] 表示本栏所列数额是 1984 年的估计削减额。1981 年颁布的减税政策第一年得到全面实施。

[d] 表示百分比的减少不能计算，因为在这个收入阶层的人收到超过税负的劳动收入抵免。

资料来源：税务联合委员会。

至于可以为所有纳税人提供实质性的减免。大约 23% 的全面削减是在 3 年多的时间里逐步实施的。这些减税规则意味着以美元计算，对一个收入 60000 美元的家庭而言，减少的金额几乎是收入 20000 美元家庭的 7 倍。通过加速折旧、有机会出售未使用的税收抵免和许多其他优惠，企业也获得了实质性的好处。当 1981 年的立法尘埃落定时，一些公司的税率显然是负的，也就是说，他们得到的优惠使他们的税后收入高于税前收入。

特别优惠

1981 年的立法限定了国会确立或扩大大量税式支出的时期。表 5.4 是从国会预算办公室编写的材料中获取的，通过该表可以看出，20 世纪 70 年代后期和 20 世纪 80 年代初期确定的优惠比前一时期多得多。不出所料，许多税收优惠是在所得税实行的最初几十年（1909—1939 年）和第二次世界大战时期（1940—1954 年）开始实行的，当时所得税扩大到了大多数家庭。许多早期的税式支出广泛地将利益分配给大多数纳税人，其中包括可扣除的州和地方税、利息支付，以及排除的附加福利和社会保障福利。1955—1974 年相对平静，在这些年间很少确定税式支出。然而，在 1975—1981 年，经济活动又有所复苏，当时在税法中增加了 29 个优惠。这些改变的大多数税收优惠被狭隘地分配给企业或高收入纳税人。国会还增加了很多旧的福利。20 世纪 80 年代早期对账面税式支出所作的修改，有一半以上发生在前一个 10 年。[19]

特殊优惠的税收结构有利于高收入人群，通过缩小税基，造成了边际税率的上升趋势。[20] 1981 年立法中福利分配的影响反映在表 5.2 所收集的数据中。到 1984 年，当 3 年前的减税措施完全生效时，收入中位数以上家庭的平均税负比收入中位数或以下家庭的平均税负减少得多。与1980年相比，中等收入家庭的平均税率要低11%，而那些收入是中等收入5—10倍的家庭的平均税率要低20%。

表5.4　　　　不同阶段生效的税式支出

	1909—1939年	1940—1954年	1954—1974年	1975—1981年
生效的税式支出数量	37	28	10	29

资料来源：国会预算办公室：《税式支出：预算控制选项和五年预算项目》，1982年11月，表C-1。

这种再分配使税负变得不那么可以接受，美国人也不太愿意支持增税以减少赤字。尽管1981年大幅减税，但在1985年ACIR的调查中显示，38%的受访者认为联邦所得税是最糟糕的税种，这一比例比以往任何时候都高。

创造收入

在研究了税收立法最近的一些目标之后，我们现在来谈谈与预算最密切相关的目的——创造收入为政府提供资金。联邦政府在和平时期提高个人所得税在美国历史上是极其罕见的。政府在战争期间增加了税收，然后在恢复和平之后保留了一部分增加的收入用于国内项目。正如我们在第二章中看到的，第二次世界大战期间高税率的确立是战后扩大政府财政的主要因素。

鉴于和平时期很少增税，表5.1中列出的一些立法相当引人注目。国会在连续3个选举年（1980年、1982年和1984年）增加了财政收入，并在20世纪80年代通过了其他一些增加财政收入的法案。提高财政收入的努力显然是受到巨额赤字的刺激，同时还受到《国会预算法案》授权的预算和解程序的怂恿。

在 1980 年首次使用预算和解时，预算和解是实现大约 82 亿美元赤字削减和 36 亿美元收入的工具，国会不得不在公众对税负和税收制度的不公平感到不满的雷区中进行调整。它的成功之处在于减少了税收增加额，依靠各种相对较小的变化来获得增加的收入，并将大部分增加额强加给企业或高收入纳税人。大多数纳税人几乎没有受到 1980 年及其后几年通过预算和解实行增收的影响。

1980 年的预算和解措施没有改变基本税率。它转而采取各种"增加收入"的措施，包括延长即将到期的电话货物税，限制发行某些免税债券，以及加速支付一些公司税。[21] 这种模式在 1982 年再次出现，但这一次的收入增长幅度要大得多。根据当年预算决议中发布的指示，国会通过了一项预算和解一揽子计划，在 3 年内筹集了估计为 980 亿美元的收入，其中还包括一些开支削减。这项措施——《税收公平和财政责任法案》（Tax Equality and Fiscal Responsibility Act）——得到了罗纳德·里根（Ronald Reagan）的支持。尽管里根公开表示反对增税，但他还是要求在自己的预算中增加一些收入。就像 1980 年的措施一样，《税收公平和财政责任法案》从各种各样的条款中获得收入，包括削减 1981 年颁布的一些优惠政策、延长税收以及另一轮加快公司税支付。它还堵住了前一年开启的一些漏洞，如"安全港"租赁条款，这使企业能够出售他们的税收损失。国会再一次避免了干预基本税率，并且拒绝了推迟全面实施前一年颁布的全面减税政策的提议。

虽然《税收公平和财政责任法案》是在总统的支持下颁布的，但它破坏了总统和国会之间的关系，从而使未来增税更加难以实施。在《税收公平和财政责任法案》之后，里根感到上当受骗了，因为他预期每增加1美元的收入，就会相应地削减3美元的开支，但这一预期没有实现。其他参与制定《税收公平和财政责任法案》协议的人否认存在任何这样的理解，但事实上，额外的收入远远超过削减开支，这更加强了里根的信念，即增税会导致更多的开支，而不是降低赤字。[22]

然而，巨额赤字迫使白宫同意进一步增加收入。1984年《削减赤字法》是一揽子计划的一部分，其中包括在3年内增加约500亿美元的收入，削减开支的数额约为这一数额的两倍。[23]正如前一章所解释的，这些估计数是根据基线来衡量的。《税收公平和财政责任法案》的基本框架是在参议院共和党领导人和总统助手谈判达成的一项“玫瑰园”协议中确定的，不过随后在与众议院民主党的互谅互让中修改了措辞。《消减赤字法》规定再次延长电话消费税、废除对部分利息收入的免税、对平均收入的额外限制以及几十项商业税改革。

由于提高税收比降低税收更难，三次选举年增加的税收并没有取代1981年放弃的税收。由于对联邦税收制度越来越不抱幻想，增加税收的努力也受到阻碍。消极态度出现了在20世纪80年代中期进行的每年一次的其他民意调查中，这一情况在表5.5中有所体现。特别重要的是，随着赤字情况的恶化，纳税人变得更不支持提高税收的建议，赞成政府增税以减少赤字的百分比从1983年的31%下降到1985年的19%。由于有报道称一些大公司很少或根本没有纳税，20世纪80年代中期，59%的受访者认为联邦税收制度不公平；同等比例的人认为工资收入来源的人纳税过多；75%的人认为税收制度对男女劳动者不公平。[24]

这些态度几乎排除了广泛增税以缓解赤字问题的可能性。然而，大多数美国人对公司所承担的税收有不同看法。超过

3/4 的受访者认为应该认真考虑增加公司税，73%的人赞成对公司收入征收最低税。

表 5.5　　　　公众对联邦税收的态度

问题	年份	同意（%）
1. 你认为联邦税收是最糟糕（最不公平）的税种吗？(ACIR)	1972	19
	1980	36
	1985	38
	1987	30
2. 你认为我们的联邦税收系统基本是不公平的？（洛杉矶时报，1985）		59
以工资收入作为主要收入来源的人缴纳了过多的税收。(Roper, 1985)		59
现行的税收系统惠及富人，对普通的工薪阶层不公平。(美国广播新闻网，1985)		75
3. 你认为政府应该增加税收来减少预算赤字吗？（美国广播新闻网，1985）	1982	23
	1983	31
	1984	25
	1985	19
4. 你认为公司缴纳的税收少吗？（扬克洛维奇时代，1984）		52
是不是应该慎重考虑增加公司税收来减少政府赤字？(Roper, 1985)		78
是不是应该慎重考虑增加个人所得税来减少政府赤字？(Ibid)		24
你是否赞成为了减少赤字而对企业征收最低税率？(哈里斯，1985)		73

资料来源：问题 1 来自政府关系咨询委员会：《改变公众对于政府和税收的态度》，1987 年；其他问题来自《民意调查》，《公众意见》，（1985 年 2 月/3 月）。

收入中立

反对增加个人所得税，但支持增加公司所得税，为1986年税收中立改革法案提供了民意条件。收入中立意味着给予某些群体的税收优惠必须由其他群体的额外负担来支付。考虑到1982年和1984年的税收增加，保守派接受将收入中立作为阻止使用税收改革筹集额外资金的一种手段。许多自由主义者也支持收入中立作为刺激重新分配税负的手段。[25]

收入中立迫使人们作出两种取舍：在个人和企业纳税人之间选择，以及在税率和税收减免之间选择。估计有1200亿美元的税负（超过5年）从家庭转移到公司。如果没有罗纳德·里根（Ronald Reagan）支持这种再分配，1986年就不会有税收改革。通过以“过渡规则”的形式分配超过100亿美元的优惠，这种转移成本在一些有影响力的公司那里得到减轻。[26]在税率和减免之间取得平衡得到了那些以税制改革为关键目标的人和那些以减少特别税收优惠为主要目标的人的支持。

收入中立阻碍了征收新税，而税收改革使这种行动比以前更加困难。在改革的余晖中，华盛顿有强烈的情绪希望维持1986年建立的较低利率。可以理解的是，政客们为改革带来的这一明显好处而感到自豪，他们不希望自己的成就因干预利率受到影响。随着时间的推移，这种共识可能会减弱，但它确实在改革后的几年里保护了利率。1986年的立法也使通过堵塞漏洞来获取额外收入变得更加困难。《税收改革法案》消除了超过1000亿美元的税式支出，通过降低边际税率，降低了大多数剩余优惠的价值。[27]改革后，1989年企业的税式支出保留不到400亿美元，但其中一半以上由税法中最古老、最受欢迎的五项福利占据：扣除养老金缴款和收入、扣除房屋抵押贷款利息、扣除雇主支付的医疗保险和医疗保健、扣除州—地方收入和财产税以及扣除社会保障支出。除了社会保障和医疗保险之外，这些和其他优惠措施使数百万美国人受益，是预算中最大的中产阶级补贴。

后改革时期创造额外收入的困难在因 1987 年 10 月股票市场崩盘召开的预算峰会上得到证实。尽管当时普遍存在着令人焦虑的情况，总统和国会谈判代表还是讨价还价了整整一个月，最终同意了一项赤字削减计划。此外，该计划第一年的新增收入仅为 90 亿美元，第二年为 140 亿美元。与 1982 年的《税收公平和财政责任法》和 1984 年的《削减赤字法》立法相比，增加的收入要少得多。为了实现这个微不足道的收入目标，国会作了 30 多项相对较小的调整，包括无数的会计改革、电话消费税的又一次延长以及也许是政治上最重要的——限制住房抵押贷款利息的扣除。

20 世纪 80 年代颁布的一系列增税措施表明，国会可以在不改革税法或开放全新税源的情况下增加一些收入。仅《税收公平和财政责任法》和《削减赤字法》在 1989 财政年度的收入估计就增加了 830 亿美元。[28] 但是，这些行动不足以消除联邦收支之间的结构性不平衡。

专项收入

到 20 世纪 80 年代末，大幅增税以消除赤字的支持并没有掀起浪潮。乔治 · 布什（George Bush）曾以“无新税”（no new taxes）为竞选纲领，成功入主白宫。尽管这一承诺可能会被事态发展超越，但通过增加财政收入来应对赤字并不值得商榷。

在扩张项目的公众支持上升时期发生的赤字很难厘清。但是，只要赤字继续是当今时代的主要预算问题，它就会限制国会对项目需求的反应能力。在过去，当赤字很低的时候，国会可以建立新的项目而不必立即担心支付这些项目的费用。但是，在这个赤字水平较高的时代，如果不同时为新项目提供资金，国会就无法大幅增加联邦支出。

为了应对公众需求中的矛盾，政治家们崇尚一种旧式的税收行为，并在近年来给予它更多重视。他们指定增加收入来应对项目改进。最近的专项拨款包括以下内容：（1）1986 年批准的超级基金项目由针对石油、化学品和美国公司的一揽子专项税资助。[29]（2）1987 年，国会对疫苗制造商征收新税，以资助一项补偿某些疫苗受伤人员的信托基金。（3）1988 年，国会设立了一个由进口收费资助的信托基金，以帮助因进口而失业的工人。（4）同样在 1988 年，国会通过增加美国老年人支付给医疗保险信托基金的保险费，扩大了医疗保险对灾难性疾病的覆盖范围。

对于缺少收入的政客来说，指定用途是一个很有吸引力的选择。首先，它使他们能够在不增加一般税的情况下产生额外的收入。由于大多数纳税人没有受到影响，对增税的反对意见也受到了控制。其次，通过将收入和支出联系起来，专项拨款将新项目的建立与关于如何支付这些项目的协议联系起来，并可能限制资源需求。例如，疫苗补偿计划直到专项资金到位才被启动。最后，一个单一的国会委员会通常对支出和收入都有管辖权，从而使国会能够平衡对征税的指责和对手头问题采取的行动。这一特点是社会保障计划自成立以来一直拥有的特点，这有利于项目收入和支出的匹配。

最近一些专项拨款会针对特定人群征税，而不仅仅是那些直接受益于该项目的人。所有纳税公司，不仅仅是那些对污染负有责任的公司，都要缴纳超额基金税。所有有资格享受基本医疗保险（A 部分）的人，不论是否使用这项服务，都要为灾难性的保险付费。增加的医疗保险费更像是累进所得税，而不是用户收费。保险费按个人所得税缴纳额的百分比征收。专项收入的税收结构反映了政客们面临的压力，他们需要产生足够的资金来为项目计划提供充足的资金。

专项收入的使用，特别是社会和医疗保险计划的使用，是政府普通基金逐步恶化的原因。[30]除了由信托基金支付的开支以外，政府的所有开支都由普通基金支付。[31]表 5.6 显示了过去 40 年一般收入的趋势。1950 年，联邦政府 90% 的财政收入用于政府的一般目的。这个百分比在随后的每个 10 年都有所下降。目前，仅有 60% 的联邦收入流入普通基金。随着社会保障和医疗保险费用的预期增长，这一比例在未来几十年可能会进一步下降。

表 5.6　　某些特定财政年度的普通基金占比　　单位：%

普通基金	1950 年	1960 年	1970 年	1980 年	1989 年
占联邦收入的比重	90	82	74	68	61
占一般付款的比重	92	101	92	81	71
占 GNP 的比重	13	15	14	13	12

注：普通基金收入与联邦预算中的联邦基金收入相对应。表内数字并未因基金间交易而作出调整。

资料来源：美国政府预算：《历史表格》，1989 财年。

直到 20 世纪 70 年代，政府一般收入支付了 90% 或更多的一般付款，这笔收入现在只提供了这类支出的 60% 左右。短缺额已通过从信托基金和其他来源借款加以弥补。尽管联邦税收总体上有所增长，但总收入在国民生产总值中所占的比例却下降了。事实上，现在的国民生产总值比第二次世界大战之后要小，当时联邦政府的项目范围比今天限制得多。

这些趋势表明，未来普通基金赤字规模庞大（可能还在上升），债务负担不断加重。国会预算办公室的基线预测表明，到20世纪90年代中期，预算赤字总额可能略有下降，但几乎所有的改善都将归功于信托基金结余的积累。如果目前的收入和支出政策持续下去，普通基金赤字预计在20世纪90年代会增加。[32]

一般收入的减少削弱了联邦政府为持续性项目提供资金的能力。更为严重的是，对专项收入来源的依赖正在将美国公民转变为购买者。公民为支持政府而纳税，而购物者却只为所购买的东西付税。[33]随着专项拨款越来越重要性，它们使联邦政府似乎成为一种“精品店”，美国人可以从“精品店”的一系列项目中进行选择，同时为他们选择的项目支付费用。精品店的“商品”之一便是“联邦政府”。庞大的普通基金赤字显示美国人不愿意支付这个项目的全部费用。如果这种状况持续下去，可能会对美国政府的能力产生深远的影响。

编制收入预算

本章首先介绍了1974年《国会预算法案》的一些条款，旨在将预算和收入政策联系起来。预算赤字的规模和持续性有力地表明，这种联系比预期的要弱。虽然预算可以成为决定应筹集多少收入的有效工具，但它对决定如何分配税收立法的两个主要目标——税负或税收优惠——没有影响力，这也许是预算影响力有限的主要原因。

利用税收政策控制开支——另一个重要目标——使预算发挥作用，但不一定是以预算程序设计者所设想的方式。这种策略会产生赤字，由于支出具有粘性且政治上强烈反对削减支出（正如上一章所讨论的那样），它往往导致预算结果与使用者的意图不一致。尽管拒绝收入无疑限制了支出，但却导致了预算不被任何一个制定者喜欢，并导致预算程序的崩溃。指定用途收入是否认税收的另一个副产品。不管它作为让受益者支付成本的手段的优点是什么，专项拨款打破了预算，而且很快政府也进入财政领地。

收入和支出政策的整合程度更多地取决于预算和税务委员会之间的关系，而不是取决于《国会预算法案》的规定。从预算程序的最初几年开始，众议院筹款委员会和参议院财政委员会就一直保持其独立性，不受国会预算监督者的干扰。这些委员会巧妙地利用了《国会预算法案》中的漏洞，将预算编制者拒之门外。其中一个漏洞是对收入的预算控制比对支出的控制弱。每个预算决议都将支出资源（预算授权、支出和贷款）分配给大约 20 个职能。这些职能分配使决议成为辩论——有时是决定——联邦支出优先事项和政策的工具。然而，应当指出，在 20 世纪 80 年代后期，两项发展削弱了利用预算决议来确定开支优先次序的作用。首先，拨款委员会在分配其控制的部分预算时越来越忽视功能分配。其次，关于预算的谈判（特别是白宫和国会之间的谈判）已经在少数几个特殊领域展开，比如国防、非国防选择性项目和津贴。这些类别比预算功能要宽泛得多，预算决议中没有这样的收入明细。相反，每项决议仅限于对总收入和总收入中任何建议的变化作出决定。20 世纪 70 年代，预算委员会试图在决定税收来源和构成，例如税式支出数额方面发挥作用，但遭到税收立法委员会的拒绝。[34]因此，国会预算对本章讨论的一些关键税收问题——特别是税负的分配——只字不提。

另一个漏洞来自税收立法对收入的不均衡影响。预算过程的影响在即将到来的一年中最为强烈，但税收立法对收入的影响可能在以后年度最大化，即作出稳定预算决策的年度之后。回顾表 5.1 可以看出，在列出的所有收入措施中，1975 年的税收措施（提供临时减税和一次性退税）是唯一一项收入影响仅限于作出预算决定的一年的措施。在大多数其他收入测量中，第一年的影响远远小于以后年度的估测额。20 世纪 70 年代，预算委员加强自身影响力的努力遭到税务委员会的阻挠。这一争议打开了《国会预算法案》的另一个漏洞，即第 303 款，禁止在通过预算决议之前审议税收立法。尽管预算委员会提出抗议，但第 303 款被解释为仅排除对影响下一年收入的立法早日采取行动，而不是对超过这一期限的收入采取行动。[35]

1989 年颁布的若干收入措施表明，预算程序对未来收入的作用很弱。1980 年《预算和解法案》在它起作用的第一年比第二年产生的额外收入更多。这种不同寻常的模式是由当年某些收入增长的临时状态造成的。将预算和解期延长至 3 年推动了《税收公平和财政责任法》的颁布，该法案条款讨论时政府官员们就 3 年期间将产生的额外收入进行了辩论。然而，税务委员会仍然采用第四章所述的临时办法，以显示对预算和解指示的遵守。这种行为最好的例子就是电话消费税——在 20 世纪 80 年代，电话消费税多次被重新征收。通过临时性的延长，国会已经能够反复使用它来达到自己的收入目标，每次国会都会因未通过征收额外的税收而减少了赤字获得好评。

关于未来收入的预算缺陷不仅仅是一个技术或法律问题，

它源于本书多次遇到的一种态度——未来的发展会自行解决所有问题。最突出的例子发生在 1981 年，当时预算问题促使白宫削减了第一年的减税，但对未来的信心促使它在国会的支持下又扩大了以后年度的减税。

预算对税收问题的影响在很大程度上取决于国会行动的规律性。如果预算决议能在本届会议早期按时通过，税务委员会和其他受影响的委员会就能遵守对它们的预算和解指示，那么就形成了最有利于发挥强有力的预算作用的条件。事件的实际发生顺序与时间表明显不同，它显示了一些即兴行为，这将在下一章进行探讨。1982 年，筹款委员会根本没有审议《税收公平和财政责任法》，它在等待参议院采取行动，然后参加关于参议院通过措施的会议。[36] 1983 年，在最初的期限过去几个月之后，筹款委员会报告了一项收入法案，该法案远远低于《预算和解法案》中要求的收入增加目标。众议院对该法案的审议工作因该法案依据的规则遭到否决而受阻，会议在没有任何收入增加的情况下结束。1984 年，参议院共和党人将《削减赤字法》的制定作为当年通过预算决议的先决条件。因此，实际上，《预算和解法案》是在发出预算和解指示之前通过的。1985 年，参众两院在超级基金问题上发生冲突，导致《预算和解法案》陷入停滞。1986 年，通过了两项《预算和解法案》。一项措施是从上一年结转过来的，另一项措施只提供了少量的收入调整。1987 年，直到总统和国会领导人之间的预算峰会打破了长达一年的僵局，《预算和解法案》才在会议后期完成。1987 年的预算和解执行了一项为期两年的赤字削减协议，从而排除了下一年的任何税收行动。[37]

规律性的缺失涉及预算编制的许多方面，它不仅仅使税收政策的执行遇到很大困难，而且，它也确实削弱了预算制定者影响预算收入的能力。

记录表明，预算影响取决于两个条件：总统支持增加收入和立法机构考虑将增加收入作为削减赤字一揽子计划的一部分。这两个条件都很重要，因为它们保护了国会免于承担增税的政治责任。根据20世纪80年代的迹象，我们必须得出这样的结论：提高税收不是国会能够独立完成的事，也不是违背总统意愿的事。在这个10年里，每一次大幅增税都在这项措施签署成为法律之前很久就得到总统的批准。1980年的预算和解是在行政部门和立法部门就修订后的预算达成协议之后进行的；罗纳德·里根（Ronald Reagan）在其1983财政预算中提出的增加财政收入的建议，为《税收公平和财政责任法》敞开了大门；1983年提高社会保障税的建议由一个两党委员会设计，并得到了总统的批准；1984年里根与国会共和党人之间的玫瑰园协议使《削减赤字法》合法化；1987年的预算和解建议在预算峰会上得到了批准；1988年提高医疗保险税的建议最初是总统向国会提出的建议。

如果没有总统的支持，国会要么不能增加税收，要么增加无关紧要的税收。1983年，里根总统一再拒绝参议院共和党领导人提出的包括大幅增加税收在内的大规模赤字削减方案。他的反对也促使众议院否决一项小得多的税收措施的规定。[38]1985年，里根把辩论的焦点从增税转移到了税收改革上，而且当年或次年都没有大幅度增税。他坚持认为这项措施不会对税收产生影响，这有效地保护了税收改革不会转变成为增加税收的提议。1988年，里根没有要求增加新的税收，国会也没有提出类似建议。

20世纪80年代颁布的所有税收增长都伴随着支出的削减。这两者的组合每年都有所不同，但除《税收公平和财政责任法》以外，削减通常是一个较大的组成部分。对这两个组成部分进行包装，使国会能够投票支持削减赤字，而不是增税。通过修改国会预算规则，允许筹款委员会和财政委员会用最多20%的增税来代替削减开支，反之亦然，这使一揽子计划的内容部分可以互换，条件是实现了预算和解指示中要求的总赤字削减。[39]

在20世纪80年代，削减赤字已被视为消除赤字的首付款。这表明，总统和国会正在采取措施改善赤字状况，但所采取的行动还是非常有限。只要预算朝着正确的方向发展——缩小赤字，那么首付款就不一定非得很大，而且收入部分其实可以相对较小。这就是为什么尽管1980—1987年实施了五项赤字削减计划，但乔治·布什（George Bush）在1989年上任时发现，赤字仍然是美国最突出的预算问题。

注释

[1]《国会预算法案》最初规定每年至少要有两项决议。第一个决议将在国会就收入和支出立法采取行动之前通过，它将设定目标；第二个决议将在财政年度开始前不久通过，它将设定具有约束力的支出上限和收入下限。第二项决议在20世纪80年代早期被放弃，并在1985年被《国会预算法案》的修正案正式废除。国会现在每年只通过一项具有约束力的预算决议。

[2]事实证明，这项规定没有原先打算的那么有效。在适用时，它一般不禁止在该届会议预算决议所涉年份之后的“非常年份”修改有效的税收立法。

[3]艾伦·希克（Allen Schick）的《预算和解与国会预算过程》（华盛顿特区：美国企业研究所，1981年）中描述了这一过程的方式。

[4]相比之下，《格拉姆—拉德曼—霍林斯法案》则不对称，因为它仅仅依靠削减开支来将赤字控制在预设目标之内。

[5]尽管《国会预算法案》没有规定任何特定收入和支出的实质

性关系，但该法案的起草者预计，迫使国会对预算总额作出明确决定将导致较小的赤字。

[6] 这项两党呼吁由37名共和党参议员和13名民主党参议员签署。参议院财政委员会几乎没有成员在这封信上签名。

[7] 参见国会季刊编写组：《1986年国会季刊年鉴》，华盛顿特区：1987年，第515页。这一规定在会议上被取消，第一年由于税收改革导致的收入膨胀被包括在计算《格拉姆—拉曼德—霍林斯法案》的赤字目标之中。

[8] 米尔顿·弗里德曼（Milton Friedman）：《为什么双赤字是一种祝福》，《华尔街日报》，1988年12月14日。

[9] 丹尼尔·P. 莫伊尼汉（Daniel p. Moynihan）：《里根破产的预算：最大的挥霍者》，《新共和国198》，1983年12月31日，第18页。

[10] 见《每周总统文件汇编》，1981年，第819页。

[11] “从明年开始，赤字将逐渐减少，直到在短短几年内，预算能够实现平衡。我们希望我们能够开始削减悬在我们孩子未来头上的近1万亿美元债务。”同注释［10］，第815页。

[12] 1988年大选后不久，里根被问到他未能完成的最重要的事情是什么。他回答说：“我可以非常简单地概括一下——延迟的赤字。”引用自大卫·科斯肯特（David Kirscheten）：《现在一个继任者的选择——里根教授的告别开始了》，《国家期刊》，1988年11月19日，第2960页。

[13] 参见《税收基础——政府财政的事实和数据》（1988—1989年版），巴尔的摩：约翰霍普金斯大学出版社，1988年，表C46。

[14] 财政部在1981年估计，如果按照当时的实际税收结构继续下去，中等收入纳税人的平均税率将再上升3%，他们的边际税率将从24%上升到32%。收入是中等收入两倍的纳税人的平均税率将再上升4%，边际税率将从43%上升到49%。参见《国会记录》，1981年7月15日，第15792页。财政部的数据显示了和约瑟夫·米纳里克（Joseph Minarik）类似的趋势，这些被记录在了表5.2之中。然而，财政部和米纳克的计算之间却有着显著的差异。

[15] 税收基金会，同注释［14］，表C42。使用略有不同的数据

和假设，约瑟夫·佩克曼（Joseph Pechman）计算出个人所得税在1975年为个人收入的9.5%，在1981年为11.3%。参见约瑟夫·佩尔曼：《联邦税收政策》（第5版），华盛顿特区：布鲁金斯研究所，1987年，第366页，表B-5。

[16] 管理与预算局，美国政府预算，1989财政年度，《历史表格》，表2.3。

[17] 受访者被要求比较四种税：联邦所得税、州所得税、州销售税和地方财产税。参见政府咨询关系委员会：《改变公众对政府和税收的态度：1987年》，华盛顿特区，1987年，表5-8。

[18] 参见R·肯特·威福（R. Kent Weaver）：《自动化政府：指数化的政治》，华盛顿：布鲁金斯学会，1988年，尤其是第9章。

[19] 参见约翰·G. 怀特（John F. Witte）：《联邦收入税的政治和发展》，麦迪逊：威斯康星大学麦迪逊分校出版社，1985年，表15.2，第315页。

[20] 税式支出通常有利于高收入纳税人，原因有二：他们更有可能逐项列出扣除额，而且他们较高的边际税收减免额使大多数扣除额和排除额对他们来说比对低收入者更有价值。

[21] 在20世纪80年代，增加收入慢慢获得了那些反对增加税收的人的支持。收入增加将来自堵塞漏洞，向用户收取费用等等，而增加税收则会影响税率。

[22] 约瑟夫·怀特（Joseph White）和艾伦·威尔达夫斯基（Aaron Wildavsky）在《赤字与公共利益：20世纪80年代寻找负责任的预算》一书中讨论了《税收公平和财政责任法》问题（伯克利：加州大学出版社，1989年）。

[23] 收入的增加和支出的减少都是按照第四章讨论的基线类型计算的。延长即将到期的税收被视为增加收入；降低未来国防项目的增长途径被视为削减开支。

[24] 一项广为宣传的研究表明，在1981—1983年的一年或多年间，在接受调查的250家大型盈利公司之中，有128家没有缴纳联邦所得税。参见罗伯特·S. 麦金太尔（Robert S. McIntyre）的《里根时代的企业所得税：企业避税合法化研究》（华盛顿特区：公民要求税收公

正，1984 年)。

[25] 杰弗里·H. 伯恩鲍姆 (Jeffrey h. Birnbaum) 和艾伦·S. 默里 (Alan S. Murray) 合著的一本内容翔实的书——《古奇峡谷的摊牌：立法者、游说者和税收改革不可思议的胜利》(纽约：兰登书屋，1987 年) 记载了税收改革法案。

[26] 一些人估计，这些规定造成的收入损失高达 300 亿美元。参见唐纳德·J. 巴特莱特 (Donald J. Bartlett) 和詹姆斯·B. 斯提尔 (James B. Steele) 于 1988 年 4 月 10 日至 16 日在《费城询问报》发表的关于 1986 年过渡规则的揭示性系列文章。

[27] 参见国会预算办公室：《税收改革对于税式支出的影响》，华盛顿特区：国会预算办公室，1988 年。

[28] 参见美国政府：《美国政府预算，1989 财政年度》，华盛顿特区：政府印刷局，1988 年，第 4 页。

[29] 超级基金的部分资金来自普通基金。

[30] 联邦政府实际上没有普通基金。它将收入和支出分为联邦基金和信托基金。前者类似于州和地方政府的普通基金。参见 1988 年 9 月美国会计总署，信托基金及其与预算的关系。

[31] 特别基金和信托基金之间的区别并非总是很清楚。参见美国国会，众议院预算委员会：《国会支出控制》，委员会印刷，1977 年 1 月，第 111 - 116 页。

[32] 国会预算办公室：《经济和预算展望：更新版》，1988 年 8 月。

[33] 笔者感谢威廉姆·戈汉姆 (William Gorham) 提出的“小额收入”的比喻。

[34] 税收和预算委员会的关系在艾伦·希克 (Allen Schick) 的《国会和钱：预算、支出和税收》(华盛顿特区：城市研究所，1980 年) 中进行了研究，特别是第 8 章。

[35] 1978 年，担任预算委员会主席的参议员马斯基 (Muskie) 提出了一个程序问题，即在 3 年内逐步实行减税的提案违反了《国会预算法案》第 303 条。主审法官支持程序问题；裁决被上诉，但马斯基以 48 票对 38 票败诉。参见同注释 [34]，第 551 - 553 页。

[36] 参议院通过在众议院通过的一项小法案中附加《税收公平和财政责任法》，规避了由众议院制定税收措施的宪法要求。

[37] 国会确实在 1988 年通过了一项税收措施。其表面上的目的是纠正在起草 1986 年税收改革法案时犯下的错误。然而，1988 年的法案被设计成收入中立法案；增税和减税预计相互抵消。

[38] 该规定以 204 票对 214 票的结果被否决，149 名共和党人投了反对票，只有 13 人投了赞成票。投票结果并不完全符合党派路线。许多民主党人反对税收措施中影响某些债券免税地位的条款，其中 65 人投了反对票。

[39] 1985 年对《国会预算法案》进行了修改，作为《格拉姆—拉曼德—霍林斯法案》所载一揽子规则修改的一部分。这一修改见于《国会预算法案》第 310（c）条。

第六章
即兴预算

正如前两章所指出的，当政府没有足够调整支出需求和收入的能力以适应不太有利的经济和预算环境时会发生什么？一个明显的结果是20世纪80年代出现的长期预算赤字。但这不是唯一的不利影响。巨大的、不必要的赤字也削弱了政府的预算能力，国会未能遵循既定程序和及时完成预算工作可以证实这一点。国会程序上的崩溃是显而易见的，但在预算执行上的恶化就不那么明显了，其实两者有着同样的因果关系。

赤字只是崩溃的代表性后果，亦是其他问题的征兆。除非更多基本的问题被解决，否则赤字治理状况无法有效改善。在赤字治理困境背后是前几章所讨论的事项限制了联邦政府需求和配置资源的能力。也就是说，赤字是政府以经济强劲增长为预期设置预算而经济增长却不足以提供预期增量的结果，是每年强制性支出的增加驱动预算的结果，是不受欢迎的削减所限制的需求的结果，是只能通过不受欢迎的增税才能增加资源的结果。如果为增长而规划的预算和经济增长不足之间的根本性不平衡持续下去，即使国会和总统在控制赤字方面取得了一些暂时的成功，预算能力也不会恢复。

预算崩溃和即兴预算

预算结果与预算过程之间存在着相互作用。当预算结果受到欢迎或令人满意时，人们通常认为预算过程进展得很好。然而，当结果令人不快时，那也就不应该对未能可靠运行的预算过程感到惊讶。狡猾的预算编制者试图通过无视时间表和其他程序，或仅仅在冲突和拖延之后才执行必要的任务，使自己与不希望的结果（如巨额赤字）保持距离。他们还试图将不利结果的责任转移到其他人身上。在避免指责的竞争中，僵局可能会出现——特别是当行政部门和立法部门之间的党派纷争以及税收和支出政策之间存在深刻分歧造成冲突恶化时，就像 1980 年的情况那样。作为崩溃的主要指标之一，拖延是政治家对不希望的结果的理性反应。简单来说，一旦国会议员和其他人不喜欢从预算中产生的政策时，相对于喜欢的政策，迅速采取行动要困难得多。

预算赤字本身并不会破坏预算程序。只有当赤字是不被期望的或者是成为一个激烈冲突的问题时，预算编制才无法再按预期或要求程序执行。在第一章中，预算编制被描述为产生、索取和配置资源的专门过程。以令人满意的方式完成这些基本任务是有效编制预算的必要条件。当赤字很大，在和平时期经济增长中持续存在并主导预算争论时，表明政府根本无法协调索取和配置资源。

今天的预算制定者必须预料到激烈的政策冲突和预算过程是不能发挥应有作用的。如果这些问题是可选择的，而不做任何事是一个可行选择的话，那么简单且可能的出路就是避免采取行动。这不是预算编制的现实结果。无论如何，不管这件事多么令人不快，为了能够为政府的持续运作提供资金，每年都必须解决预算问题。换言之，“预算节目必须继续上演”。为了保持资金的流动，压力过大的政客们设计了一些偷工减料的安排，让预算度过每年的危机或僵局。为了应对深层次的政策分歧和混乱的进程，他们采用了一些临时性的方法来帮助完成工作。这些即兴发挥忽视或违反了规则，但却能使预算编制进行下去，而这也是预算编制者们的合理理由。政客们已经满足了政府对资金的需求，就像人们可以通过将几根短电线连接到一个远处的端口来满足对用电的迫切需求一样。这样的方法可能不整洁或不耐用，可能违反了建筑规章，但在没有更好的选择时是可以使用的。

因此，这种临时性的方法在 20 世纪 80 年代一直用于联邦预算编制。预算编制已成为一项即兴活动，每年的规则和作用都适应于当下的需求和机会。当即兴发挥时，有一项压倒一切的测试：它管用吗？如果管用就会被使用，即使规则里另有规定。如果没有用，那就寻求其他方法。随着条件的变化，即兴安排的形式也在变化。在将电器连接到端口时，人们必须结合手头的材料、工作人员的技能和其他变量来进行。在预算编制方面也一样，每一年的情况各不相同。

崩溃和即兴安排齐头并进，两者都渗透到当代预算编制之中。由于国会是一个信息透明的机构，所以很容易看到有人违反了规则而且每年的预算过程与上一年不同。众所周知，20 世纪 80 年代，国会未能通过大多数预算决议或按时提供大多数拨款。国会经常诉诸持续决议，不仅作为权宜之计，而是作为正规拨款法案的替代品。此外，如本章所示，国会经常修改其他预算程序和业务。不太被人所知的是预算崩溃和即兴发挥已经蔓延到执行部门。虽然总统预算的编制在很大程度上避开大众视线，但大量的崩溃证据已经渗透到外部。预算编制是一项共同责任，其成功执行取决于立法和行政参与者的合作。一个部门的失败不可避免地会影响到另一个部门。如果总统能够在国会处于混乱状态时不受损害地履行其预算责任，那将是非常了不起的。

本章的重点是联邦预算编制中的即兴安排。下一章讨论总统预算编制中的问题和调整；然后是对国会预算程序的审视。其次将讨论这两种预算编制方式在20世纪80年代期间经常汇集的临时安排——总统助手和国会首领之间的高端谈判。本章最后一节从预算程序和实质性政策方面对即兴安排的费用进行讨论。

总统预算：从权威性政策到公开招标

从1921年建立行政预算程序之后的几十年里，总统预算是政府政策的权威性声明。它提出对未来一年的政府计划和财务建议，而这些建议被国会用来衡量自己的行动。在这个过程中的每一步，拨款委员会都将他们的建议与总统的建议进行比较。因为拥有对财政收入的宪法权力，国会通常会对支出水平进行许多修改，经常导致提供的费用与总统要求的不一致。当然，当工作最终完成时，国会的拨款总额通常都能接近总统的建议。授权委员会也从总统预算和紧跟着的立法程序中得到暗示，他们通常认真考虑总统提案，并经常制定总统想要的法案。

现在，授权委员会和拨款委员会比过去表现出更多的独立性。前者仍然根据总统的倡议进行许多立法活动，后者仍然保持着反对总统要求的传统，但总统预算不再具有它曾经拥有的影响力。在里根时代（1981 年是最明显的），总统预算实际上决定了国会的行动。然而，在随后的几年里，媒体和经验丰富的观察员将预算描述为“到达即死亡”，因为国会几乎不可能批准削减预算。然而，“到达即死亡”的判决并不是对预算影响的准确评价。即使在国会拒绝支持里根削减预算的年代，总统的预算也限制了授权立法，导致拨款低于如果他的要求更现实的情况下可能会确定的拨款。虽然预算目前不是国会行动的权威性指南，但它已经演变成了谈判过程中的开场策略，从 1 月提交一直延续到 9 个或更多个月后的拨款和其他立法决定。由于无法将预算优先重点事项强加给国会，里根总统制定了他的预算政策，正如休·赫克洛所指出的那样——“着眼于它对国会的战略影响，总统预算中的数字不仅取决于行政部门需要什么，还取决于什么样的数字和战术能够使国会的结果朝着期望的方向推进。”[1]

20 世纪 80 年代，白宫开始将预算作为一项预计会被作出重大改变的法案提交给国会。考虑到这一点，总统认识到制定一个泄露其真实目标的预算方案是有勇无谋的。相反，采取了强硬路线的预算可以在与国会的和解中得到软化。“结果很重要，”预算局的一位重要助手在 1985 年解释说：“结果的真正核心是看国会做到什么……而不仅仅是总统提议了什么。”[2]

预算从权威的指导方针到开放式策略的转变使衡量总统的影响变得困难。他所展示的目标可能不是他真正的目标，即使国会对预算作出重大改变，最终得到的结果可能更接近于白宫的目标。在评估里根的预算时，两个相反的结论都是合理的。首先，总统在 1981 年后几乎没有取得成功，因为国会大幅改变了预算优先重点事项，并始终拒绝通过大多数提议的削减方案。其次，总统有相当大的影响力，因为预算限制了支出增长并阻止了国会的扩张计划。解读会产生冲突，因为预算已经成为一个变量，会随着总统和国会之间关系的发展而变化。如果总统的预算里有不变的常数，那就是当国会结束后预算出来的结果，但是他的真实目标可能会被预算策略所掩盖。

预算的变动促使乔治·布什在1989年2月上任后不久采取了一种不寻常的做法。新上任的总统通常会对前任的一些收入和支出计划提出修改建议。布什发布的修订稿留下了许多空白的重要事项，比如大约100亿美元的未确认削减。[3]总统预计可以通过与国会的预算谈判来填补空白事项，表明他希望节约的预算总额并没有将具体项目扣留的金额逐项列出，总统希望避免“到达即死亡”标签，并能使国会接受削减计划。

作为一项谈判工具，预算在任何审议阶段都可以修改。人们普遍认识到，预算只是在公开招标而不是一项确定的政策时，对预算会发生重大变动的预期提高了。为了保护预算目标，政府制定了惩罚偏离预算目标太多的立法举措，政府必须密切监测国会全年的事态发展并准备立即干预。有效的干预使游说预算局官员和其他总统代理人显得非常必要，同时也需要通过提出新的提议或额外的要求来打击国会的行动。这些反对建议取代了原来的预算，成为继续与国会有关成员或工作人员讨论的基础。在达成协议之前，任何提案都更多的是调查性质而不是确定的承诺，它可以被随时撤回或修改。许多迭代通常发生在行政立法讨论的往来过程中，因为想法和争论来回变动，前一天提出的建议可能会在第二天重新发起。讨论往往从一个地点转移到另一个地点——从众议院到参议院，或从一个委员会转移到另一个委员会。随着不同的国会委员会就各种预算措施开展工作，几个议题讨论可能同时进行。这些以委员会为中心的决议可以通过首脑会议来补充或取代，在首脑会议上会讨论更为广泛的问题。如果首脑会议达成一项全面协议，其条款可能需要在与特定委员会的讨论中进一步完善。总而言之，这种关系是变动的和非结构化的，行政部门和立法机构之间需要讨价还价，并在沟通过程中来制定规则。

谈判的执行需要持续关注并及时了解当前的立法活动。国会的这种关系严重地打乱了总统管理办公室和预算局的方向，该机构长期以来是为与联邦机构而非国会委员会打交道设置。“在过去，”布鲁斯约翰逊写道，预算局的主要作用是，“作为总统控制官僚机构的工具。预算局重点关注各代理机构的变动及其具体方案的情况。”[4]预算局的审查部门始终并且依然是按机构的方式组织起来的。审查员和其他预算局工作人员审查各代理机构的预算要求、监督（第二次世界大战前比较密切，战后较为松散）资金支出以及审查各代理机构向国会提交的文件以确保它们符合总统的政策，以此来与各代理机构保持持续的关系。审查人员被期望彻底地了解他们所负责机构的发展情况，并在引发公众关注之前捕捉发现新出现的问题。当预算局编制预算时，它既要判断代理机构所要求内容的实质，也需要判断代理机构管理的质量。[5]

根据其代理机构的定位，预算局的预算编制是分权制的，思路和信息流均自下而上。在春季预算预览时需要上会提供一些总体性指导，初步审视接下来一年的经济和预算状况。预览结束后，各机构会获得明年申请的规划性指标，这是后续讨论的基础。在讨论中，审查员和机构代表会试图制定一个双方都能接受的一揽子支出计划并向总统推荐。

当总统预算最终确定时，预算局给各机构发核准信，其中详细说明了他们可以向国会申请的金额和接下来将遵循的政策。这些数额会输入预算管理局的预算编制系统（BPS），这是一个计算机化的数据库，金额在一年中很少会被更新。[6]在预算提出后预算局一般撤回到后台，让各机构负责在拨款听证会以及与国会的其他沟通中坚持总统的建议。[7]事实上，预算局在通过国会监测预算相关事项的进展方面做得并不多，它主要是从两个方面处理立法活动，一是向国会澄清证词和其他投入的时候，二是在审查等待总统签署通过或否决的国会提案。在这两者之间，预算局主要关注行政代理机构而不是国会所做的事情。

到20世纪80年代末，这一权力下放的、以代理机构为导向的预算程序，与由预算局领导和一群政治家所操纵的集中的、以国会为导向的程序共同并存。他们负责维护总统的立法利益并与国会人员保持频繁的联系。实际上，预算局现在有两个不同的预算程序，一个是高度结构化的，另一个是非正式的。这两个过程在各种不同的方面汇聚，但它们是由不同的时间压力和数据需求驱动的。审查员与机构之间的联系仍然存在，但这往往与总统预算无关。白宫代理人编制预算并与国会领导人进行谈判，但不涉及代理机构要求的细节和审查员的建议。与此同时，他们必须按照以机构为中心的程序运作，审查员必须在与国会相关的预算编制过程中为管理者和其他人服务。[8]

除了重大决策的集中化，还发生更多其他方面的变化。因为数字以及相互间的关系在一年中经常性发生突然变化，这使以国会为导向的预算进程非常不稳定。在担任预算局主席助理的新角色中，审查官必须迅速回应各类信息的请求。他们需要估算出最新提案或最新经济新闻对预算的影响，因此，他们一开始把预算看作一种不能完全确定，而且本身处于不断变化之中的事项。

据说预算局的这种转变是在20世纪80年代初由大卫·斯托克曼设计以适应他自己的风格和目标。斯托克曼在不同场次会议间飞奔，以夹着预算笔记本和手动计算器的形象，展现了预算局正在从其传统的角色转变成一个支持过度活跃的领导的新角色，但这一新方向不仅仅反映了斯托克曼倾向于与国会讨价还价。诚然，早期作为一名国会议员的经历使斯托克曼意识到要密切关注国会所带来的优势，但只有强有力的趋势变化而不仅仅是自身强大的个性，才能使以代理机构为中心的预算编制与总统目标不那么相关，且冻结的预算决定也不那么现实。

方向调整的一个关键动力来自联邦预算中日益增长的不稳定性和与机构支出及业务无关的部分。总支出（包括利息费用）的2/3是由人口变化、经济条件和其他异质性因素驱动的。简单地说，总统预算制定者要善于监控这些外部因素，这比成为代理机构需求的专家评审更重要。通过梳理代理机构预算可以获得一些节约，比如假设较低的等级平均值或较高的联邦人员更替率等，虽然并不能提高总统的兴趣，但这些计算仍然需要进行，这也是以代理机构为中心的预算编制得以幸存的原因之一。但由于数10亿美元的转移支付取决于通货膨胀率或者国会是否愿意降低联邦养老金的生活费调整（COLA），因此至关重要的是，预算局需要在任何时候都知道当前经济和国会正在发生什么。与机构预算中的数千个项目经费缺口相比，单个的COLA决策就可以获得更多的节约。

经济和国会一直处于动荡不定的状态，预算编制也必定会如此。预算局对缓和经济的动荡无能为力，但它可以应对面对独立国会决策时预算的脆弱性。1974年《国会预算法案》建立了一个中心化的国会预算程序，推动了预算局内部的中心化。新的预算过程增强了国会对总统预算作出重大改变的能力，而不是传统上通过逐项决定拨款的零碎方式。

以往，总统面临的风险主要是他的预算会被拨款委员会视作“微不足道”，现在他还面临着在预算决议中优先重点事项被大规模调整的额外可能性，以及国会通过使用自己的经济假设而不是总统的经济假设来决定重大预算问题的预测前景，为此国会将依赖当前的政策基线来代替白宫的建议。通过使用基线，国会在行政预算发布后立即将其推到一边，并经常根据独立于总统偏好的数据作出决定。为了保护总统的优先事项，预算局必须监测基线并将其纳入自己的数据库。更重要的是，它必须在国会预算中发挥自己的作用，然而在这个领域中它并没有任何正式的角色，而最重要的是预算局必须就国会的预算进行谈判。

1981 年，斯托克曼临时设置了“娱乐室”（rec room），也就是指定一名工作人员时刻关注和解法案和其他立法的完善。[9]他指导建立了中央预算管理系统（CBMS），这是一个计算机化的操作系统，让预算局每日或每周追踪在各个层级作出的预算决策。和标准的预算编制系统不同，CBMS 是一个持续更新的滚动数据库，用于测算和国会谈判中所建议的预算项目成本。预算局还在 20 世纪 80 年代末建立了一个 15 人独立的法案追踪部门，用于监视所有拨款法案（以及其他与预算有关的措施）的每个审议阶段——小组委员会、全体委员会、各类会议、最后的众议院和参议院的行动。[10]法案追踪部门向 CBMS、局长和其他政治官员以及职业审查人员提供最新数据。

尽管没有压迫性的预算赤字，转移支出的增长和独立的国会预算能力迫使总统预算编制发生变化。赤字给发展带来了更大的紧迫性并同时增加了总统预算的波动性，同时赤字也意味着没有余量来吸收经济或国会带来的冲击。预算编制和调整成为了一项持续的活动，当编制条件发生变化时，之前在一定预期下制定的决策需要重新被审查。赤字还意味着，如果国会不采取行动拒绝实施改革，两个政府部门机构将会为因削减支出而不是为加强项目计划而争执。随着对赤字重视程度的加剧，预算总金额也被更加重视。白宫需要发起一场成功的战役以保证总统预算的通过，或者必须与国会进行谈判。赤字增加了将支出压缩在总统可接受总额之内的可能性，以及国会在预算优先事项上作出重大改变的可能性。

如上文所述，棘手的赤字表明需求和资源的平衡出现了崩溃。自 1981 年政府分裂以来，恢复平衡的进程需要总统和国会加强合作，没有一方能够单独完成，因为每一方都缺乏将其意愿强加给另一方的政治力量，或者难以为其艰难的选择承担全部责任。因此，赤字使双方更加相互依赖，增加了国会指导力量对总统预算的调整。

美国很少有正式手段来弥合这两个部门之间的分歧，必须依靠双方合作的意愿或外部压力迫使他们让步。在本章后面，我们考虑一种只能通过总统和国会代理人之间的最高级会议临时行为奏效的方法。“次高级”的讨论更为普遍，但同样也依赖临时安排。

临时措施导致了更多的行政预算机构被大幅缩减，而不是建立行政预算机构。除了著名的中央数据银行和法案跟踪人员之外，预算局还没有为其资源的新需求作出过调整。有证据显示，无论是斯托克曼还是他的继任者，都没有对新的预算进程进行大量投资，也没有试图采取措施应对变革所带来的破坏稳定性的影响。[11] 当前的总统预算是旧的、以代理机构为基础的制度残余——程序和活动已经弱化，但还没有完全消失。这些程序和活动包括春季预览会、核准信和立法审批程序。总统预算编制已经被调整为一个更多地依赖于易变策略而不是固定程序的过程，正式的预算编制流程已被削弱。

影响最大的也是程序中最重要的部分——年度预算循环和捍卫总统预算。随着预算编制转变为一系列持续的行动和反行动对策，预算编制每年周而复始。由于年度预算仅展示公开招标部分，预算编制时间实际上已经被缩短。预算局对机构请求的审查曾经花了 4 个多月的时间，从秋季初开始各机构提交请求，一直到 1 月下旬或 2 月初。现在在选举年，预算局的许多重要工作被推迟到 11 月中旬，但预算的发布已经提前到 1 月初。因为代理机构的需求被忽略，自上而下的预算流程可以进展很快，但预算局的审查员被跳过或者从项目专家转变为政治活动的数据供应商。

然而，在机构内部汇总需求的耗时工作仍然继续进行着，似乎没有任何变化。各机构仍在这一活动中投入大量精力，以确保其数额是准确的并能有效说明需求和目标。事实是大部分努力都被浪费了，至少就预算局审查而言，几乎没有什么不同。旧的、以机构为导向的预算程序没有被取消或重新设计，也许是因为预算局没有人足够关心改变程序，或者因为准备充分的需求仍然服务于内部管理的需要，并被拨款小组委员会在对代理机构业务的详细审查中使用。

但是，未能建立新预算能力的另一个原因也许需要被重视，也就是即兴安排不能被制度化。总统预算编制在其与国会预算编制的关系中经历了相当大的不稳定。重建行政预算机构必须与重建国会能力齐头并进，仅仅改革一个部门的预算能力是不够的。

国会预算编制：每年通过改变来拯救程序

国会的预算编制与行政部门的预算编制有很大不同，但这两个程序都受到类似压力的冲击，并且都以临时的权宜之计作出回应。国会中没有人能像总统那样把他或她的偏好直接表现在预算上。国会是一个支离破碎的机构，它通过将预算责任分散在众议院和参议院中的众多委员会之间来分散立法权，满足了它的政治要求。分歧的关键在于收入和支出的安排，自内战时期以来这些措施由不同的委员会处理。在对小组委员会之间分配拨款时也有分散的情况，每个小组委员会都有自己的拨款法案。随着第二次世界大战后政府范围的扩大，国会预算参与的圈子也扩大了——主要是通过颁布临时授权委员会和后门支出计划（Backdoor Spending Scheme），这种发展使许多授权委员会在预算政策中能发挥更直接且有影响力的作用。

由于许多委员会共享权力，国会预算本质上比行政部门更不稳定。授权委员会和拨款委员会之间的关系是一个不稳定因素，委员会和他们的上级委员会之间也是一个不稳定因素。前者在委员会寻求扩大其立法管辖权或防止他人侵占时产生摩擦，后者使立法结果在一定程度上取决于各委员会如何预测众议院和参议院的情绪，并通过它们指导立法。

尽管预算分散且不稳定，国会必须以足够团结和可靠的方式辅佐政府采取行动、及时拨款以及维持收入支出之间可接受的关系。在战后强劲的经济增长时期，国会可以采取分散碎片化的方式并仍然有理由相信赤字将是可控的。而随着增长减弱和赤字扩大，分散管理可能导致不理想的结果并且妨碍了纠正错误的行为。

为了应对赤字，国会必须整合预算权力并限制更多支出以及更少征税的企图。历史上，它的预算工作一直是由众议院的规则促进的，给予其收入和拨款法案准入的特权。[12]此外，这项工作也由于众议院筹款委员会和众议院拨款委员会作为财政部监护人的特殊地位得到缓解。[13]但由于立法规则是自我强加的，它也必须自我强制实施，这并不总是一件容易的事情。如果国会想增加支出或减少税收，需要有正式的规则和行为规范能保证其实现目标。事实上，前几章讨论的预算编制程序的发展已经削弱了税收和支出委员会的控制作用。更多支出的压力削弱了众议院拨款委员会的控制能力，该委员会现在能有效控制的支出不到总支出的一半，而分权化的趋势也削弱了众议院筹款委员会支配税收政策的能力。

国会的规则也取决于其与行政部门的关系。过去作为国会的控制者，众议院筹款和拨款委员会经常向白宫寻求指导。众议院筹款很少启动税收立法，尽管它通常对总统的提案作出重大修改，而众议院拨款委员会只是根据总统的预算需求采取行动。正如本章前面所指出的，拨款委员会经常根据总统的建议采取行动，这两组数字之间的差异通常很小。

总统预算的压力不可避免地蔓延到国会。由于总统预算更多像是议价的策略而不是一项确定的提案，国会不能将其工作局限于在结余空间内对拨款进行微调，它必须组织起来以自己的提议来对抗总统的报价，并在支出优先次序上作出重大转变。此外，它还必须准备好就整体预算进行谈判，并执行它与白宫达成的协议。换言之，国会必须以充分融合且一致的方式开展工作，同时又仍然需要在众多委员会中分散预算权力，而平衡这些相互冲突的需求并非易事。

调和预算一体化和立法分散的主要举措来自1974年的《国会预算法案》，该法承认国会与行政部门一样有两个不同的预算程序。一个面向机构业务，另一个是转移和其他授权的支出。面向机构的预算程序集中在拨款小组委员会上，其管辖范围大多与行政部门的组织相对应。转移预算分散在那些对应享权利和其他强制性方案有管辖权的授权委员会中。1974年的法案试图通过使用涵盖两类支出的预算决议来弥合这两个过程，将它们与总收入和赤字联系起来，并确定总体的支出优先权。

《国会预算法案》加剧了国会预算的混乱，虽然这不是立法的初衷，但新程序的某些特点确实增加了预算的不稳定性。第一，预算委员会作为新的成员加入了预算编制的流程。管辖权冲突的可能性在扩大，超出了授权与拨款、支出与税收的摩擦，并且还涉及预算委员会及其与旧委员会的关系。预算委员会既不能与其他委员会隔绝，也不能期望与其他委员会有同样的观点。关于预算决议的决定不仅反映了国会对预算问题的态度，而且反映了国会的权力平衡。有时预算委员会占主导地位，但更经常的情况是，它们只能通过照顾其他委员会的偏好才能获得足够的选票来通过决议。[14]

第二，预算决议在税收政策、支出优先事项和赤字等重大预算问题上与白宫形成对峙。与拨款法案通过将有争议的问题分解成分散的项目来达成妥协不同的是，预算决议通过将小问题合并成大问题来加剧冲突。支出优先事项、税收政策以及如何处理赤字都是共和党和民主党可能会有分歧的问题。如果不作出强有力的努力来对抗双方争夺预算问题的倾向，该决议将成为党派纷争的磁石。这种努力在20世纪70年代的参议院取得了成功，但由于共和党在1981年占领了议会和白宫，党派关系影响了整个预算过程，使通过预算决议变得更加困难。[15]

第三，预算决议从开始起在政治上就形单影只。它需要去照顾国会委员会的利益，这使它成为各方需求的拼凑，而非任何一方的代表。预算委员会是国会中唯一关心决议能否通过的委员会。由于预算决议的不寻常地位，这项任务变得非常复杂。预算决议并不像是一个真正的预算，而更多的只是一个多方愿望的清单。没有资金可以仅仅凭这些文字就被筹集或支出，如果决议不被通过，国会或行政部门就需要停止所有事情。然而，这一进程之所以得以延续是因为国会议员认为通过该决议是正确的做法，如果不这样做，国会将无法以负责任的方式编制预算。该决议的模糊定位使各成员无法支持决议向前推进，就好像它是“必须”的立法，但又不至于因工作挫折而厌倦，以致废弃从 1974 年起就建立的进程。

第四，在针对美国政治家面临的一些最困难和最有争议的问题时，预算决议进程需承担明确责任，从而破坏了国会的稳定性。近两个世纪以来，国会一直不遗余力地避免对总支出、支出优先事项和赤字进行投票。对这些问题没有表决不是一种疏忽；相反，它的根源在于国会的分裂，而且由于人们不愿意处理棘手的问题而得到加强。正是由于预算决议过程中存在的问题，在赤字增加、对所得税不满情绪上升和控制支出变得更加困难时，它才迫使国会就这些问题进行投票。

这些条件使国会越来越依赖白宫完成预算工作。尽管在预算决议过程中总统并没有发挥正式的作用，但预算决议的内容和能否通过在很大程度上取决于总统的作为。这种依赖是政治性的，这取决于对增税、削减支出和巨额赤字分担责任的需求。然而奇怪的是，在 20 世纪 80 年代，总统经常使国会更难处理这些棘手的问题，也更难制定一个可通过的决议。在将预算转变为“公开招标”的过程中，里根采取了一些不切实际的立场，使国会的预算工作更加复杂。当总统用过度乐观的经济预测来粉饰他的预算时，国会就无法用简朴的假设来进行有效反击。这样做只会增加赤字并疏远潜在的支持者。同样，当总统批准大幅削减国内支出时，他就会把国会置于不得不实施削减支出、增加赤字或从其他领域调取的境地。每一种选择都是大部分成员所反对的。

像国会这样的集体机构有一种处理困难或分歧式任务的独特方式——他们回避行动。如表 6.1 所示，国会在通过预算决议方面延期是很普遍的。在 20 世纪 80 年代，国会一直未能及时通过决议。随着时间进展，拖延的现象逐渐增加，只有在年度拨款时期开始后决议才会定期获得通过。因此，国会在支出法案方面的工作没有得到决议通过后的指导。国会在 1985 年提出了行政和立法时间表（从 1987 财政年度起生效），以期能指导自己采取更迅速的行动，但国会并没有真正做到。

长时间的拖延可能对决议进程造成致命影响，特别是众议院的规则允许审议拨款法案，即使国会未能通过预算决议。[16] 20 世纪 70 年代，预算委员会敦促成员“投票给过程，而不是投票给数字”来支持他们的决议。他们警告称如果决议不通过会导致新预算进程的失败，这说服了足够多摇摆不定的成员，从而取得了获胜的多数票。但这种呼吁的效果因被反复使用而大大减弱，在 20 世纪 80 年代，预算委员会采取了其他策略来拯救这一进程。[17] 面对预算崩溃，国会即兴调整了每一年的规则以达到立法权力的平衡。以下列表指出了 20 世纪 80 年代所做的一些突出的行为规则更改：

1980 年：通过将预算和解过程从第二项预算决议推进到第一项实现了预算和解。预算和解最初的用途不大，但为明年更广泛的应用铺平了道路。预算峰会也是在 1980 年开创的，当时卡特总统的最初预算是在与国会领导人的谈判中修订的。

1981 年：预算和解扩大到 3 年，并扩大到由年度拨款资助的酌情授权。《预算和解法案》涵盖了更多的委员会，并且比任何年度的削减都更深。

1982 年：国会在春季通过了第一项决议，并具体规定如果第二项决议在财政年度开始时未获通过，这将具有约束力。国会还通过了一项不寻常的税收立法，由参议院首先采取行动，而众议院直到会议时才开始考虑这项措施。

1983 年：虽然预算和解指示已列入预算决议，但国会没有通过《预算和解法案》。该法案最终于次年颁布。预算决议改变了众议院关于执行预算总额的规则。[18]

1984 年：国会在通过预算决议之前颁布了削减赤字的立法，从而颠倒了《国会预算法案》中规定的顺序。该决议于 10 月 1 日，即新财政年度的第一天截止日期后 4 个多月，在国会通过。众议院通过了一项全面豁免，在决议通过前，允许实施下一年的所有经常项目拨款法案。

1985 年：国会通过了《格拉姆—拉曼德—霍林斯法案》，确定了 1991 财政年度的赤字目标。这项法案还对国会预算程序作了许多修改。其中一些规则符合现行惯例（如一项决议而不是两项决议）；另一些则为在众议院和参议院作出并执行国会预算决定修改了程序。[19]

1986 年：国会通过了两项《预算和解法案》，一项是上届会议的结转额，另一项是下个财政年度的结转额。国会还通过了一项持续决议，首次涵盖了整个财政年度的所有 13 项经常项目拨款法案。

1987年：国会修改了《格拉姆—拉曼德—霍林斯法案》的目标，并对削减赤字的程序进行了一些调整。总统和国会就1988财政年度和1989财政年度的收入和支出达成了预算协议。

1988年：在整个20世纪80年代，13项经常项目拨款法案首次在财政年度初始时颁布。这也是10多年来没有就《预算和解法案》开展工作的唯一一年。

这并不是一份近年来调整和临时安排预算编制的完整列表。《国会预算法案》的许多规则豁免，以及可以经常在预算决议中插入条款都使其更具吸引力，同时也使赤字问题显得不那么艰难。[20] 众议院规则委员会每年都制定特别规则以安排对预算决议的最低审议。在制定和动员对决议的支持方面，在国会民主党和共和党之间的关系以及在与白宫的关系方面，领导层的作用每年都有变化。其中一些变化加强了国会预算程序，特别是参议院60票弃权要求和根据《国会预算法案》第302条作出的委员会拨款的执行，总的趋势是倾向更直接的领导参与和更少的预算委员会自主权，更大的两极分化和双方更大的相互依存。正如下一节所讨论的那样，这样能更多地争取与白宫达成全面协议。

总统的主要目标是抓住战术优势，与总统的即兴安排不同，相比之下，国会立法的即兴安排旨在通过决议和相关措施。这种行为表明预算编制在国会的基础比在行政部门的基础更糟糕。这种困境有一个明显的原因，即总统可以单方面决定把什么列入他的预算，而国会只能汇集足够的选票来通过决议。国会每一年的主要驱动力是采取一切必要措施来控制所需的选票，它在预算问题上带有一定程度的绝望态度。促使国会维持行动的决心是为了保持预算决议程序。如果国会决定这些行动不值得付出努力，那么预算决议及其附属问题就会消失，因此即兴安排是不够的。

表 6.1　1980—1987 财政年度预算决议的通过日期

财政年度	通过日期	延期天数[a]
1980	1979 年 5 月 24 日	9
1981	1980 年 6 月 12 日	28
1982	1981 年 5 月 21 日	6
1983	1982 年 6 月 23 日	39
1984	1983 年 6 月 23 日	39
1985	1984 年 10 月 1 日	139
1986	1985 年 8 月 1 日	78
1987	1986 年 6 月 27 日	73
1988	1987 年 6 月 24 日	70
1989	1988 年 6 月 6 日	52

注：[a]表示 1980—1986 财政年度，通过春季预算决议的截止日期是 5 月 15 日。自 1987 财政年度以来，截止日期是 4 月 15 日。

资料来源：Robert A. Keith，参议院审议 1974 年《国会预算法案》第 303（a）节豁免下的定期拨款法案，国会研究处，1989 年 1 月 18 日，表 1。

预算和解：一个内在的不稳定过程

预算和解是一个内在不稳定的过程，因为它违反了植根于委员会制定立法制度的国会规则，有可能侵犯了几乎所有众议院和参议院委员会的管辖权，并推翻了审议立法的正常程序。正因为此，16 个众议院委员会的主席在 1980 年写给小托马斯·奥尼尔议长的一封信中提出，在春季预算决议中实施预算和解，“就联邦活动的性质和范围给予预算委员会实质性的立法授权，削弱了委员会制度。这种程序侵犯了授权和拨款程序的合法作用。”[21]

预算和解也不是一个平静的过程。它指导各委员会制定复杂的立法来削减项目和增加税收，但各委员不会主动采取行动来削减他们所建立的项目并收回他们向各个团体提供的福利。预算和解意味着削减生活成本和调整医院的支出，减少转移支付的资格等，全然没有考虑到预算的增加。

为了能存在下去，预算和解需要不断注入政治支持。它是在众议院和参议院委员会的煎熬下运作的，这些委员会每年都会使预算和解成为一个他们愿意接纳或挖掘利用价值的过程。本书第四章和第五章提供了预算和解变化的证据，展现了预算和解在用于增加收入或减少支出方面的波动性。在收入方面，重点的变化是 1982 年《税收公平和财政责任法案》以及 1984 年《减少赤字法案》，其他年份只发生了少量变动，1981 年则没有变动。在支出方面，1981 年是变化“大爆炸”的一年。自那时起预算节约一直很少，而在一些年份里，它们会大量甚至全部被调节法案中规定的支出增加所抵消。

这些变化展现了预算过程中日益普遍的不稳定格局。从 1980—1988 年，这 9 年中有 6 年颁布了《预算和解法案》。在另外几年里，国会未能完成预算和解行动，但在下一届会议颁布了这些措施。1988 年立法会议是唯一没有预算和解活动的会议。前一年颁布的调节法案实施了 1987 年预算首脑会议商定的两年期削减赤字计划，从而避免了另一项法案产生的必要性。

预算和解的范围是国会委员会权力的晴雨表。预算和解在 1981 年适用于常规授权，但在随后几年就不再适用。在授权委员会的坚持下，国会委员会达成了一项非正式谅解，将预算和解范围局限于津贴和其他一些强制支出。一些《预算和解法案》，如 1987 年颁布的法案，对国防总额和国内可自由支配拨款设置限额，但这不是标准的做法。拨款委员会倾向于在不受任何外部限制的情况下运作，但他们也已经接受限额作为行政立法协议的一部分，从而允许比白宫期望更高的国内拨款。限额给这些委员会充分的灵活性，可以在国内项目中分配资金，从而削弱了竞争对手预算委员会在确定支出优先事项方面的作用。

参与这一过程的委员会数量取决于预算和解指示的范围。几乎所有具有立法管辖权的委员会都在 1981 年收到了指示。然而在随后的大多数年份，只有不到一半的委员会被覆盖。[22]参与委员会的多样性催生了《预算和解法案》和其他综合措施会议程序的创新。通常的做法是，一些预算委员会成员担任一般与会者，其他委员会成员担任综合《预算和解法案》指定部分的与会者。一般与会者监督整个过程，但他们在就特定问题作出决定的次级会议中很少或几乎没有发挥作用。这一安排使受影响委员会能够控制预算和解结果，同时使国会能够以协调的方式开展工作。

由于预算和解兼顾了立法委员会的利益，它已成为挑战总统预算优先事项以及让国会在两个政府部门机构的操纵中占上风的有效工具。在《预算和解法案》中增加支出和不相关的立法，同时促进了兼容和对抗。国会议员莱昂·帕内塔在敦促国会不要禁止这种做法时承认一些不相干的立法“有助于润滑预算和解进程，坦率地说，吸引选票和支持《预算和解法案》。如果没有这种支持，一般而言，预算和解和执行《国会预算法案》可能会更加困难。”[23]在 1986 年，参议院通过了一项规则，在《预算和解法案》中禁止不相关的立法，但这并没有停止这种做法。[24]此类立法的数量反映了授权委员会的弱点和优势。授权委员会过于软弱不能自行授权立法，但却存在权力从而能将此类立法纳入《预算和解法案》或其他综合措施，授权委员会在国会中尽了最大努力来解决僵局。在20世纪80年代的大部分时间里，独立的授权立法严重被削弱，国会也未能更新一些到期的授权。[25]颁布授权的困难主要是来自里根反对扩大联邦方案的立法。然而，通过求助于《预算和解法案》，授权委员会设法实现了其中一些立法目标。

类似的动机导致授权委员会会在选定的项目中插入“甜味剂”——为选中的项目增加支出。在利用预算和解增加支出时，授权委员会质疑总统的预算优先事项，并迫使他接受那些如果单独提出可能被否决的条款。总统提出不切实际预算的策略引起了国会的反对行动，从而挫败了白宫的提议。

预算和解是减少赤字的主要立法手段，但是，正如20世纪80年代中期和后期的临时安排，预算和解与赤字减少毫无关系。相反，减少赤字掩护了预算和解程序的其他用途。事实上，随着20世纪80年代赤字危机的加深，通过这一进程真正减少了赤字数量。1985年，对赤字的担忧促使国会通过了《格拉姆—拉曼德—霍林斯法案》，但并未促使国会通过一项《预算和解法案》。赤字在1986年达到顶峰，但当年预算和解减少的赤字数额可能比其他任何一年都少。

偏离正常立法秩序的综合措施，如预算和解，不能由不可改变的惯例来管理。大卫·斯托克曼在1981年颁布《预算和解法案》几个月后提到，预算和解“不应每一年成为授权和拨款的综合替代。它最好被看作一种选择性的行动执行机制”。[26]当时担任参议院预算委员会主席的参议员皮特·多美尼斯也表达了类似的观点：“我不希望看到预算和解程序成为建立联邦财政政策的例行工具。预算和解是一个非常过程，只应在非常的情况下使用。”[27]

由于20世纪80年代的预算情况非常特殊，因此预算和解程序一再被实行。但是既没有设置一套预算和解程序的标准，也没有颁布一条正式指令来实施预算和解。

拨款：从稳定增长到急剧减少

拨款过程在 1988 年被安排得井井有条。第一项常规拨款法案于 5 月 17 日获得众议院批准，距离规则允许的最早日期仅延迟两天。最后一项是在 6 月 29 日，即完成众议院决议的截止日期前一天通过的。参议院也行动迅速，在 6 月通过了 4 项常规拨款，7 月通过了 8 项，8 月通过了最后 1 项。所有 13 项法案都是总统在 10 月 1 日财政年度开始前签署的，这使 1988 年的会议成为 10 年来第一次不需要临时拨款的会议。

井然有序的拨款在 20 世纪 80 年代是一个例外，但在过去的几十年中这是正常的。事实上，拨款是国会最常规和最可预测的活动之一。有时候，一些拨款因立法失误或预算冲突爆发而被搁置，国会不得不在一项持续决议中拨取临时资金。当这种情况发生时，持续决议通常是一项临时措施，有效时间不超过几个月。当国会休会时所有拨款法案都没有颁布是很罕见的。

稳定拨款过程是前几章中所描述的增量行为。由于总统习惯性地要求更多，国会会削减部分增加，冲突被缩小到前一次拨款和下一年需求之间的小范围内。然而，稳定拨款取决于总统通过需求更多来运用他的预期。当罗纳德·里根在 20 世纪 80 年代要求减少国内支出时，他动摇了拨款委员会的行为，并将众议院委员会变成了一个狡猾的要求增加资金的原告。随之而来的拨款计划的崩溃使国会最可靠的程序之一变为最不稳定的程序之一。

就在1988年按期执行的前一年，国会未能按时通过一项拨款法案，它将所有13项法案合并成一项综合措施并将法规扩展到450多页。表6.2表明，这不是大规模的持续决议成为拨款工具的唯一一年。一个多世纪以来，持续决议一直被用来资助在财政年度开始时没有常规拨款的机构。然而在20世纪80年代，这类措施的功能和内容发生了变化。持续决议取代了经常拨款，为许多项目和机构提供全年资金，成为颁布大量实质性立法的手段。除了标签之外，这10年使用的最终持续决议与以前通过的决议之间没有太大联系。[28]

表6.2　1980—1989财政年度持续拨款法案

财政年度	被覆盖的常规拨款数目		在持续拨款中为整个财政年度提供资金的常规拨款数目	最长持续拨款的法规页数
	初始	最终		
1980	10	7	3	8
1981	13	5	5	9
1982	13	3	4	21
1983	12	8	7	95
1984	9	5	3	19
1985	9	9	8	363
1986	13	7	7	142
1987	13	13	13	389
1988	13	13	13	451
1989	0	0	0	n. a.

资料来源：国会研究部。

直到20世纪80年代，大多数临时拨款都按“延续”费提供临时性资金，通常限定为比上一年拨款低，或比总统要求的、比众议院或参议院通过的拨款数额低。提前到期和低支出率使国会有很强的动力通过常规拨款，并通常可以提供更多的资金。和常规拨款会很快实行的预期一致，每一项持续决议都明确规定其可以在常规拨款可用时被取代。

与20世纪80年代以前的临时拨款不同，最近的持续决议经常为一些账户提供比前一年拨款或总统要求更多的资金。此外，因为最近的持续决议会持续整年有效，所以会将全部的常规拨款都纳入其中。表6.2显示除1989财政年度外，10年期间每一年颁布的初始持续决议涵盖大部分甚至所有的拨款，最后的持续决议为整个财政年度提供了多项拨款。

这些数据证明了拨款程序的大范围崩溃。两个相关的因素（也是本章的经常性主题）阻碍了常规拨款的通过。一种是预算冲突，另一种是国会为获得针对白宫的战术优势而进行的操控。为了将持续决议变成立法权力的工具，国会将其从临时措施改为全年拨款。

在综合性的持续决议开始流行之前，拨款程序已经去中心化。每一项拨款法案都是从其自己的小组委员会中提出，并在它准备就绪时送去审批，不会等待其他拨款，也不会详细考虑该法案中的数额如何关系到总支出或其他法案中提供的数额。关于个别拨款的冲突仅限于该法案以便其他法案的进展不受阻碍。国会预算程序的建立带来了少量的中心指向，要求众议院和参议院拨款委员会在其13个小组委员会之间分配可用资金。[29]尽管有这一要求，各拨款小组委员会继续以相当自主的方式运作，而且各种法案彼此独立审议。

然而在20世纪80年代，总统和国会之间的冲突蔓延到整个预算，使人们难以完成对个别法案的行动，除非就总支出、总体预算优先事项以及削减的数额和分配等广泛问题达成协议。第一次拨款的通过往往因为对上一次拨款的分歧而受阻，而且可以通过一次解决一个拨款法案来分解预算冲突。

在这种环境下，持续决议被证明在打破预算僵局方面是有效的。作为对政府不间断运作至关重要的“必须”立法，持续决议促使争端各方就具体数额达成协议，尽管它们在预算优先事项上仍然存在分歧。随着其范围扩大到包括大部分或全部拨款，持续决议与预算决议及调节法案一起成为解决每年预算斗争的关键手段。因为它决定了实际的资金水平，持续决议解决了一些有争议的问题，如国内与国防支出以及自由决策方案中提供的增长量，这比咨询决议更具决定性。

所有参与者都从持续决议中获得了一些东西，包括白宫，白宫经常抱怨持续决策并威胁要否决国会通过的任何综合性支出措施。这一过程使总统的代理人能够就一项全面协议进行谈判，该协议为国防提供比单独法案中可能提供的更多支持，但为国内项目提供的支持却很少。白宫可以评估总成本，权衡国会的附加条款，避免对通常有争议的外国业务拨款进行单独的最低表决，并获得比零散的拨款更有约束力的协议。

国会也从一项全面的持续决议中得到一些优势。拨款委员会迫使白宫同意通过远远高于总统要求的国内支出，获得不会否决持续决议的保证，并对拨款附加了许多条件和限制。拨款委员会主动或与其他委员会合作，在决议中载入了立法规定，包括全部授权法案，其中一些法案可能很难单独颁布。[30]编制持续决议的过程使各拨款委员会主席在确定最终预算结果方面发挥了更大的作用，但各小组委员会通过将个别拨款法案作为持续决议的工具，并让其成员担任最后法案的与会者来保护其利益和管辖权。[31]

持续决议在新财政年度开始或上一个临时安排到期之前的最后一分钟、一天或几个小时被审议。对局外人来说，这一过程似乎是混乱的，没有人确切地知道决议中审议的内容。项目的添加或删除没有经过很多讨论或协商，只有在综合措施颁布一段时间后，其内容才能被完全编辑和评估。然而，这个过程并不像有时表现出的那样混乱和疯狂。早在财政年度到来之前，委员会和成员就意识到他们将有一个或多个持续决议，并相应作出计划。一些授权委员会制定了立法，但在持续决议出台之前不采取进一步行动。然后在幕后，他们安排将授权立法的一部分纳入决议，并在没有引起人们注意的情况下颁布。拨款小组委员会负责处理他们的法案，为将在持续决议中进行的最终游戏做好准备。他们汇报个别法案，将其在众议院通过也经常在参议院通过，但没能最终获得通过。这使它们能够将原法案的规定转移到持续决议中，而不会冒被否决的风险。各小组委员会还就适用于决议有关部分的个别法案提出报告。

虽然各成员和委员会预测并利用持续决议的机会，但这些措施的范围差别很大。这些变数包括常规拨款法案的数目、与总统谈判的供资数额以及该措施在多大程度上可供实质性立法使用。

综合持续决议并未被制度化。如果造成采用持续决议这种情况的外部条件减弱，国会可能会重新采取以前的有限措施。关键因素还是在于不同政府部门间的冲突。在这 10 年的大部分时间里，由于白宫和国会在预算政策上的分歧很深，一项重大持续决议被迫生效。然而在 1988 年，冲突被前一年的首脑会议协议解决，没有必要使用持续决议。

巅峰：完全无程序的预算编制

预算编制的混乱改变了行政和立法的关系。自 1982 年以来，这两个政府部门变得更加相互依存，因为正如前面所讨论的，每一个政府部门都很容易受到另一个政府部门阻碍其预算偏好的影响。由于总统只能获得适度的预算削减，而国会只能获得总统对适度增税的支持，双方陷入了一种讨价还价的关系，在这种关系中，双方仅仅能通过妥协来达成当前可用的协议，但这还不足以真正解决预算危机。巨大的赤字进一步促进了政府部门之间的相互依存。两个政府部门机构需要联合行动来避免受到赤字的指责，为这些年通过的适度削减支出和增加收入分担责任。

但相互依存有时会产生挫折感和无助感，因为任何一方都可能得不到它想要的一切，每一方都很容易为度过每场预算危机而作出的妥协感到被欺骗。罗纳德·里根在 1981 年获得立法胜利后不到一年哀叹道："这被称为总统预算，但它没有任何约束力。它被提交给国会，而他们甚至不必去考虑。"[32] 里根多次表达了这一抱怨，他最终建议让总统在国会预算过程中发挥正式作用。[33]

虽然缺乏这样的角色设置，里根和他的继任者仍然积极地工作以影响国会的行动。10 年来通过的大多数预算决议都是总统和国会政策的混合。尽管 1974 年的《国会预算法案》赋予了独立权，但国会不能独自制定自己的预算决议。预算决议的进展常常因为总统的反对拖延，这让国会中认为这项措施应反映立法优先事项的支持者感到非常沮丧。

预算上的相互依赖促使这两个政府部门机构经常进行谈判。由于政党和政策分歧，讨论并非总是以和解的方式结束。以下清单概述了 20 世纪 80 年代进行的一些主要预算谈判：

1980 年：经济状况恶化促使卡特总统在预算提交后不久将其撤回，并提交了一份经过与国会领导人谈判的修订计划。

1981 年：里根总统的闪电战排除了 1981 年的谈判，因为新总统决定了预算决议、和解法案和税收立法的大部分条款。尽管取得了这些成功，里根在那年晚些时候寻求额外削减时面临顽抗的国会，协议由斯托克曼在拨款法案中达成，给了总统所要求的很少部分。

1982 年：总统助手与国会“十七人帮”（Gang of 17）之间的谈判陷入僵局，总统拒绝废除以前投票通过的部分减税政策，众议院议长奥尼尔拒绝接受任何社会保障福利的削减。国会和总统还就追加拨款问题争吵不休。里根否决了两次追加，但国会推翻了他对第三项法案的否决。这一年以一项持续决议的延期谈判结束，直到国会放弃了总统反对的就业计划后才得以通过。

1983 年：大多数部门间的讨论都是在参议院和白宫之间进行的。总统的反对几乎完全摧毁参议院通过一项预算决议，并挫败了参议院财政委员会主席制定雄心勃勃的赤字削减计划的努力。一项两党的补充拨款法案可以获得通过，但它被削减到总统可以接受的水平。

1984 年：白宫和参议院共和党领导人就预算问题达成了一项“玫瑰花园”协议，但又花了六个月的时间与国会民主党人讨论通过预算决议。旷日持久的争端拖延了拨款行动，导致一项综合持续决议涵盖 9 项常规拨款法案。

1985 年：谈判在几个方面进行，首先是在参议院，共和党努力制定一个可通过的预算决议。白宫和参议院共和党领导人同意一项协议，却发现他们缺乏通过协议的选票。随后参议院共和党又组成另一项协议，由副总统打破选票僵局而侥幸通过。众议院民主党人通过了他们自己的决议，没有让共和党人参与这一进程。不同的众议院—参议院版本造就了一个困难而冗长的会议。僵局被一项“橡树”协议打破，该协议在白宫草坪上匆忙成形，总统接受了民主党的要求，使参议院削减的社会保障 COLA 被恢复，议长奥尼尔接受了里根的要求，国防支出根据通货膨胀进行全面调整。

1986 年：总统拒绝参加谈判，担心会有压力迫使他接受增税，并担心当时处于审议最后阶段的税收改革立法将受到损害。但是，总统确实对持续决议表示了积极的兴趣，因为持续决议涵盖了所有 13 项常规拨款，而且其中载有限制他在军备控制政策方面灵活性的规定。在受到总统否决的威胁后，就此和其他争议事项达成了协议。

1987 年：在 10 月股市崩盘后，长达一个月的峰会谈判达成了一项两党协议，声称第一年削减 300 亿美元赤字，第二年削减 450 亿美元。谈判代表包括总统的主要助手—白宫办公厅主任、财政和国防部长、预算局局长—以及十几位国会领导人。里根总统没有直接参与，但从一开始就很清楚，没有他的首肯不可能达成任何协议。尽管有金融市场的迫切需求和广泛的媒体关注，谈判进展得断断续续，头一天人们自信一项深远的协议将达成，而在第二天则悲观地认为甚至不可能达成必要的最低限度协议，以避免格拉姆—拉曼德扣押。10 月 29 日，《华盛顿邮报》报道有迹象表明谈判将产生超过谈判人员设定的最低 230 亿美元目标。11 月 5 日，乐观情绪已然消失，《邮报》和《纽约时报》都将该会谈描述为挣扎。两天后，讨论又回到正轨，共和党谈判代表提出了一个全面的框架，并且在 11 月 9 日，一名国会助手说当天达成协议的可能性“非常非常大”。然而，又花了十天讨价还价才宣布达成一项协议。

1988 年：前一年的两年协议消除了高级别讨论的必要性，但预算局监督拨款以确保它们普遍遵守峰会协议的条款。尽管如此，当国会超出了自行决定的国内限额时，行政部门顾左右而言他，不在选举年挑战国会。

1989 年：在乔治·布什上任后不久，新任预算主任理查德·达曼（Richard Darman）就开始与国会领导人进行讨论以避免重蹈里根总统任期最后几年预算战的覆辙。经过一个多月断断续续的讨论，双方在 4 月达成了一项协议，旨在通过同等数量的收入增加和支出削减来减少赤字。该协议的规模是该年晚些时候为避免 GRH 扣押所需要的最低规模，值得注意的是，该协议所声称的节余在多大程度上依赖于噱头，而且双方对执行条款作了怎样的详细说明。[34]尽管有这些规定，如何执行协议在该年晚些时候爆发冲突，资金仍被扣押。

上述的汇总展现了总统和国会的谈判没有按照预先设定的时间表和标准程序进行。每一年都有各自的特征和关系。政府部门间的谈判无法日常化，因为它只有当双方发现有讨论的价值时才会发生。每年的情况决定了讨论是否和何时进行，谁参加以及议程和游戏规则。如果一方感到谈判会有不利，则不必参与谈判。如果拖延被认为是有利的，会谈将被推迟而不是更早举行。在总统和国会的谈判中，程序是随着双方关系的进展而变化的。

政治立场和技巧对讨论结果有很大影响。谈判是一个政治事件，其中的利害关系超过预算。总统的领导能力和决心受到考验。在较轻程度上，国会领导人会把他们的声誉置于危险之中。媒体和公众关注谈判并评价参与者的表现。预算谈判的成败会溢出到其他政策领域。

参与者的谈判能力越高，就越有可能使谈判圆满结束。如果与会者可以像 1980 年、1987 年和 1989 年那样参加首脑峰会，某种最终协议的达成更可以被保证，但协议的范围可能相当有限。1987 年和 1989 年的首脑峰会在这一点上具有指导意义。1987 年所声称的两年期结余达到了可观的 760 亿美元。然而经过仔细审查，赤字削减的数额远远低于通过《格拉姆—拉曼德—霍林斯法案》扣押而实现的数额。第一年声称节约的300亿美元包括在《格拉姆—拉曼德—霍林斯法案》程序中不予计算的50亿美元资产销售，16亿美元来自国税局加强执法，50亿美元来自将国防支出的增长控制在通货膨胀的基线以下，90亿美元是税收增加，18亿美元来自用户费和其他类似费用，12亿美元来自较低的债务偿还。

1989年的协议也是一个最低限度的一揽子方案，采用了融资的花招来增加所汇报的结余。协议总共宣称的赤字削减总额为280亿美元，但对协议条款的公平核算表明，真正的节余只有该数额的1/4左右。2/3的额外收入来自资产销售、用户费用和更多来自国税局执法的资金。所谓的支出削减主要包括从预算中取消邮政服务和一些农业信贷计划、提前支付某些农业价格支持、取消旧的（可能丢失的）食品券、出售退伍军人贷款以及延长一些临时医疗保险条款。

首脑峰会收效甚微，因为它们通常是在国会和总统在预算上陷入僵局时召开的，而最初造成僵局的因素还会继续影响到谈判。“白宫和国会谈判代表，”《纽约时报》在1987年的峰会上报道说，“自1981年以来，他们所争执的相同税收问题以及军事和国内支出优先事项上，仍然存在着深刻的分歧。”[35]对峰会达成协议的过高期望导致了参与谈判人员会尽可能少地作出让步。

即兴安排的成本

预算崩溃和即兴安排的代价是昂贵的，因为这意味着预算编制的惯例没有按他们预想的运作。作为一项每年重复且很少变化的系列步骤，预算规定了要求和分配资源的不同角色，并且还将角色赋予那些想要的人和配给资源的人。在这些规则和角色中，稳定的期望得到发展，预算制定者学会了以有利于完成所需任务的方式行事。

这些惯例排除了预算编制的大部分潜在冲突。鉴于所涉利害关系、资源稀缺性以及利益和观点的多样性，一些摩擦是不可避免的，但稳定的程序有效地将分歧局限于分配本身。参与者不必每年就谁来做什么或如何作出决定而争吵不休。稳定的程序还简化了预算选择，并将进程推向成功。参与者知道他们必须做什么才能完成这项工作。此外，他们也知道对别人有什么期望。有了稳定的分工，预算的编制就分解成了许多小任务，工作就能以合理的速度完成。

即兴安排既是预算进程的失败，也是对崩溃的明智反应。它提供了一种在程序不能正常工作时编制预算的手段。从这一角度看，即兴安排取得了成功，因为它每年都以某种方式批准预算决议和拨款。然而在理想状态下，即兴安排很难替代稳定可靠的预算程序。临时预算编制很可能是脆弱和不稳定的，其结果比在稳定规则下作出的决定更不确定。一年的临时安排可能会在随后的几年里产生更多相同情况，因为受冲突和时间压力的制约，参与者很少有动力或机会对进程进行持续的改善。由于日程安排的混乱，预算编制长期处于崩溃的边缘，没有太多的倾向去建立新机构，或者在当前的危机之后思考，直到这个过程可以恢复活力。结构性问题被允许恶化，从一场危机到下一场危机的混乱仍然存在。

从临时安排程序到临时安排政策只是一个短暂的步骤。促使经常性修补预算进程的条件和心态也同样鼓励着预算制定者经常性调整实质性政策。当角色和期望不稳定摩擦加剧时，参与者就会选择能使他们摆脱危机的选项，即使这意味着重新讨论以前解决的问题并只是权宜之计。临时安排取代了渐进主义的节奏和可预测性，结果变得不稳定且不确定。

临时安排涉及了政策的实质内容以及在预算中作出决定的方式。虽然年度拨款和津贴方案都受到高赤字和削减压力的破坏，但后者受到即兴安排的影响更重。津贴通常是预算中最稳定的部分，因为它们通常持续有效，除非国会改变规定政府支付权的立法。对于一些津贴，特别是社会保障，国会通常保持一种不干涉政策，该计划年复一年地继续，没有实质性变化。然而，一些方案却经常，有时是每年，都要进行立法改革。表 6.3 显示的是里根政府期间医疗保险的结局。在里根时期，医疗保险的立法改革超过 200 项，平均每年约 25 项。在直接影响到联邦支出的条款方面，例如支付给医院和医生的款项方面，立法行为特别频繁且反复地出现。不仅立法上的变化每年发生，而且立法中载有许多临时条款、延长到期条款、将利率提高到低于基线的水平被列为削减等。

频繁的变化不是无成本的。他们在规则上制造困惑，使医疗保险的提供者和接受者都感到被国会欺骗，造成预算更加不确定。[36]在这最后一点上，官方统计数据声称国会的行动削减了大约 500 亿美元的医疗保险，但这些统计数据的准确性是非常值得怀疑的。我们很难对 20 世纪 80 年代所有的临时规定、基线花招和其他策略进行分类，以找出对医疗保险计划真正的作用。然而可以肯定的是，频繁的变化使病人和提供者都感到被联邦政府欺骗。在医疗保险支出增加 3 倍的 10 年里，病人开始感觉到他们的福利被削减了；医院越来越感到由于频繁调整费率而受到挤压；医生认为医疗实践受到更严格地控制。每次临时条款被延长时，国会记录员都声称有新的预算节余，而提供者和接受者最终都认为这种承诺会被再次打破。

表 6.3　　1981—1987 年医疗保健的主要立法变化

条款	颁布年份						
	1981	1982	1983	1984	1985	1986	1987
定期临时付款	撤销临时延期	延迟付款			增加付款 5%	取消住院服务	延长 2.3% 的削减[a]
医院报销	限制利率上升	限制利率上升	建立 DRG 系统	限制利率上升	限制利率上升	限制利率上升	变更 PPS 配方应用
医生收费				冻结 15 个月	延长冻结 8 个月	建立收费表	延长 2.3% 的削减[a]
A 部分和共同保险	更改扣除额公式		延迟率增加			更改扣除额公式	
B 部分保险费	增加免赔额	定在成本的 25%[b]	延迟保费增加	延长 25%[b] 规定	延长 25%[b] 规定	延长 25%[b] 规定	延长 25%[b] 规定

续表

条款	颁布年份						
	1981	1982	1983	1984	1985	1986	1987
二级付款人		为年长工人建立		扩展到配偶	把年龄扩大到 70 岁	扩展到残疾人	
资本成本			不包括在 DRG 计算内	限值增加	消除股权回报	减少对 PPS 医院的付款	减少在 1988 财年和 1989 财年的付款
新规定的数量（个）	18	27	13	30	51	31	38

注：[a]根据修订后的 GRH 法律，1987 年 11 月 20 日施加的 2.3% 削减延长至 1988 年 3 月。[b]表示暂时的。

资料来源：途径和方法委员会，背景材料和委员会管辖范围内的方案数据，各年份途径和方法。

医疗保险是政策波动的极端情况。据笔者所知，没有其他项目如此频繁地被篡改。然而，医疗保险对临时安排成本来说是一个有用的经验教训，它表明临时政策会造成冲突和混乱，破坏国会的预算目标，并为受立法影响的人频繁利用变化提供了机会。

操纵规则对国会行动施加预算影响是即兴安排的另一个副产品。当预算程序稳定时，人们可以有理由相信，估计立法决策预算影响的同样规则会年复一年持续下去。记录规则的稳定性受到重视，因为它有助于进行年度间比较，并使决策者和受预算行动影响的人能够对他们正在做的事情有信心。由于立法记录规则是自我强制的，它们有时会被操纵以获得短期利益。当财政压力加剧时，阴谋无疑会升级。

当记账规则每年都重新制定时，预算账户的完整性面临很大风险。当一个人在操纵预算程序时，也有很强的动机来操纵预算账户。事实上，记账技巧已经成为即兴安排的关键工具。在不改变一个方案或政策的情况下，可以通过改变预算中交易记录的方式使赤字消失或节余实现。把条目放在预算内或预算外，推迟或提前付款日期，以及操纵资产出售都是老把戏，但在 20 世纪 80 年代它们给人的一种印象是被使用的范围比以前更大。基线是一种特别吸引人的即兴安排设置。它本质上是一个变量，随着通货膨胀、支出比率和其他相关因素等新数据的出现，它总是处于不断变化的状态。隐藏这些变量的假设被用来增长基线，以此产生所谓的预算节余。

当出现新的问题时记账技巧会被毫不掩饰地使用。由于一心想要将赤字金额降低，预算制定者现在公开吹嘘他们这种“雾里看花”的骗局。1987 年临时安排的记账技巧几乎没有人试图去掩盖；当 1989 年的首脑峰会时创造了近 200 亿美元虚假节余时，也没有人去掩饰。现在，预算的新记录员通过坦白记账员们所犯下的记账罪行来预防被公众批评。他们的辩护是出自良好的初衷，以避免根据《格拉姆—拉曼德—霍林斯法案》被扣押资金的糟糕结局。该法只要求承诺降低赤字，而不要求实现赤字，从而鼓励了即兴预算。

即兴安排是巨大赤字的产物，但它也导致了赤字会继续保持高额。即兴规则通过承诺明天空想的削减来避免今天真正的赤字削减。可是当明天到来时，赤字仍然是个麻烦，所以又需要新一轮的即兴安排。1988 年的财政赤字大于 1987 年的赤字，而 1989 年的赤字大于 1988 年的，但在这些年度都没有资金被扣押。只有当预算规则能完好无损地保存下来时才是足够的，如果做不到，那么就只能即兴安排。

注释

[1] 休·赫肯（Hugh Helco）：《行政预算制定》，Gregory B. Mills、John L. Palmer，19 世纪 80 年代联邦预算政策，华盛顿特区：城市研究所出版社，1984 年，第 271 页。

[2] 管理与预算局执行副局长唐纳德·W. 莫瑞（Donald W. Moran）在 Jonathan Rauch 中引用道："斯托克曼（Stockman）在预算局静悄悄的改革可能在机构上留下难以抹去的标记"，《国家杂志》，1985 年 5 月 25 日。

[3] 见《建设一个更美好的美国》，总统给国会的信息，1989 年 2 月 9 日。

[4] 布鲁斯·约翰逊（Bruce Johnson）：《预算局和预算审查员：里根时代的变化》，《公共预算和财政 8》（1988 年冬季），第 5 页。布鲁斯·E. 约翰逊（Bruce E. Johnson）也讨论了预算局改变角色的问题，《从分析师到谈判者：预算局的新角色》，《政策分析和管理杂志》，1984 年第 4 期，第 501－515 页。

[5] 赫肯（Heclo）将预算局审查员的传统角色描述如下："对于刚加入预算局的年轻预算审查员来说，该组织的传统风气就像这样。总统预算是关于联邦政府运作的每一个项目的价值陈述。你正在加入一个必须能够完全应对任何问题的组织。这意味着了解一些历史、法律、机构中发生的事情和学术研究，这样当你被召唤时，你就可以判断一个项目的价值。" op. cit. 第 279 页。

[6] 见布鲁斯·约翰逊（Bruce Johnson）：《预算局预算审查员和国会预算程序》，《公共预算和财政》，1989 年第 9 期，第 7 页。

[7] 在 20 世纪 60 年代及以后，预算局局长和其他政治官员在国会山的露面数量显著增加。这些出席的会议大多数是预算和拨款委员会举行的预算和经济概览听证会，或主要立法问题听证会。迄今为止，预算局局长通常不会就特定拨款作证。

[8] "在里根政府执政期间，"布鲁斯·约翰逊（Bruce Johnson）写道："预算局作为总统预算优先事项的分析者、制定者和执行者的传统角色与其作为总统预算政策的倡导者和谈判者的新角色之间存在矛盾。这些相互冲突的要求使预算审查人员负担过重，混乱不堪，削弱了他们发挥传统作用的能力。"在《预算局和预算审查员：里根时代的变化》op. cit.，第 3 页。

[9] "recroom" 指的是斯托克曼（Stockman）1981 年为监督国会对《预算和解法案》的行动而召集的工作人员。这一监测职能于 1982 年制度化，在预算局设立了中央预算管理处，作为国会和预算局之间交换预算信息的协调中心。

[10] 皮特·T. 克伯恩（Peter T. Kilburn）：《预算背后的专家讲述变化的故事》，纽约时报，1989 年 4 月 18 日。

[11] 赫肯（Heclo）在结束对行政预算的研究时警告说，预算局的机构能力会受到削弱。"过去三年的经验（1981—1984 年）使管理与预算局将成为什么样组织的问题比以往任何时候都更加明显。较大的政治阶层和职业工作人员之间的双向交流减弱，这同样会削弱机构能力。由于职业官员不太被期望去了解他们的信息放在前台的用途，所以他们对了解更大的愿景变得不那么有能力，最终也不那么感兴趣。从这个意义上说，预算局的政治权力可能增加，而它的机构实力已经

削弱。”在赫克洛，op. cit.，第 290－291 页。

[12] 众议院的方式和方法委员会和拨款委员会在提起法案时很少有特权。方式和方法委员会通常得到一项规则保护其立法不受下院修正案的影响，而拨款委员会则得到一项规则以免除未经授权的拨款或其他众议院规则违规的程序问题。

[13] 梅休（Mayhew）将众议院众议院筹款和拨款委员会称为“控制委员会”，其职能是限制众议院对政治压力的冲击作出回应。见大卫·R. 梅休（David R. Mayhew）：《国会：选举联系》，纽黑文：耶鲁大学出版社，1973 年。

[14] 见第八章“预算调整”，在艾伦·希克（Allen Schick）：《国会和钱：预算，支出和税收》，华盛顿特区：城市研究所，1980 年，第 307－356 页。

[15] 詹姆斯·L. 桑德奎斯特（James L. Sundquist）在《美国联合政府的新时代》中讨论了分裂政府时代的治理问题，载于《政治学季刊》，1988 年第 103 期，第 613－635 页。

[16] 1974 年《国会预算法案》最初禁止审议下一个财政年度的拨款法案，直到通过春季预算决议。1985 年《格拉姆—拉曼德—霍林斯法案》（PL99－177）改变了这一点，允许众议院在 5 月 15 日之后审议常规拨款法案，即使预算决议尚未通过。

[17] 近 10 年前，笔者警告说“为程序投票”的论点“在重复中失去力量。不能指望国会议员无休止地放弃其实质性利益，只是为了维持预算进程。随着国会的预算编制变得不那么新颖，成员可能会不太愿意投票支持那些不反映其预算优先事项的决议。国会预算过程的长期健康不能通过疯狂的最后一刻呼吁投票反对自己的政治利益或观点来保证。”希克（Schick），op. cit.，第 250 页。

[18] 这项规定称为“弗雷齐奥例外”，允许众议院考虑一项措施，如果对该措施有管辖权的委员会没有超过根据《国会预算法案》第 302 节向其分配的新的选择性处理预算权或新的支出权，则该措施将导致总支出超过预算决议中的上限。在参议院中没有类似的例外。

[19] 见罗伯特·A. 肯斯（Robert A. Keith）：《1985 年平衡预算法》（PL99－177）对国会预算程序的改变，CRS 报告编号 86－713，

国会研究处，1986 年 5 月 23 日。

［20］例如，在第九十七届和第九十八届国会（1981—1982 年和 1983—1984 年）期间，众议院通过了 140 项规则，批准了 200 多项《国会预算法案》规定的豁免。罗伯特·A. 肯斯（Robert A. Keith）提供了一些关于豁免的最新数据，第 100 届国会期间参议院审议的 1974 年《国会预算法案》的豁免，CRS 报告编号 89 - 76，国会研究部，1989 年 2 月 3 日。

［21］这封日期 1980 年 3 月 27 日关于预算的信在美国国会众议院委员会转载，《预算和解进程审查》，委员会印刷，1984 年 10 月，第 19 页。

［22］关于和解法案覆盖范围的数据载于艾伦·希克（Allen Schick）：《整体和部分：对国会预算的零星和综合方法》，美国国会，众议院预算委员会，委员会印刷，1987 年 2 月，第 31 页。

［23］见美国国会，众议院规则委员会，立法程序小组委员会，预算预算和解程序听证会：不相关事项的纳入，第 99 届国会，2d，1986 年 7 月 30 日，第 13 页。

［24］这项规则称为《伯德（Byrd）修正案》，最初作为 1985 年《综合预算预算和解法》（1986 年颁布）第 20001 条获得通过。《伯德修正案》要求 3/5 的人投票放弃对调节法案中无关条款的限制。众议院没有类似的规则。

［25］见路易斯·费舍（Louis Fisher）：《国会的授权——拨款程序：正式规则和非正式惯例》，《天主教大学法律评论 29》，编号 5（1979），第 52 - 105 页；还有《年度授权：两年期预算的持久路障》，《公共预算和财政》，1983 年春季，第 23 - 40 页。

［26］引用于预算和解进程回顾，op. cit.，第 33 页。

［27］同注释［26］。

［28］国会经常每年通过几项持续决议。除了最后的，都是暂时的，因此，它们必须更新。关于执行持续决议的评论涉及本财政年度通过的最后一项决议。有关持续决议演变的更充分讨论，见《全体和部分：零敲碎打和综合的国会预算方法》，op. cit.，第 33 - 39 页。

［29］1974 年《国会预算法案》第 302 条规定了在众议院和参议

院委员会，包括拨款委员会之间分配预算授权的两阶段程序。在第一阶段，每个委员会分配其在预算授权总额中的份额；在第二阶段，每个委员会将分配给它的数额细分给各项目，或在拨款委员会的情况下，细分给其小组委员会。

[30] 持续决议的两个特点使其成为实质性立法。一是，国会在拨款法案中禁止立法的规定只适用于“一般”拨款。由于众议院不认为持续决议是一般拨款，因此这些规则不适用于这项措施。二是，持续决议通常是在时间压力和其他仓促条件下考虑的，这些条件削弱了成员和行政官员对其内容的了解。

[31] 近年来，参议院拨款委员会的所有成员和大多数众议院拨款委员会成员都参加了会议。会议是与持续决议中所列的常规拨款法案相对应的次会议。

[32] 引用约翰·赫伯斯（John·Herbers）的话，《总统谴责预算过程》，纽约时报，1982年5月29日。

[33] 里根的建议，在布什入职后不久得到了支持，将把预算决议转化为一项法定措施，可以由总统签署或否决。

[34]《谈判代表赞同预算目标》，《国会季度周报》，1989年4月15日，第804页。

[35]《预算妥协的精神》，《纽约时报》，1987年11月5日。

[36] 见艾伦·希克（Allen Schick）：《医疗政策：多花钱，少保护》，马瑞·伊恩·李文（Marion Ein Lewin）《美国医疗保险的未来》，华盛顿特区：美国企业研究所，1989年。

第七章
预算能力重建

联邦政府对改革预算过程有很多好想法。[1]国会近期会议中，已经引入数10个改革措施——要求两年度的预算周期、经修正的扣留规则、委员会管辖权的重新安排、新的赤字削减程序和其他变动。[2]罗纳德·里根的最后预算控诉道，“联邦预算过程在基础上有缺陷”，建议从8个方面修改，“以在整个立法过程贯彻预算纪律”。[3]乔治·布什在首个预算中认可了所有里根的议案，并增加了4个他自己的议案。[4]

前面各章提供的材料充分支持改革实例。建立的程序已经崩溃，预算成了一个充满争论的、不稳定的过程；数据的可靠性恶化；削减赤字的努力几乎没有成功。本书结论性章节的立场是：要获得显著改善，就需要直面造成崩溃的基础性因素，并设计针对这些问题的适当疗法。拟定各种可能的改革清单，或提出可能有些价值、但无法治愈当代预算疾病的修改建议，都是不够的。本书指出了三个基础性原因：持续的高额赤字，政府配置资源能力的弱化以及无法使预算充分适应联邦开支结构的变化。这三个问题相互关联，但为了提出改进预算的建议，这里会对它们分别探讨。

影响当代预算的第一个问题是：（过去运行那么完好的）

预算过程为什么近来失败了？预算分析中的所有维度都导向下述结论：在 20 世纪 80 年代困扰联邦政府的巨额赤字是崩溃的主要原因。假如赤字小得多，那么近期的预算将会有利得多。换言之，直到削减赤字有了实质性进步，才能说改革会治愈预算疾病。

一旦赤字减少了，就应该有可能调整预算实践来抑制预算问题的反复。关键问题是，在预算产生需求的能力和它配置资源的能力之间重建平衡。前面各章明确了不平衡的主要因素：为增长规划预算、不景气经济状况的出现、强制支付和其他粘性开支消耗了日益增长的预算份额，以及政府不愿意提高税收来匹配支出增长。第一个情况使预算面对增量需求；第二个情况使其为这些需求的筹资能力不足；第三个情况允许增加许多需求，尽管没有足够的增量用于支付。综合来看，这些条件形成了高额的赤字、尖锐的矛盾和预算的崩溃。预算改革必须抓住预算需求与配置能力之间的不平衡提高其有效性。预算实践中每个改进建议，都必须根据其能否改善预算需求或促进资源的科学配置来评估。

在恢复预算平衡的过程中，有必要处理联邦开支结构的变化。过去，预算编制主要是一个管理各政府部门开支的行政管理过程；几十年来，它已经演化为一个同时还要为企业、居民和其他接受方配置资源的过程。简言之，联邦政府有一个旨在管理部门运行的预算过程，却在转移支付上支出了大量资源。预算过程的能力与联邦支出特征之间的不匹配，使部门提案在很大程度上无关紧要，误导了管理与预算局（OMB），根除了总统在预算中的职能，并且使国会控制开支的能力复杂化。预算不能在强化转移支付过程的同时弱化支出管理过程，必须在一体化的过程中融合两类预算。

高额赤字的压力、预算不平衡和日益变化的开支模式，揭示了预算的制度性安排中有超支。即兴预算不是对可靠预算程序令人满意的替代。一旦赤字压力缓解，并且在需求与配置资源之间达成了可以接受的平衡，就可以预期行政职能与立法职能之间将实现某种稳定。不过，转移支出的增长和预算中的其他变化，会使已建立的行为模式无法胜任。总统与国会之间关系的逐渐转变，最明显地发生在预算峰会上。在提出解决基础性问题的路径建议时，我们还会对各制度性功能将如何调整作出评论。

这里所确认的三个标准，并不是设计预算改革议程中值得考虑的仅有这三个。笔者在其他地方还建议了其他标准。[5]这里所挑选的三个，源自前面各章中所讨论的议题。在后面各节中会对每个标准进行解释，并提出解决此类问题的建议。

赤字削减是关键

终结预算中的危机，这取决于显著、真实和持久的赤字削减。只要预算的主要现象持续表现为巨额赤字，它就将扭曲行为，削弱已建立的规则与程序。

《格拉姆—拉曼德—霍林斯法案》颁布后的 4 年，虽然这一控制实现了一些开支约束和小幅的税收增长，但它并没有作出足够大幅的赤字削减。《格拉姆—拉曼德—霍林斯法案》颁布后的 1 年，赤字降低了约 700 亿美元——比以往任何一年都下降得更多。这一削减中近一半是由非反复性的因素所产生，例如对 1986 年税收改革以及资产出售时机的把握。1987 年后，赤字恢复了向上的趋势。1988 财政年度的赤字较前一年更高，1989 年也基本一样。假如计算中剔除庞大的社会保障盈余，那么20世纪80年代末的年度赤字，将会比《格拉姆—拉曼德—霍林斯法案》颁布以前更高。关于这一顽固的赤字，最令人瞩目的是：赤字即便在美国历史中最长的和平扩张期仍持续存在。因此，到目前为止，无论是持续的经济增长，还是固定的赤字目标值，都没有解决赤字问题。

长期扩张激发了关于赤字经济效应的激烈辩论。有些经济学家驳斥了关于赤字的警告，认为假如对资本投资和通货膨胀作出适当调整，不平衡就会比报告的小得多。[6]其他经济学家则提出了简明的理论，声称赤字和其他政府财政行动的影响因居民和企业家的理性预期而打了折扣。有些评论家则对公共债务相较于GNP逐渐稳定，以及赤字相对规模降至10年前约一半而感到欣慰。[7]最后，那些把赤字视为对公共开支增长为数不多的约束之一的人们，对赤字表示欢迎。

赤字是否预示经济毁灭？这是一个讨论多年的问题。但毫无疑问，赤字带来了相当多的政治难题。这就是恢复预算健康要关注该问题的原因。作为20世纪80年代主导性的政治议题，赤字对政府能力造成了拖累。含有反对过多赤字细节的政治法案令人生畏。它包括预算规律的崩溃、对欺骗性会计实务的鼓励、对产生短期改进但不缓解结构性问题的花招的奖励、总统与国会之间紧张的关系、总统在预算中作用的弱化、国会的阻塞与沮丧、民选领导人政治意愿的过载、对其他重要国家问题关注的挤出，以及回应新兴议题与优先事项的资源缺乏。削弱其能力的问题美国政府不只是赤字，但是只要它持续存在，就不应预期一个高水平的预算能力。[8]

赤字不会自己消失。本书开始章节参考的国会预算管理办公室（CBO）规划提及20世纪90年代的慢性高额赤字——即便经济增长仍在持续。为恢复预算能力，并没有必要清偿整个缺口。过去，当赤字在 GNP 的 1% 至 2% 之间时，联邦政府成功合理地发挥了功能，未来它也可能可以再次发挥功能。[9]证据表明，零赤字目标值（比如 GRH 已经规定的）是不现实的，以至于为该目标奋斗将会弊大于利。只要确定了零赤字目标，那么任何赤字都将被视为一个政治失败，即使与战后时代的经历相比是温和的赤字。

在设定适当目标值时，没有令人信服的政治理由从计算中剔除社会保障基金。通过减少经报告的赤字，这些基金缓和了政治压力。与面临截至 20 世纪 90 年代中期大约 2500 亿美元的缺口不同，政治家必须解决下述问题：日益增长的社会保障结余使该问题缩减了 1000 亿美元。可以展望，21 世纪的某个时点，社会保障结余的年度缩减和常规预算缺口，将合并导致一个真正极其巨大的赤字问题。政府在退休人口大幅上升发生之前很早便提出这个议题，将是审慎的。但是，在政治家对付整体预算赤字存在困难时，敦促其解决根除大得多的预算内赤字的任务，意义不大。[10]

把赤字降至可管理的比例将是一个困难的任务，因为它与美国人对更多项目收益及更少税收这一偏好相抵触。通过 1987 年与 1989 年峰会节省的微小总额是前方挑战的佐证。以下各分节给出了可使该任务容易些的一系列措施的建议。

总统与国会的合作

实质性改善赤字要求总统与国会积极合作。在一个政府分裂的时代，任何一方都没有政治意愿单独行动，或通过政治杠杆迫使另一方行动。双方真正需要的不仅仅是一个在谈判桌前会面的意愿，而是每一方令另一方提出明显让步的意愿。

有效的协商要求共担荣誉和责备。不幸的是，当今预算环境中没有足够多的荣誉。正是基于此原因，重要的是任何一方都未曾试图操控另一方，使其承担不好的责任（比如税收增加），而让另一方得到很好的承诺（比如结余项目）；也没有为双方的好处做多少事，为每一方共谋最想得到的东西。在近期的峰会中，共和党总统保护了国防项目，民主党国会则保护了国内项目。在每一方最终都不获胜的情况下，所导致的赤字可能几乎和下述假设情况下一样高：假如双方单独行事，未在充分协商的情况下达成预算。

总统和国会任何一方都有必要对有价值的东西作出让步。一方的妥协可能更容易带来另一方的妥协。就此而言 1986 年税收改革具有指导性。颁布之前的过程伴随着意想不到的政策变化——共和党与民主党都放弃了最重要的立场。共和党总统赞成把一个经估计约 1200 亿美元的税收负担（在一个 5 年的周期内）从个人转嫁给公司；而国会的民主党人接受了大幅下调对高所得人员的边际税率。一个可比的赤字削减战略，将会使民主党人接受国内支出真实的下降，总统接受国防更多的削减，并且双方共担对所需税收增长的责备。

每一方保护另一方政治立场的行为，将促进协商。或许，在当今纷争的环境中工作的政治家，期望他们这样做不太现实。然而，如果双方的任一方对另一方的攻击仍有脆弱性，那么它就不可能冒着政治风险削减项目或提高税收。在我们的政治系统中，未写明的一个总统职责就是要庇护国会——也就是使立法人员更易于采取不受欢迎的行动。通过批评国会在财政上不负责任且对赤字难辞其咎，总统不难获得政治加分。美国人喜欢国会被乱指责。当总统提交基于可疑的经济或项目假设之上的预算时，会给国会制造麻烦。不现实的预算和与国会之间对抗的关系，可能产生峰会协议，但不会就此陷入赤字。国会必须通过向白宫寻求预算领导力，使总统的这项任务容易些。在经过 20 年对总统权力的削弱之后，国会抱怨总统失败的领导是不合适的。

本书稍后会进一步说明双方的制度性作用和关系。当前应该指出的是，如果双方采用不协调合作来实质性削减赤字，对美国政府进行更根本性改革的理由将得到加强。双方合作的前提是：对分裂的政府运作充满信心。如果不能，动作就需要采取更强有力的措施促成双方合作。

支出与税收政策

如前所述，任何成功的赤字削减政策组合均由三个基础要素构成：减少国防与国内支出以及提高税收收入。如果三个要素中任何一个被拒绝协商，那就要么意味着无法达成协议，或者达成一个不充分的协议。在支出方面，意识到政府财政困境后，就会仔细寻找国防与非国防项目中的结余。显然，叫嚣增加国防或国内支出的人们难以接受巨额削减。但是，我们必须用威利·萨顿抢银行的思维模式去掠夺这些大额预算类别——“去有钱的地方”。为了达成协议，重要的是不能通过削减国防来为增强国内项目筹资——虽然过去一段时间这么做了。国防节余必须直接用于缓解赤字，而国内项目中任何想要的扩张都应来自内部重新配置。

可预见的支出结余加起来不足以担负赤字削减。因此，寻找大额政策组合必须转向税收。大规模增税的理由有赖于第五章给出的重要证据——联邦政府一般收入的相对下降。一般收入现在占 GNP 的百分比比第二次世界大战以来的任何时候都低。一般收入（相较于经济）比联邦项目战前扩展之前还要低。明显的事实是，政府现在没有产生足够的收入来为一般支出筹资。事实上，一般收入现在覆盖不到 75% 的一般付款。部分缺口由信托基金盈余组成，但即使纳入信托基金后，仍有大量赤字。

为实现占 GNP 约 1%—1.5% 的赤字削减，需要一个 750 亿美元到 1000 亿美元的增税或减支组合。把大额赤字削减组合的效应分散在若干年是审慎的。但如果严肃的法案拖得过长，一开始进展很小，那么该组合可能在取得显著赤字削减之前就会分崩离析。

在设计一个目标值时，必须考虑未来若干年中经济衰退的可能性。任何衰退都将会使赤字削减暂停。经济深度或深远的回调将会迫使赤字实质性增加。随着 20 世纪 80 年代赤字逼近约 1500 亿美元的目标，下一个 10 年赤字水平高得多的风险很大，除非在机会尚存时采取纠正措施。

诚实的会计记录

控制预算赤字的努力必须对付各种诡计，这些诡计夸大了赤字削减金额。如果 1982—1989 年所声称的所有赤字削减都合情合理，那么联邦政府现在可能已经实现盈余，预算秩序将会恢复。在此期间，宣称结余的可靠性大大下降。10 年前，绝大多数宣称的赤字削减都合情合理。而 10 年后，编造的结余远远超过真正的结余。1989 年峰会上只有 1 个部分的节余合情合理，3 个甚至更多的部分则篡改了赤字削减。

政治家在夸大赤字削减时，展现出了相当大的创造性。他们的各种诡计包括：把支出从预算中移除；把支付提前到当前年度，或推迟到下一年度；延续临时规定或颁布新的规定；出售联邦资产或加速贷款支付；预计来自因更严格执行税法而取得的更高收入；取消无论如何都不会发生的支付而获取赞扬；等等。许多这些欺骗性做法会增加未来的赤字，但由于会对当前或下个财政年度赤字产生有利影响而被使用。

老实说，先前提倡的部门间合作促进了欺骗。只要经过白宫和国会领导人同意，任何事项现在都会进入联邦预算。当双方共谋用诡计替代真实结余时，预算过程就失去了可靠性，赤字则会继续维持。说谎的激励很大，因为每欺骗 1 美元意味着赤字削减每 1 美元的减少，这 1 美元都必须来自减少支出或增加税收。

《格拉姆—拉曼德—霍林斯法案》过程也鼓励了政治诡计——下节将对此进一步说明。善意的政治家会进行伪装，因为其他选项或者不可用，或者不那么有吸引力。要挫败预算诡计，就必须减少欺骗的好处。其中一种做法是执行记分规则，即只将收入或支出中的结构性变化记作赤字削减。一次性结余、把项目移出预算，以及所有其他的篡改都不会对真正的赤字削减贡献 1 美元，从而不应计入。[11] 进一步的要求将是把赤字削减记分的职责赋予相对不受政治影响的独立主体。

《格拉姆—拉曼德—霍林斯法案》过程

《格拉姆—拉曼德—霍林斯法案》对赤字削减而言利弊兼具。趋势数据表明，赤字目标和扣押的威胁约束了支出增长以及《格拉姆—拉曼德—霍林斯法案》第一年或头两年的赤字，但是，随着政治家更加大胆地在该过程中进行博弈以避免扣押，这种影响也在减弱。现在，《格拉姆—拉曼德—霍林斯法案》只带来了温和的赤字缓解，同时需要在预算诚信中花费很大的努力。《格拉姆—拉曼德—霍林斯法案》可能会在未来重新生效（如果 1987 年设定的目标值得以保留的话）；但《格拉姆—拉曼德—霍林斯法案》很可能在其真实影响被感受到之前就被修改。

当最初的《格拉姆—拉曼德—霍林斯法案》在 1985 年颁布时，争议围绕着它的自动程序展开。有些批评人士认为，把联邦政府放在自动驾驶员的位置，允许不顾项目需要或经济环境的全盘削减，这是不明智的。在法案实施 4 年经验之后，很明显，操心操错了地方。在《格拉姆—拉曼德—霍林斯法案》过程中几乎没有自动的东西。扣押是否发生实质上取决于该法律监管人是否自主行动。政治战术可以推翻《格拉姆—拉曼德—霍林斯法案》目标值并使自动扣押中性化。

《格拉姆—拉曼德—霍林斯法案》一开始是赤字削减过程，现在已成为隐藏赤字并逃避责任的手段。这个过程已背离初衷，因为它仅要求削减计划的——而非实际的——赤字。该计划是在财政年度之前不久（或在年初）作出。一旦最终计划在 10 月 15 日发布，财政年度中还有 350 天，但《格拉姆—拉曼德—霍林斯法案》过程被冻结了，无论赤字结果如何，不会有任何行动必须实施。如果（如 1988 财政年度和 1989 财政年度中所发生的）赤字大幅上升超过目标水平，也没有必须作出的调整。《格拉姆—拉曼德—霍林斯法案》的这个特征给了政治家一个强刺激去发布空想的计划，然后再由预算发展的不可抗力取代。更糟的是，它还给了政治家一个强刺激去计划当年而非下一年度的年度预算中增加的支出。在 10 月 15 日后，额外的支出便不可能撬动《格拉姆—拉曼德—霍林斯法案》过程——无论该支出对赤字意味着什么。

《格拉姆—拉曼德—霍林斯法案》号称是一个清除赤字的多年度过程，而事实上，它重视的是年度一次性行为。重要的只是各计划正在作出的单一年度。声称降低该年度估计赤字的任何行动都受到欢迎，即便它会恶化未来年份的赤字前景。

对《格拉姆—拉曼德—霍林斯法案》严峻的考验在于它

是否已经兑现其削减预算赤字的承诺。比较1986财政年度和1989财政年度赤字，如果听任预算自行其道，在此周期内所取得的温和削减（约700亿美元）是可以实现的。这是一个经济持续增长和国防建设大幅转向的时期，然而赤字下降仅接近最初《格拉姆—拉曼德—霍林斯法案》目标水平的一半。为了能在1993年之前实现平衡预算，当前《格拉姆—拉曼德—霍林斯法案》承诺零赤字的财政年度将会要求在下个4年之中，比以往4年所获得的赤字削减多3—5倍。

反常的是，《格拉姆—拉曼德—霍林斯法案》未能实现它的声明反而刺激了对该过程的政治支持。在最高法院废除《格拉姆—拉曼德—霍林斯法案》一个重要特征后，国会颁布了一个修正使该过程重生。国会这么做是因为《格拉姆—拉曼德—霍林斯法案》使政治家两全其美——表面上对赤字做了努力，现实中却不必多费力。

应该改造或整个废除《格拉姆—拉曼德—霍林斯法案》。预设赤字目标值有一定好处——但仅在《格拉姆—拉曼德—霍林斯法案》产生的扭曲消除的情况下。至少，应该沿着先前建议的路径采取措施来构建一个防止篡改的过程。不仅如此，除非能减少扣押待定年度及以后年度的赤字，否则收入或支出行为不应被记为结余。

资源需求和配置

大额且持续的赤字是预算需求与配置资源能力之间不平衡的证据。相对于过去，今天看守国库更困难，但独立于执行预算的财政环境而提出需求则更加容易。许多因素会影响需求和配置的相对强度。这些因素很多，因为预算是一个受制于所有政治影响与变化的开放系统。几乎任何政治环境的变化都会影响需求和配置资源的活力和有效性。临近的竞选和选举结果、最新民意调查和经济报告、利益团体的活动和政府的组织——这些以及更多的政治变动都会使预算在不同方向摇摆。结果，即便预算程序似乎没有变化，预算也会改变。用于削减 1981 年支出的同一和解过程，在随后的 10 年中却阻止了总统的削减。是什么变化了？不是规则。预算进程所处的更大的政治环境使国会改变了规则的使用方式。

纵观整个现代预算史，政治和过程中的变化一直并驾齐驱。第二次世界大战之后有利的经济条件导致扩张性支出需求以及控制的放松。随着政府扩张，预算形成了一个更加项目性的取向。近期的财政压力导致了紧缩性的政策（比如《格拉姆—拉曼德—霍林斯法案》目标值），并导致了紧缩性的程序（比如参议院中严苛的议事规则）。政策与过程的相互作用不仅是原因与结果之间的相互作用，而且是预算对相同条件进行回应的两个方面的相互作用。当预算环境变化时，程序性调整会促进政策结果的变化。

上述调整中的关键变量是政府的财政条件。当增量充裕时，预算实践的方式就和资金稀缺时不一样，结果也不可能一样。当资源充裕时，预算以鼓励需求的方式进行；在资源稀缺时，扩张性行为就被抑制，资源的配置得以强化。举一个简单的例子来阐释预算的适应性。当预算处于扩张时，议题往往在项目意义上进行定义。对教育的决策将聚焦于所提供的额外课程、师生比的改进，以及其他项目收益。某些对项目议题的关注将通过预算程序过滤掉（比如支出部门所提交的请求形式）。许多将来自行为的影响——比如资金可用于扩张的意识，以及对好的支出想法的接受。然而，当紧缩成为常态，教育决策将往往在财政意义上作出——比如，通过百分比削减或通过对填补空缺职位冻结所节约的金额。焦点从项目意义向财政意义的转移可能看似不重要，可能也不需要修改正式程序，但会促进预算随变化的条件而调整，随可接受结果的取得而调整。

预算需求与配置能力互相影响的这一政策与过程的例子并非独一无二。紧缩性结果取决于抑制预算需求或加强控制的程序。达到扩张性目标有赖于放松对资源的控制并鼓励对额外资金的需求。当然，这些并不是预算变化仅有的推进剂，但它们却解释了多年来作出的许多修改，也是与本书主题最相关的因素。

预算在政策和过程和谐时——即当政策和过程向同一方向前进时——是奏效的。理想状态下，需求和配置资源将通过自我纠正的预期与行为调整得以平衡。自我纠正对解释预算为什么过去产生了可接受的结果很有帮助。当代预算赤字以及该过程中的张力告诉我们，自我纠正已经不再足够。固化的需求对财政条件和政策预期的变化不再敏感。因此，必须改革预算实践以便需求和资源重新匹配。

改革必须既触及总统预算，又触及国会预算。预算中似乎有一个明显偏差，即承认该过程中困扰国会一方的问题，但却忽视了行政机关中类似的难点。但是，尽管预算缺陷在国会中更容易发现，但它对总统而言也并非没有问题。

在我们碎片化的治理安排中，需求会从各个方向涌入。不应过分简单地认为总统在审慎地捍卫财力，而国会则挥霍无度。当预算由经济增长驱动时，双方都会刺激需求，并降低其配置能力。如果不伴随着总统预算改进，国会实践的改革也不会太多。为了恢复需求和可用资源之间的平衡，有必要强化二者的监护人职责。

控制公共权利

在控制公共权利这个方向上最有潜力的进展也是最不可行的。去指数化转移支付将大幅弱化对资源的需求，并强化控制其配置的能力。本书第四章呈现的数据揭示出每年的支出增长被诸如公共权利和结清过去承诺的硬性支出所主导。有些支出增长是由于政府几乎没有或根本没有讨论的人口结构趋势和其他发展导致的。然而，实质性的部分要归因于各个收益的指数化。

去指数化将会标志着一个更为紧缩的预算态度。它仍将允许支付自主调整，而这些调整在资源充裕时将可能会与通货膨胀保持一致。有一个可能：承受压力的政治家将会提供超出通货膨胀的调整——正如在社会保障被指数化之前所发生的。但是，该行为发生在政府财政条件比今天更有利的时候。在严酷的财政环境中，政府将会有进行微调的选择——例如，把增量给一些而非全部收款人，或是延迟其有效日期。

移除自动调整支付的政治成本将是巨大的，还将会有可怕的社会成本——比如，人口中弱势群体生活标准被潜在削弱的可能。去指数化不会发生，因为支出控制和预算平衡不是一个民主社会中所追求的仅有价值。美国（与其他工业化民主国家）已经把缓解由于年老和体弱的所得损失、提供经济支持给受抚养人、针对通货膨胀的腐蚀保护对老年人援助的真实价值，以及使工人能自信地准备退休，变为崇高的国家政策。贯穿 20 世纪 80 年代，赤字削减的目标已经让位于这些价值，没有理由相信它们之间的竞争在未来有另外的结局。

有些节余通过在边际上削减权利性项目实现。可以改变资格规则，收回给那些受援呼声较弱者的利益，或给他们更少的支付。但是，正面攻击公共权利或攻击针对通货膨胀的保护不会起作用，通过低于指数化价格的固定百分比（比如通货膨胀减 2%）来调整支付的提议也不会有用。只要指数化仍在用，提供任何少于全额的调整都会告诉受益人，他们正被骗走属于他们的钱。一个更有前景的策略将会是提供全额收益，但要受制于所得税——现在对部分由收入高于规定阈值的个人所收到的社会保障支付便是如此。近期已被应用的另一策略，将会通过收款人资金池支付来抑制额外收益的需求。1988 年颁布的进一步强化老年医保大病项目就有这一特点。谨慎行事是明智的，因为特别税收会进一步腐蚀一般收入基础并可能扭曲预算优先事项。不仅如此，正如老年医保大病立法已表明的，对受益人课税来为其收益筹资可能引发抵制，迫使政治家撤回或削减这个新项目。

抵制基线的扭曲

如前所述，粘性支出会继续保持。政府如何适应这预算事实的存在，会影响需求与控制之间的平衡。如第四章中按时间所记录的，通行做法是在预期通货膨胀和授权工作量变动基础上计划未来支出。所有政策变化都会针对这一基线进行计算，所以任何法案只要低估未来支出，就会记录为赤字削减。

基线预算会加强对增量资源的需求，削弱对增量资源的控制。威尔达夫斯基和许多他的追随者已经阐明，预算一般会专注于分配增量资源。虽然难以控制存量，但渐进主义使预算制定者可以根据可用资金来分配支出增量。增量资源少的时候，在往年水平上的支出增量也少。

然而，无论额外资源是否充足基线会在任何配置作出之前使需求方对资源增量拥有强有力的控制。在通货膨胀被纳入基线，且提供全额以下的任何金额均被视为削减的情况下，预算过程支出的是政府没有的钱。

当前，许多关键的预算文件（尤其在国会中使用的那些）仅参考基线，甚至不会提及当前或以往的支出水平。配置增加的事实对政治家们隐瞒，他们被告知如果提供的钱比基线少，就是削减项目。不难发现，把支出增长归结为削减使对支出的控制复杂化。

这点在1989年笔者参加的一个活动上得以阐明，这是涉及某国会委员会25名成员的赤字削减活动。为该活动准备的简要材料提出基于基线削减老年医保和其他联邦项目的许多选项。参会者被要求审视他们能否对约27亿美元老年医保削减达成一致（该金额设定在那年总统与国会领导人之间的峰会协议之中）。这个任务被证明是困难的，因为该议题建立在削减的意义上。假如它是在允许老年医保支出增长多少的意义上定义的，那么参会者就可能在不面对削减时必须承受的同样压力下提出实现目标的措施。在这一阶段活动完成后，参与的各成员才被通知国会预算办公室（CBO）基线已经计划在1989年与1994年之间老年医保支出要增加超过700亿美元。而在该活动期间的任何时候，他们都没有被要求决定这一额外金额应如何支出。

基线还因植入其中有问题的假设而扭曲认知。老年医保基线显示支出大幅增长的一个原因是假设医院和医生的支付率比近几年高得多。不仅如此，该基线假设所有临时规定都将到期，因此它计划的支出水平比可能发生的高很多。临时规定的处理既夸大了基线规模，也夸大了削减规模，从而给狡猾的政治家一个有力的激励，用临时的权宜之计来替代真实的节余。

解决该基线的扩张性偏差不容易。布什总统曾在其就职预算中做过尝试，但以失败告终。他提出预算应拒绝将基线“作为一个会产生误导性效应的思维习惯”，强调“明年的预算应基于上一年的实际支出、政府可用资源以及所设定的赤字目标值来建构，而不是基于一些假设性的，并且永远扩张的‘当前服务’基线”。[12]但这个观点不堪一击，并且在总统预算及布什成为总统后不久的峰会协议中被放弃。[13]基线计划存在一定合理性，尤其是对于那些主要由参与率和通货膨胀率驱动的指数化公共权利支出。在社会保障每年增加50万领取人的情况下，仅仅在往年配置的基础上进行预算编制并非是有效方式。虽然基线在选择性支出项目使用的理由要弱很多，但选择性项目应该以与预算其他部分相同的方式来处理。否则，当前预算中已表现出的对强制性支出相当棘手的偏向将会更加明显。

通过预算数据展示和计算的小幅变动，基线的扩张性推力可以获得一定程度的缓解。第一，作为一个规则，基线计划应该与当前支出水平一起展示，而非作为其替代。然后，预算使用者可以对当前支出、明年的预算请求以跨年度的支出计划进行充分比较。[14]

第二，基线计划应该对其基础假设分项化，例如通货膨胀率和工作量变化。在一个新的规定出现或一个现有规定要到期的情况下，应该就规定进行明确，同时将其对计划收入或支出的影响作出详细解释。特别的项目特点应加以明确，例如一个特别的价格指数。对于复杂的公共权利，基线应该披露其对计划支出增长有显著贡献的每个因素。不同于把所有社会保障或老年医保整体放入一个单一计划，基线应该提供足够的项目细节，让预算制定者能够明智地决定是否要作出任何改变。例如，老年医保基线将会显示由于受益人增加、一般性通货膨胀、医疗性通货膨胀、服务容量增加、技术引进、医院建筑、特定服务的特别支付等的变化。[15]

第三，应该修订基线规则，从而避免临时规定和会计花招对计划的未来收入与付款以及对所计算节余的扭曲效应。有些表面上看只是临时的规定，例如重复延展电话货物税以及频繁调整老年医保支付，但有可能会被作为长久的规定对待。假如国会决定不延续电话税，那将会被记录为收入损失。类似地，假如国会允许对资本费用垫付的限制到期，那么将会显示为支出增加。

第四，基线应该包含一个基于生产力改进的节余因素。直接预期各部门在人事支出中有一个 2% 的年度生产力增长并不合理。这样一来，假如计划的付薪增长是一年 4%，那么基线将会仅有一个 2% 的上升。被迫节余可能似乎是武断的，但许多被迫吸收部分年度付薪增长的部门已在被迫节余。近年来，把节余与生产力挂钩的做法在瑞典和许多其他民主国家已成功应用。[16]

各类提案最终的净效应将会是出现某种程度上更加平坦的基线，也将会让公众更清晰地理解计划背后的原因。预算制定者将会有更多数据和选项来进行选择。人们仍然可以想要把任何低于基线的支出水平都描述为削减；而试图将其显示为增长的支持者，也会更容易给出他们的理由。

加强总统的配置权力

强化政府配置资源的意愿，需要在总统和国会预算中都作出调整。只寻求调整其中一方是不够的。如果总统或国会决心增加预算需求，另一方就难以有效抵制。我们首先提出总统预算的一些变化建议，然后转向国会行为。

总统在联邦预算中有双重作用。他是最强大的资金需求者，也是最强大的财政守护人。总统平衡这些冲突的倾向需要协调预算的各分项和合计数，并对国会行动施加限制性影响。

从新政到罗纳德·里根，总统经常领导推动联邦项目的扩张。在这半世纪里，绝大多数呈交国会的预算都要求大幅增长一个或更多领域的支出。虽然很难计算出其中有多少归因于总统倡议的支出增长，但合理的估计将使总统享有最大的赞誉或承受最大的指责。当总统提出倡议时，国会通常会以增加资金来回应——虽然通常比总统想要的资金少，有时则更多。罗纳德·里根延续了总统在政策发起中的作用，但不同于请求更多的国内项目，他想要更多国防支出。

当然，总统不能只是一个需求者，他还必须关注现有资源的充分性。与他想要在道路或学校支出的金额一样，由于总统对预算合计数承担责任，他对更多资金的需求通常受限。多年来，总统在这方面一直都是榜样，常常向国会明确允许增加多少支出，以及可接受的赤字如何。国会把首要位置让给白宫，因为它主要的兴趣是各个项目，而非汇总数。这一分工使双方经常发生争吵，因为总统寻求通过抨击国会的附加项来维持他预算上的界限。

通过年度预算决议和合计收入、支出和赤字的记录可以看出，当前国会与总统共担了合计数的守护职责。从近期的表现判断，扩大参与方的边界削弱了对合计数的守护职责。总统预算从权威政策向立法博弈演进，导致白宫在其预测和假设中不再直截了当。近期，总统的掩饰使人怀疑预测经济条件和预算合计数的重要任务是否应该委托给一个独立的专家团体。当然，在朝这个方向转变时，要仔细考量剥离总统在预算上的关键权力是否会产生不利的副作用，以及削弱总统在其他方面的权力。将预算假设的职责从政治家向专家的转移，也许仅仅只能作为最后的救命稻草，并且仅在赤字情况改进并未引发诚信问题的情况下尝试。

总统总是与国会共担对预算各项目的影响。在两个世纪的进程中，两者之间的关系经常是动荡的，这两个机关对首要位置激烈争夺，一方的支配地位通常就标志着另一方的相对衰退。近期，国会似乎已经表现出更强有力的声音，他们技巧性地把各项规定打包在汇编立法中，用以对抗总统的否决威胁，并使总统的扣押权丧失能力。罗纳德・里根和乔治亚・布什都曾用一组议案进行抵抗，试图通过基于总统分项否决权、在国会预算过程中的正式参与作用以及更强的扣押权，来恢复总统对预算的领导。

多年内，总统们一直要求分项否决，来对抗国会对偏好工程或活动支出更多的倾向。但国会抵制了这些要求，因为相较于联邦支出水平，国会认为分项否决与两个机关之间预算权力的分配更加相关。国会在可以预见的将来应该不会授予总统分项否决权。在国会看来，要求这一权力与其说是解决预算问题，不如说是给总统一个就预算攻击国会的方式。

授权总统签署或否决预算决议，将会把该决议从一套指引转变为一个法定决策。然而，即便作为法令，决议也不会自行执行。实施收入和支出政策仍将取决于其他立法。[17]将决议转变为一个法令会强化其地位，而且还可能强化整个国会在预算过程中的地位。允许总统在预算结果中发声的改革可能会促进总统与国会及时进行预算协商。当然，也不能忽视一种可能性，那就是当总统和国会共担职责时，他们仍有可能无法解决分歧。就双方的政治分工及他们之间对预算优先事项严重的分歧来看，出现僵局的几率还是比较高的。除非这一改革伴随着使其成为“必须”立法的其他变化，否则转向法定决议将在实质上增加国会在预算中失灵的风险。在任何情况下，国会都可能把法定决议视为使总统处于强势地位来推动其偏好，或阻止国会偏好。国会显然不会热衷于费力增进总统预算权力，因此，不能期望国会在这一领域的积极作为。

强化总统的扣押权也可能遭到国会反对。白宫提议“强化撤销”概念要求通过国会投票推翻提议撤销。目前的规定是：除非在一个短周期内批准撤销，否则将强迫释放资金，与此相反，强化撤销权将规定除非国会投票释放资金，否则资金将被扣留。撤销规则如果被废除，总统而非国会就将会经常遭遇立法不作为。总统将从迫使国会行动和阻止其中止拟议中的撤销的加速程序中获益。

在评估总统至高无上的预算地位是否被削弱时，观察总统的行为比观察国会行为更有用。诚然，在预算和国家政策的其他领域中，国会越来越强大了，但与之相伴的则是近期的各位总统普遍未能维护自己的权力。如果总统不去维护自己的利益，其他人更不会这么考虑。

与其说恢复总统预算影响力取决于法律规则，不如说更多取决于政治行为。一个干练的总统可以在国会预算决策中发出有效的声音，即便他没有机会签署该决议。他可以限制国会支出需求，即便他不拥有分项否决权、对预算撤销没有明确的投票权。以往的总统在缺少这些权力时仍能发挥作用，但今天的总统有着更为复杂的任务，因为他必须不仅要消除双方的分歧，还必须消除两党的分歧。为了充当支出需求的一个刹车片，总统必须被视作公正且现实的国库守护人，而不能不平衡地支持有需求的人，或为了策略性地战胜国会，提交“到达即死亡”的预算。

重构国会预算决议

相对于预算的合计数，国会有更多的经验来决定预算各分项。国会从一开始就对特定支出分项作出配置，仅从 1975 年才开始真正设定预算合计数。国会一般会把对合计数的领导让渡给总统，而国会则会试图按照总统的建议批准付款的合计数和赤字。如果总统使用不切实际的假设来显示较低的支出或较小的赤字，国会也不可能有效地用它自己更可靠的数字来回击。

无论总统是否编造合计数，国会在把各分项安排到合计数中时都存在困难。国会本质上是一个分配性机构，其成员有政治必要性去为其选民提供实实在在的收益。无论利益相关者就预算合计数投票时持有什么观点，他们都必须顾及其特定的州或行政区。这并不是什么新鲜事儿，就像回顾老的河流、港口与邮政道路立法时会显示的那样。

近年来，国会通过把这些预算的排他性需求分解成若干部分，使需求保持在足够小的合理范围。联邦的慷慨通常会打包在拨款法案及其所附的报告之中。拨款委员会成员被特别定位在“养家糊口”，分配政治通过国会削减大量资金，而许多其他成员却成功地支持自家工程获得资金。“猪肉”的质量可能存疑，但它很少如媒体所描述的那样是联邦支出的一个主导因素。随着联邦预算在战后扩张，公共权利变得更具主导性，通过这种方式分配的资金也在增加，但作为合计支出的比例显然在下降。

然而，相对于预算决议相关联的分配过程，拨款中发生的分配过程重要性相对靠后。预算决议投票中的赌注要大得多，因为决策在更高的汇总层面作出，而且收益往往会遍及整个国家。与拨款不同，对一个功能预算的最小决策在众议院是5000万美元，参议院是1亿美元。另一个推高预算记录规模的区别是，拨款可以定向到各特定功能，而预算配置需要按功能进行。为教育预算取得的任何额外拨款需要在许多学区之间分配，因此一定要金额足够大才值得作出努力。

目前已经有一些提议来削减预算决议中的功能性配置，并将决议限于对汇总数的决策。然而，没有任何分项支撑的合计数可能被证实是无法执行的。备选的做法是重构预算决议中的类别。不同于在各个功能之间配置资金，决策可能在许多横截类别上作出，例如近期峰会中所使用的类别：国防、自主国内项目、经过财富测试的公共权利，以及其他公共权利。

预算的合计数必定会约束各分项。可以采用若干年前众议院共和党人所推动的两步走预算程序使预算汇总数更具影响。第一步是国会决定合计数。只有第一步走完才会进行到第二步，也就是批准功能性配置。在这一阶段，国会仅可以通过对合计数进行新的投票来修订合计数。当然，这一过程有一个潜在的缺点，那就是有可能削弱国会预算的可行性。如果要求在总体和各分项上单独投票，那么国会成员在设定赤字和合计付款规模时可能会采取紧缩态度，而在各功能之间配置资金时采取扩张的态度。当前安排的一个好处是，通过允许合计数成为各配置项目之和，预算过程会使各成员更易于采用一个在算术上一致的决议。

控制预算授权和付款

联邦预算用两个媒介来运转——可用于支出义务的资源

（预算授权）和实际支出的资金（付款）。两者都必须得到控制，从而保持需求与资源之间的平衡。但是，因为政府有一个基于支出义务的预算，所以预算授权数字常常是决定性的数字，它为立法和行政机关中的决策与控制提供了主要机会。付款是在发行支票中终结财政交易链条的最后一步。信托资助的公共权力除外，正常情况下，付款不能被直接控制。

政府对选择性支出控制薄弱这一事实也有优点。正因如此，政府通过操纵支付时机来展现较低赤字的动机较小。付款缺口能够在它们到期时下降。因为公共权利支付可被直接控制，所以支付时机经常被操纵，正如20世纪80年代为降低老年医保支出而不降低项目水平的许多努力所证明的那样。

近期对赤字的关注增强了付款的主导性，其结果是预算控制的弱化。1974年《国会预算法案》明确规定支出是预算决议中的关键汇总数，并要求在各个预算功能之间分配合计支出数。在预算法审议时，拨款委员会成功拒绝在每个年度拨款法中规定付款限额的提议。

《格拉姆—拉曼德—霍林斯法案》赤字目标值也强化了对支出的关注。通过在支出上的行动来达到目标值的唯一方法就是减少支出，无论是间接通过调整预算授权，还是直接通过减少公共权力支出。因为源于自主预算授权的付款取决于资源支出的速度，所以在很大程度上被操纵限制。只要通过计划一个较低的支出速度，或者通过把资金从高支出项目移向低支出项目，就可以显示较低的付款和较低的赤字。这种转向从长期看不会节约任何资金，但会使支出看上去似乎减少了。这一情形使政治家在预算授权和支出之间作出权衡，把资金加给前者，而又从后者取走，然后他们声称赤字被降低了。当然，看上去的支出下降，实际上却是上升，尽管有些付款直到将来的某个时间才会录入账簿。

在1987年和1989年预算峰会之后，国会作出了预算授权与支出的权衡。根据1987年峰会，国会发现自己有额外的国防预算授权资金，但国防支出仍然紧张。国会通过配置70亿美元建设两艘航空母舰解决了这个两难问题。这笔资金对当前赤字的影响微不足道，因为造舰的支出速度极低，但它确实给以后年度支出增加了70亿美元。在1989年，预算峰会寻求严格约束支出以避免《格拉姆—拉曼德—霍林斯法案》扣押，但它允选择性预算授权增长。这样，额外的资金分散在国内项目之间，但结果和两年前一样。在降低赤字的表象下，弱化了支出控制。

恢复对预算授权的重视非常重要。虽然并不一定必须去改变规则，因为对预算授权已有足够的控制。目前所要求的是减弱把权衡置于首要位置的动机，因此要弱化对支出的直接控制及其对短期赤字削减的贡献。这就是一个较少控制可能意味着更有效控制的案例。

适应联邦支出变化

所传承的预算实践与联邦支出结构之间存在不匹配。预算作为控制行政管理支出的一个手段变得日益成熟。过去几十年，预算的复杂路径会围绕部门需求的审查而演变。但是，运行支出占合计支出的份额在下降，而它是支出最可控制的预算部分。

对运行支出有意义的规则和程序很难应用于授权转移支

付。为这些转移支付编制详细预算的行为并不会增强部门对支出的控制。转移项目的成本及主要政策变化带来的影响均可由中央职员更有效地估计。转移项目中的变化要求政治决策。为了有效，在政府高层和国会，预算必须组织起来推动这类决策并减少制定它们的政治成本。

多年度政策的预算

行政管理支出与转移支出之间的关键区别在于，前者由年度拨款控制，后者一般在持续有效直至国会改变的永久授权下进行。因为这一区别，预算制定者会聚焦于要求最少关注的预算部分。对于几乎不会带来控制问题的行政管理支出会进行年度审查，而带来复杂难题的转移支付却常常逃脱常规审查。

纠正这种反常现象的一个方式是建立多年度预算。但是，只要多年度预算的概念被推动来替代年度拨款，它就不可能有机会采用。在不久的将来，拨款委员会不可能放弃对部门情况的年度审查。似乎更合理的一个策略是使多年度授权和预算决议与年度拨款共存。在年度拨款框架下，逐步引入类似于目前瑞典正使用的一个系统。瑞典的策略是把年度拨款框定在三个年度预算周期内。在每个周期开始时，会对每个部门过去的绩效进行深入评估，并对下一个三年的政策和资源进行协商并达成理解。在预算周期的中间年度，各部门将会获得年度拨款，但除非主要部委偏离了达成一致的资源和目标，否则这些拨款不太会受到细致的立法审查。

显然，瑞典的政府系统与美国差别很大，在一个环境中可能被接受的改革在另一环境中就不一定能被接受。不过，联邦政府已明显开始朝多年度预算方向进行改革，即使是针对选择性支出。大量预算在对未来可用的不限年度资金进行拨款，而且超过 1/3 的年度付款来自以前年度提供的预算授权。

改革者一般聚焦于多年度预算策略会给国会带来的好处。多年度预算策略不太会产生支出拥塞，而立法委员会也会受益于一个更明确和稳定的预算环境，受益于能有更多的喘息空间来预测和检查各项政策，并受益于与国会不那么令人烦恼的关系。

公共权利的预算

预算在治理强制性公共权利时是一个天然较弱的工具。本章已就推动这部分预算的广泛社会价值进行了评论，并把财政因素放在第二位。但是，公共权利支出在财政压力周期期间的内生增长，已经引起对这一问题更多的预算关注。

当预算被用于限制公共权利支出时，它往往倾向于在短期节约一些资金，但又无法对该项目的方向和未来成本等更重大的问题作出调整。和解过程特别容易受到短期修补，既因为它聚焦于未来短期内要节约的资金，还因为几乎没给受到影响的委员会时间来提出建议。如果实施先前建议的基线和记分规则，那么和解将有一个更长远的范畴，因为各委员会将仅因结构性改变产生的节余而赢得声誉。此外，该节余将在充分实施的基础上计算，因此，会较少关注调整发生的第一年，而更多强调长期影响。

结构性变化需要时间来制定、颁布和实施，前述的多年度预算就可以充分利用。两年一次的预算将为委员会考察主要变化的可能性提供更多审议时间。

公共权利与选择性支出之间的关系产生了一些争议。毫无疑问，预算必须涵盖这两类支出。但是，授权项目的滥用是否应与选择性账户中的超预算支出隔开？众议院和参议院对这一问题立场不同。前者在法齐奥例外之下运行，它会通过针对未经预算的强制支出增长的议事规则来保护选择性支出账户。参议院没有可比的例外情况，它在公共权利导致支出合计数或某委员会的配置超出预算时，准许选择性拨款上的议事程序。我们认为，应该通过更有效的公共权利预算，而不是通过削减选择性账户来寻找解决方法。

总统与国会的预算关系

总统组织国家预算、国会审批拨款的基本分工形成于几乎所有联邦支出都用于行政管理运行的时候。总统在编制预算中的作用，强化了他作为首席行政官的作用，也加强了他管理联邦运行的能力。

这种分工在应用于转移项目时出现了困难。公共权利的显著性和可见性使双方中的任何一方均难单方面决定，否则将产生严重的政治风险——正如罗纳德·里根在他早期担任总统时提议削减社会保障预算与支出时所发现的那样。控制公共权利项目攀升要求的不仅是总统和国会的常规合作，它还必须是一个双人自行车上的共同旅程。

峰会和其他高层商讨为联合行动提供了临时的机会。但是，这些事件在预算日历中的常规化将使其变为常规事务。正如在国际外交中一样，在预算过程中峰会应该是例外性场景，仅在成功的赌注与概率较高时才采用。可以考虑一个顾及多年度预算周期的两步走过程。第一步，总统将会提交一个未来两年的框架。不同于囊括所有细节的同期预算，该框架将关注汇总数和少量的横截分类——含有一个或多个公共权利类别。国会可以对该框架开展辩论，正是在此阶段可以作出决策来激活和解过程。也正是在这个阶段，总统和国会将行使选择权——是进入协商，还是为选定一个被批准的框架设计可选方法。在该框架被采纳后，预算将会进入第二阶段，总统将会提交一个详细预算，随后国会将会对拨款和其他预算立法采取行动。

无论使用什么方法，未来总统和国会的合作可能变得更为常规。虽然尚未制度化且不可能成为预算的常规特征，但近期的峰会并非异常现象。相反，峰会是政府中预算双方关系变化的信号。

预算和治理

本书开篇就指出，治理能力取决于预算能力。我们将简要描述预算与治理如何互相影响，作为对本书的总结。

一个有说服力的事实是：预算是更大的政治力量的人质，在需求和资源之间制造不平衡，并且阻止政府采取补救措施。如果政府不能有效配置资源，那么可能是因为政府基本制度的不足，而不是因为预算机制有缺陷。作为治理中的一个问题，预算改革者必须认真审视总统领导与国会运行的质量，并且考虑双方的关系和执政者行为。正是这些解释了 1981 年为什么会出现重大的政策失误，为什么在该问题的严重性已知时仍未采取必要的纠正行动。

民主政府在分配收益上比再分配资源做得更好。政府分配损失并不容易，当然，曾经很长的一段时期，联邦政府也没有必要这么做。当经济和预算环境变化时，政府发现难以适应这些新条件。然而，有理由相信，美国治理机制的弱化很大程度上是由于非预算的因素，例如政府中信心的逐渐丧失、双方的政治和政策摩擦，以及政府超负荷运转等。

但是，预算自身仍值得研究，不仅仅作为政治的一个分支。从多年来对预算过程的关注判断，我们认为预算程序确实在实质上影响了政策结果，正在实施的预算方法确实会影响需求动员与资源配置之间的平衡。任何人忽视这一事实，将不会对政府活力和预算能力作出贡献。

注释

［1］参见［美］鲁道夫·G. 彭纳、艾伦·J. 艾布拉姆森：《破碎的钱包束口》，华盛顿特区，城区研究院出版社 1988 年版，第 7 章；艾伦·希克：《经提议的预算改革：一个批判性分析》，于美国国会，参议院政府事务委员会，第 100 届国会，第 2 会期，《经提议的预算改革：一个批判性分析》，1988 年。

［2］参见爱德华·戴维斯：《国会预算改革：第 101 届国会》，议题简报 IB89022，国会研究服务，1989 年。

［3］管理与预算局：《美国政府预算，1990 财政年度》，华盛顿特区：政府印刷办公室，1989 年，第 1 – 13 页。

［4］总统讯息：《建设一个更好的美国》，1989 年 2 月 9 日，第 19 页。

［5］希克阐述了评估预算改革的 5 个标准：提议的变化对预算赤字大小的影响、总统与国会的预算权力、国会中的预算权力分配、国会预算行动及时完成的影响，以及对国会中预算政策执行的影响。

［6］这一学派的喉舌是罗伯特·艾斯纳：《联邦预算多么真实?》，纽约：自由出版社，1986 年。另见罗伯特·海尔布罗纳和彼得·伯恩斯坦：《债务与赤字》，纽约：诺顿出版社，1989 年。

［7］从 1946 年占 GNP 的 127% 的顶峰回落到 1981 年 33% 的低点之后，联邦债务总额在 1988 财政年度升到了 GNP 的 54%。公众持有

的债务在 1946 年是 GNP 的 114%，1981 年是 26%，1988 年是 GNP 的 43%。赤字在 1983 财政年度达到 GNP 6.3% 的顶峰，于 1988 年降至 GNP 的 3.2%。

［8］对于当代治理问题一个更宏观的观点，参见约翰·E. 丘博和保罗·E. 彼得森编：《政府能治理吗?》，华盛顿特区：布鲁金斯研究院，1989 年。

［9］假设经济体平均年度增长超出 2%，这一范围内的赤字将会导致公共债务相对于 GNP 一个稳定的下降。

［10］国家经济委员会 1989 年 3 月报告建议，应该消除整个预算上的赤字。但在敦促偿还超过 2500 亿美元赤字时，该委员会的民主党和共和党成员未能就削减首个 10 亿美元应来自哪里达成一致。

［11］1987 年《格拉姆—拉曼德—霍林斯法案》试图抵制骗术，非常规的资产出售和预先支付将不计入年度赤字目标。然而，谎言从那时以来持续至今。

［12］《建设一个更好的美国》，同注释［4］，第 23 页。

［13］布什的预算用基线数据作为权宜之计，例如，要求在国防上根据通货膨胀充分调整，同前，第 137 页。

［14］作为一个长期的预算观察者（调查了美国和其他地方几百个政府的预算文件），笔者发现仅公布基线及相关变量的做法很不寻常，绝大多数做法是展示当前年度的预计水平和下一年的需求，从而促进年度间的比较。

［15］这一建议遵循蒂莫西·缪里斯作出的几个提议，他有洞察力的分析揭去了许多关于基线如何构建和使用的误解。参见蒂莫西·J. 缪里斯：《预算基线的使用和滥用》，未出版论文，1989 年 1 月。缪里斯承认，公布基线假设的详细数据比当前实践更复杂，但他指出，“老年医保和许多其他政府项目是不简单的。理解和作出关于这些项目的明智决策需要知道该项目为何增长。如果这些项目技术性预算展示不多，它会隐藏项目的重要信息，并间接影响结果”，第 71 页。

［16］经济合作与发展组织的讨论中涉及在配置资源中使用生产力目标和储蓄，《衡量绩效与配置资源》，巴黎，1989 年。

［17］几年前，共和党人大卫·奥贝提议了一个安排，在其中一个

法定决议将是一个预算措施选编的一部分，还包括拨款和公共权利与收入立法中的变化。在他的方案中，实施措施选编将是实施包含在其中的预算决议的方式。艾伦·希克的《总体与各部分：国会预算的零星与一体化策略》中讨论了奥贝的建议，美国国会，众议院预算委员会，委员会印刷，1987 年 2 月。

作者简介

艾伦·希克是马里兰大学的公共政策教授，也是城市研究所的访问学者。他曾在国会研究院和布鲁金斯研究所任职，并在塔夫茨大学任教。希克教授是期刊《公共预算和财政》的创始编辑，这是一本涉及很多影响政府财政问题的专业性期刊。希克教授发表过的论文数量超过 100 篇，他的著作《国会和钱：预算、支出和税收》于 1980 年出版，荣获了哈德曼国会最佳书籍奖和布朗洛美国政治机构最佳书籍奖。希克教授于 1989 年获得了美国公共管理协会颁发的沃尔多奖，以表彰他对公共管理研究的终身贡献。希克教授对预算的研究涵盖了美国各级政府以及其他许多民主国家。他曾经在 40 多个州和 20 多个国家进行过研究或演讲，并曾担任由经济合作与发展组织（OECD）发布的报告《公共支出控制和管理》的首席顾问。

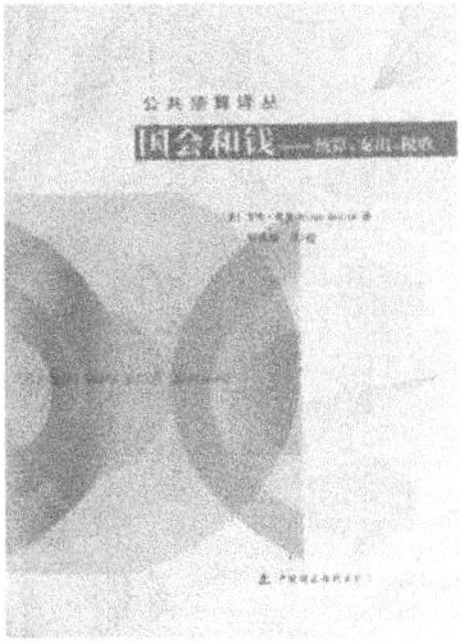

《国会和钱：预算、支出和税收》(*Congress and Money*: *Budgeting*, *Spending*, *and Taxing*)
中文版由中国财政经济出版社 2012 年出版